本书系作者主持的上海市哲学社会科学规划青年课题
“民法典背景下担保制度的程序法适用研究”
（项目号2021EFX002）的阶段性研究成果。

有效执行

英国民事执行权的运行与控制

宫雪　著

法律出版社
LAW PRESS·CHINA
北京

图书在版编目(CIP)数据

有效执行：英国民事执行权的运行与控制 / 宫雪著
. -- 北京：法律出版社，2023
ISBN 978 -7 -5197 -7420 -2

Ⅰ. ①有… Ⅱ. ①宫… Ⅲ. ①民事诉讼－执行(法律
)－研究－英国 Ⅳ. ①D956.151

中国版本图书馆 CIP 数据核字(2022)第 240264 号

有效执行:英国民事执行权的运行与控制
YOUXIAO ZHIXING: YINGGUO MINSHI ZHIXINGQUAN DE YUNXING YU KONGZHI

宫 雪 著

策划编辑 解 锟
责任编辑 解 锟
装帧设计 贾丹丹

出版发行 法律出版社
编辑统筹 重大项目办公室
责任校对 王 丰 李景美
责任印制 吕亚莉
经　　销 新华书店

开本 710 毫米×1000 毫米 1/16
印张 20.25 **字数** 385 千
版本 2023 年 3 月第 1 版
印次 2023 年 3 月第 1 次印刷
印刷 北京虎彩文化传播有限公司

地址:北京市丰台区莲花池西里 7 号(100073)
网址:www.lawpress.com.cn
投稿邮箱:info@lawpress.com.cn
举报盗版邮箱:jbwq@lawpress.com.cn

销售电话:010－83938349
客服电话:010－83938350
咨询电话:010－63939796

书号:ISBN 978 -7 -5197 -7420 -2 **定价**:82.00 元
凡购买本社图书,如有印装错误,我社负责退换。电话:010－83938349

序　言

从新石器时代人在索尔兹伯里平原上留下的环形巨石阵，到尤里乌斯·恺撒(Julius Caesar)率领远征军来到不列颠岛；从统率臣民对抗北欧维京海盗民族入侵的阿尔弗雷德大帝(Alfred the Great)开始建设国家法律体系，到被称为“普通法的守护者、国家的引路人和混乱的终结者”的亨利二世(Henry Ⅱ)建成成熟的普通法法院系统；从旨在弥补普通法诉讼缺陷的衡平法院与普通法院的分野到合并，到《宪制改革法》批准后英国最高法院的组建，再到大法官沃尔夫勋爵(Lord Woolf)推动“接近正义”的民事司法改革，无不代表着英国发展史上的重要时刻。正是这些英国法律制度和司法理念发展过程中的重要事件，彰显着英国法的基本要义和精神。

不同于通过成文法确定民众实体权利和义务的欧陆国家，英国普通法对民众权利的保护是在司法过程中完成的。[1] 作为民事司法制度的重要组成部分，民事执行制度是民众观察、判断司法是否公正的主要方面。本书试图关注英国民事执行程序中出现的主要问题，并从历史与现实、变革与发展、原理与结构、规则与判例的多重进路触及英国民事执行权运行和控制机制的内在精神，从而展开对“审执关系”的多维解读。

---

[1] 参见李红海：《普通法的司法解读——以法官造法为中心》，北京大学出版社2018年版。

一、历史与现实

随着公元1世纪末罗马人在这片土地上建立了不列颠尼亚行省,蒙昧中的不列颠岛原住民开始了“罗马化”,不列颠的城镇、文明、贸易,以及法庭和审判方式都是“罗马式”的——法庭上审判案件的依据是罗马的成文法。直到公元5世纪中叶,日耳曼部落开始源源不断地漂洋过海来到不列颠,罗马政府被驱逐,由于没有留下任何合适的中央政治体系或经济体系让撒克逊人借鉴,进入不列颠的野蛮日耳曼部落,只接触到已经日渐式微的罗马文明,几乎没有受到它任何影响。[1] 因此,盎格鲁—撒克逊时期的英国民事执行制度深受古日耳曼法的影响,民事执行措施由早期的扣押对方财物制度发展而来。

英国法律史肇始于查理一世登基时(1189年9月3日),而直到爱德华一世登基的1272年普通法才算基本形成。在此期间,约翰一世被迫签订了反映英国法治核心内容的《自由大宪章》(1215年),虽然约翰随后公开撕毁《自由大宪章》,但限制王权不再是“乌托邦之梦”。重新修订的《自由大宪章》明确规定英格兰政府必须对法律的独立负责,可以说,《自由大宪章》的颁布,使安茹王朝代代相传的司法体制有了更强力的武器,司法中心主义的普通法得到了发展。英国普通法许多具体规则都源于日耳曼法,是经过普通法法官改造过的日耳曼法,由法官通过具体的判例确立,而后由后来者予以遵循,因此普通法的许多制度创新都是在司法中而非立法中完成的。

事实上,英国中世纪特别是普通法形成和发展时期的民事执行程序规则至今仍有部分继续适用,从普通法、衡平法及制定法确立的这些规则中可以窥见英国民事执行制度从私力救济到私力救济与公力救济相结合、从纷乱混杂到条理清晰的发展脉络。

---

〔1〕 参见[英]丽贝卡·弗雷泽:《英国人的故事:从罗马时代至21世纪》,叶锬焰、史杯译,中信出版集团2018年版,第39页。

从历史维度着眼,民事执行的真正制度化直到近代才得以实现,随着民事执行程序的独立化,民事执行权的运行有效地扩展了效力范围,并试图达到执行效率与公正的精准结合。然而在实践中,传统的民事执行制度存在许多不完善之处,大量的生效裁判未得以执行,执行体制的运行问题日益突出。立足于自身的不同状况,每个国家和地区启动民事执行改革的诱因并不完全相同。然而,"即便各国的制度、社会、文化背景不同,但个人的基本权利与自由所包含的价值、内容在每一个国家都是共通的,不因保障制度的不同而有所减损"。〔1〕 因此,当不同国家和地区面对"执行难、执行乱"的世界性社会问题时,都将缓解民事执行压力的期许倾注于民事执行制度的有效性之上,为此采取了诸多方式去改革、重塑或调整自身的民事执行制度,英国便是其中的典型例证。

二、变革与发展

英国历史学家西蒙·沙玛在《英国史》一书中提道,"英国历史的主题从20世纪回看应该是持久,但相对应地,如果从21世纪来回望,则是变革"。〔2〕 "变革"亦是20世纪以来英国法发展的关键词。在民事执行法领域,如果没有创新与改革的接力,一直固守于传统,是不可能承载英美法系民事执行制度的历史,从而开创了大量民事执行制度先河的。由此,应当将民事执行制度放置于英国历史的基本脉络中予以定位。

中世纪民事执行制度对英国民事执行实践产生了重要影响,然而从18世纪后半期开始,"没有令状,就没有救济"的民事司法现状越来越不适应迅速发展变化的经济、政治形势的需要,而衡平法诉讼程序在很多方面仍保留有中世纪的特征,古老而僵化,在案件审理上的严重拖延,促使英国于19世纪开展了司法改革。随着1875年《司法条例》改革的实现以

〔1〕 王人博:《案头、床头两相宜——读〈英国人权60案〉》,载黄金鸿:《英国人权60案》,中国政法大学出版社2011年版,第3页。

〔2〕 [英]西蒙·沙玛:《英国史Ⅰ:在世界的边缘》,彭灵译,中信出版集团2021年版,前言第1页。

及郡法院自1846年创建以来的发展，在民事执行领域也摒弃了形式主义的弊端，在完善原有制度的基础之上，确立了一系列新的执行措施，为英国现代化民事执行制度奠定了基础。

至20世纪90年代，英国民事司法制度的发展仍然面临着费用高昂、诉讼延迟、程序复杂烦琐以及术语晦涩难懂等多重障碍，公众对司法的不满有增无减，新一轮的司法改革——“沃尔夫改革”在这一背景下拉开帷幕。此次改革虽未涉及民事执行制度，但却成为英国民事执行改革的催化剂，原司法大臣办公厅实施了一系列较为全面和彻底的咨询审查，目的在于在法律制度层面增强强制执行程序的有效性以最终实现现代社会所期望的判决获得执行与保护弱势群体之间的平衡。

作为“沃尔夫改革”的延续，英国原司法大臣办公厅自1998年起发起了立志于重塑及修正本国民事执行制度的改革活动。以评估现有执行体制的有效性为目标，推出一系列关于执行体制和执行程序的咨询建议报告，开始在民事司法改革的整体框架下对执行制度进行大刀阔斧的改革，力图“向有效执行奋进”。

而作为宪制改革的具体成果之一，英国2007年颁布的《裁判所、法院与强制执行法》就民事案件的执行作出了新的规定，这些规定于2014年付诸实施，随之进一步引发了针对执行机构和执行费用的改革。

从价值层面对英国民事执行改革活动进行分析，能够清晰地发现改革过程中所包含的目的价值与形式价值之间的共生互动。由于民事执行权是最集中体现执行程序特征的要素，在民事执行改革的过程中，只有以追寻民事执行权运行的目的价值为取向，同时恪守民事执行权保障私权实现功能的底线，建立完善的民事执行运行及控制机制，才能在合理、有序的框架下推进民事执行改革的实现，本书即由此阐发。

三、原理与结构

除了关注英国民事执行制度的“前世”，本书更为关注的是英国民事执行权运行的“今生”，以及英国法“实用主义”之精神在民事执行的现代化过程中之体现。因此,在考察民事执行权如何运行及控制时,应将英国民事执行权的性质作为整个民事执行权逻辑进程的起点,从而防止整个民事执行程序从根本上背离执行权的特性。基于此,首先应界定英国民事执行权等基本概念。为了全面展现英国民事执行权运行与控制的全貌,本书以广义的民事执行权为研究对象,这一权力包含执行实施权与执行裁决权两部分。其中,执行实施权包含英国2007年《裁判所、法院与强制执行法》明确规定的由非法院的执行机构行使的通过控制财产和变价出售的方式追收债务的"强制执行权",以及法院所实施的通过"诉讼化"的方式逐步推进执行措施的权力。正是由于英国民事执行权内部存在这样的职能分离,使其兼具司法权与行政权的双重属性。

民事执行权的运行过程是否科学以及规范程度如何,关系到民事执行权行使的效率、功能及产生的实际效用,本书第二章通过考察英国民事执行权运行的常规面向,旨在揭示英国民事执行权运行的价值追求所在。由于民事执行实施权在民事执行权中始终占据主导地位,强制执行以快速、及时、不间断地实现生效法律文书中所确认的债权为己任,民事执行权的运行价值应当注重体现效率。在这一前提下,民事执行权在运行中,公正和效率价值各有侧重。英国民事执行权运行的常规面向,包括运行主体、运行模式、运行保障、运行效率及运行费用。

英国民事执行权的运行主要通过法院与执行机构的二元主体共同实现,法院享有签发令状及监督执行重大事项的权力,而执行机构在获得令状后,被赋予了实施执行行为的权力,执行当事人在不服法官对执行重大事项的裁决时享有上诉的权利,这样的程序设置,实际上形成了以司法权制约行政权、以上诉程序制约司法权的监督制约机制,实现了完整意义上的审执分离。

在运行模式方面,受民事诉讼传统模式的影响,英国民事执行权的运行不可避免地推行当事人主义模式,执行程序的选择权掌握在债权人手中,由债权人自主地选择执行措施,而这一模式却也极易使债权人处于更加不利的境地——执行程序推进缓慢,最终判决无法获得有效执行。但是,执行权在各单项执行措施实施时也并不总是消极的,近年来,英国通过民事执行改革逐步弱化了执行程序的当事人主义因素,试图吸收职权主义的合理内核,以逐步消除民事执行权运行中当事人主义的弊端。

在运行保障方面,为使针对债务人的制裁机制更加完善,英国一方面,基于债务人不能偿还债务的原因将其分为两类,即“偿还不能”的债务人与“不愿偿还”的债务人,并加以区别对待;另一方面,对“不愿偿还”的恶意债务人设置相应的威慑机制,以保障民事执行权的顺利运行。

在民事执行权运行的效率方面,英国通过增强法院在民事执行中的主动性,转变了法院在民事执行程序中的职能。通过强化信息披露义务及完善债务人询问程序,畅通了执行信息获取的渠道,并且简化了法律术语及申请执行程序,这些措施均为民事执行权运行效率的提高提供了程序上的保障。英国民事执行权运行的费用是平衡执行法律关系中各方主体利益的另一关键性问题,由于债权人、债务人以及执行人员对自身利益的考虑不同,其对英国执行费用体制的诉求存在较大差异,为解决债务人与执行机构在费用标准、费用收取的透明度以及费用制度被滥用的可能性方面产生的多重争议,英国陆续开展了一系列民事执行费用体制改革,通过设置执行费用“上限”、引入更加灵活的债务收集程序等措施来改善民事执行权运行过程中所产生的利益失衡问题。

四、规则与判例

遵循先例(stare decisis)是普通法的基本原则,也即普通法的规则一般都蕴藏于先前的判决中,而案例报告是这些规则最为重要和权威的载体。在正式的法院卷宗出现之前,普通法则“存在于法官的头脑之中,并通过口耳相传的方式予以传播和延续”。[1] 普通法中执行制度的形成过程存在特殊性。由于司法在推动社会发展方面更加自然、渐进,制度在不知不觉中自然地生长,比立法断然地创制更易为人们所接受,英国的民事

---

〔1〕 李红海:《英国普通法导论》,北京大学出版社2018年版,第13页。

执行制度随着普通法的形成和发展愈加成熟并被后世沿用,同时通过衡平法的补充和制定法的完善,共同构成了英国所特有的民事执行制度。

除了通过衡平法对普通法中执行程序的规则进行了补充之外,英国还以制定法的形式对普通法中经过长时间发展而形成的部分执行规则加以修正和完善,特别是在限制和规范执行人员及其权力方面,[1]而这些法律又因为在实践中遇到诸多问题而进行了多次修改。在理解英国判例法(普通法与衡平法)和成文法(制定法)的关系时,我们必须明确的是,根据制定法解释而得出的公正判决是如何变成符合英国制度或先例的复杂性判决的,即"如果一部制定法试图将某种新的原理引入英国法中,那么,该原理的内涵是什么以及它是如何发展出来的等问题,也会很快以先例的形式固定下来"[2]。2007 年《裁判所、法院与强制执行法》就通过这种方式对英国的民事执行法改革和民事执行的现代化均产生了重要影响。

因此,本书所进行的是对法律制度实体内容和权力运作方式的观察,既包括判例法,也重视制定法。并据此尽力解释为什么英国法要对民事执行权的运行进行必要控制,又是如何遵循公权对私权保障原则的。通过立法废除了普通法上存在多年的住所的欠租扣押财物制度,从而限制私力救济的适用。另外,由于英国一直以来都强调以救济为本位,在执行过程中,当出现对执行当事人或第三人合法权益造成侵害的情形时,英国的民事执行程序赋予了执行当事人、利害关系人以及案外人救济途径。由于英国民事执行权在运行过程中所关涉主体之间的利益关系纵横交错、颇为复杂,英国通过推行民事执行改革,一方面,注重执行机构所维系的强制执行权的权威性与其他利益主体私人利益之间的关系;另一方面,除维护强制执行权应有的权威性外,还必须保障民事执行权运行中各执

---

〔1〕 See John Cruse: "*Persons of no value*": *A History of Bailiffs and Bailiffing from* 1500 *to the Present*, Wildy, Simmonds and Hill Publishing, 2009, p. xvii.

〔2〕 [英]P. S. 阿蒂亚:《英国法中的实用主义与理论》,刘承韪、刘毅译,清华大学出版社 2008 年版,第 26 页。

行关涉主体的私人利益。这表明，英国民事执行法这一以救济为本位的倾向是遵循了利益衡量的原则，通过适当协调民事执行程序所涵摄的不同类型的参与主体在公法或私法上的利益关系，从而力图避免民事执行权权力过度集中、滥用执行权行为和监督制约不力的局面，维护执行当事人以及案外第三人的合法权益，保障执行权的有效运行。这一问题是本书第三章所考察的重点。

在具体控制模式上，本书主要通过三个层面展开观察——以权力制约民事执行权、以执行当事人和案外第三人的权利制约民事执行权和以科学及严密的程序制约民事执行权的形式。并且，英国法在强调分权与制约的同时，还辅之以权力之间的配合与协调，以满足执行效率的需要。此外，加入欧盟后，由于受欧洲一体化的影响，英国的法律结构和内容都发生了相当大的变化，作为其中一部分的民事执行法也有了新的内涵和外延，英国民事执行制度的制定法同样受到欧盟法的影响和挑战。在脱欧后，欧盟法律将在一段时间内继续对英国国内法产生重要影响，英国陆续将曾经直接有效的欧盟法律转换为国内法，当然，这将是一项艰巨的任务。

英国民事执行程序所遭遇的困境以“执行难”和“执行乱”为强烈表征，但究其本质是民事执行权的运行和控制体制问题。本书第四章首先对英国现阶段推行的民事执行改革中所确立的民事执行权运行与控制机制进行了理性分析，包括以效率为价值追求、国家角色的定位、体制上的分权、追求利益平衡的现实价值和意义，以及基于民事执行权运行的当事人主义模式在信息收集程序、私营执行部门监管、执行费用体制上存在的问题和缺陷。我国民事执行改革的启动与英国几乎是同步的，英国民事执行权与民事审判权实现了实质上、体制上的分离，在这一理念意义上，其与我国民事执行改革的进一步计划和导向十分契合。对于我国而言，在民事执行权的运行方面，科学设置执行员与法官的权限划分、建立高度信任的社会、调整国家在民间收债治理上的角色等将有助于全面治理我国的“执行难”痼疾；而在民事执行权的控制方面，推进司法大部制下的分权制衡、保障人权、完善民事执行救济程序以及外部监督机制也将为改善我国的“执行乱”问题提供有效的途径。

是为序。

宫 雪

2022年2月

于华政思孟堂

目　　录

导　论

一、缘起与意义

法谚云“执行乃法律之终局及果实”（Executio est finis et fructus legis）。民事执行制度是民事司法制度的一个重要组成部分，也是民众观察、判断司法是否公正的主要方面。然而，民事执行的真正制度化直到近代才得以实现。在历经救济的执行主体由私力救济到私力救济与公力救济并存，执行手段由野蛮走向略显文明，执行范围从基本无限制到逐渐有所限制后，民事执行程序终于在近代具备了作为独立程序阶段的基础。随着民事执行程序独立性的实现，民事执行权的运行有效地扩展了效力范围，并试图达到执行效率与公正的精准结合。然而，现今民事“执行难”“执行乱”的问题凸显，已不仅仅是一国的司法问题，而成为普遍的社会问题、世界问题，可以说，民事执行制度不得不准备迎接未知的挑战。基于此，本书拟选取民事执行权的运行与控制角度对攻克“执行难”“执行乱”问题进行研究。

为何是英国？

英国是普通法系民事诉讼的发源地，时至今日，普通法系国家的民事诉讼制度各具特色，但法律原理、诉讼结构、制度精神，乃至具体程序都被打上了“日不落帝国”的烙印。英国人的实践品格和审慎理性，造就了他们稳重、精密的法律制度。然而，英国“历史延续性和对古老传统的坚守”，在世界法律发展史上是极为罕见的，由于遵从先例的传统和悠久的历史沉淀，近代的英国民事执行方法已有丰富的积累。

无论是对于被执行人还是追收债务的受益人，执行程序无疑都是获得实质正义的重要救济途径。英国中世纪，特别是普通法形成和发展时期的民事执行程序规则至今仍有部分继续适用，从普通法、制定法及衡平法中确立的这些规则可以窥见英国民事执行制度从私力救济到私力救济与公力救济相结合、从纷乱混杂到条理清晰的发展脉络。中世纪民事执行制度对英国民事执行实践产生了重要影响，但面对英国不断变革的民事司法制度，延续与改革，作为英国民事执行制度发展的一对内在矛盾，不断推动着英国民事执行制度的发展和完善。

20 世纪 90 年代，民事司法制度改革在英国正式启动，英国司法大臣(Lord Chancellor)任命沃尔夫勋爵(Lord Woolf)负责此项改革。沃尔夫勋爵于 1995 年 6 月发表了题为“接近正义”(Access to Justice)的关于英格兰及威尔士的民事司法制度改革中期报告，并于 1996 年 7 月发表了最终报告。这两个报告系统地分析了英国现行民事司法制度中存在的问题，论证了对之进行改革的必要性，并指明了改革的内容与方向。正是在这一背景之下，民事执行制度开始了组织细致而又意义深远的改革。

英国传统的民事执行制度同样存在许多不完善之处，大量的生效判决未能得到执行，执行体制的运行问题日益突出。作为“沃尔夫改革”的延续，英国原司法大臣办公厅(Lord Chancellor’s Department)从 1998 年起推出一系列关于执行体制和执行程序的咨询建议报告，以评估现有执行体制的有效性为目标，开始在民事司法改革的整体框架下对执行制度进行大刀阔斧的改革。此次执行审查已被证明是英格兰和威尔士有史以来最严格的有关执行程序的审查，发布的一系列咨询建议文件分别涉及民事执行的不同方面，但目的只有一个，即“向有效执行奋进”。英国持续推进的民事执行改革，已完成了对民事执行制度相关法律规定新一轮的修订，也取得了一定成就。

为何是民事执行权的运行与控制机制?

没有理念支撑的司法改革最终只会归于平淡,因为无论有多少反对的意见,为使改革背后的理念获得实现,改革者总会努力尝试不同可行的路径,因此须将理念灌输于改革的推进过程中。法律制度上的许多问题都可以归结到权利或权力这类较为原初性的问题上,民事执行也不例外。判决债权人进入执行程序的目的无非是要借助于体现国家强制力的民事执行权来达到强制实现债权的目的。因此,民事执行权是最集中体现执行程序特征的要素,理性的执行权应当刚柔并济,既能在保护债权人权益时体现出刚性的一面,又能在保护贫弱债务人时展现其柔性的一面。

民事执行权运行过程是否科学化以及规范化程度如何,关系到民事执行权行使的效率、功能及产生的实际效用,而民事执行权的行使不可避免地存在滥用的可能,如果不对民事执行权进行必要的控制,必然会对执行当事人以及案外第三人的合法权益造成威胁,更遑论保证执行权的有效运行。本书旨在探索这一权力在英国运行和控制的基本模式,在理性评价的同时以资借鉴。

本书的基本研究目标在于,通过探讨英国民事诉讼的主要问题,以历史与现实、改革与发展、原理与结构、规则与判例的多重进路触及英国民事执行权运行和控制机制的内在精神。由于英国民事执行法是法律史学家及现行法研究者都忽视的研究领域,本书研究具有以下重要的学术价值和现实意义。

在学术价值上,英国的民事执行制度是研究英美法系国家民事执行制度的起点。英国是普通法系民事诉讼的源头,时至今日,普通法系国家的民事诉讼制度各具特色,但法律原理、诉讼结构、制度精神,乃至具体程序都被打上了"日不落帝国"的烙印。然而,英国"历史延续性和对古老传统的坚守",在世界法律发展史上是极为罕见的,由于遵从先例的传统和悠久的历史沉淀,近代的英国民事执行方法已有丰富的积累。

此外,本书可以推进对英国民事执行权运行、控制的系统研究。国内对此并未有系统研究,而是在研究我国民事执行制度时零星地提及英国民事执行的某项制度或机构设置；或者介绍英国民事执行制度的时间较早，并未研究英国民事执行制度的最新动态，特别是英国民事司法改革背景下的民事执行改革；或者仅对英国民事执行改革进行了提纲挈领式的描述，并未揭示背后的价值选择；或者仅注重对英国强制执行制度的梳理，未能完整地探索民事执行权的内在逻辑，更不用说延伸至民事执行权的运行与控制。本书的写作旨在研究英国民事执行程序发展的特点，与其他国家的相关制度进行比较，并尝试考察制度背后的体制、文化等因素。

从现实意义角度来说，一方面，本研究有助于消除我国民事执行程序的超职权主义色彩。1880 年，历史法学派的代表人物梅因（Maine）曾指出："有时候，真正的困难不是设想人不应当被赋予什么权利，而是在于如何获得权利；因此获得权利的方式，暴力或者法律，相比权利本身会产生更大的影响。"但事实上，近年来在法律制度发达的国家，相比权利而言，救济失去了其重要性，并不再对权利产生各种各样的深刻影响。[1] 而熟悉现代英国民事执行法律制度的人可能不会赞成，英国民事执行权在运行过程中极为注重执行各方主体利益的平衡保护，如信息收集与保护债务人隐私权、债权人处分权与法院职权、执行人员执行权与债权人人权等，对于消除我国执行程序中超职权主义所造成的弊端具有很强的借鉴意义。

另一方面，本研究有助于解决"执行难""执行乱"的世界性问题。英国传统的民事执行制度同样存在许多不完善之处，大量的生效判决未能得到执行，执行体制的运行问题日益突出。20 世纪末，在原司法大臣办公厅的领导下，经过广泛咨询和研究报告的持续论证，完成了对民事执行制度相关法律规定新一轮的修订，也取得了一定成就。"执行难"主要反映的是行使执行权的正当性问题，"执行乱"折射出的是行使执行权的有效

---

〔1〕 "As a fact, it is only in the most recent times or in the most highly developed legal systems that remedies have lost importance in comparison with rights and have ceased to affect them deeply and variously." See Henry Sumner Maine, *Lectures on the Early History of Institutions*, 3rd edition, John Murray, Albemarle Street, 1880, p. 252.

性问题,两者互为因果,而在根源上则是民事执行权运行与控制的问题,我国民事执行改革虽也已开始,但是推进缓慢,借鉴英国民事执行改革的经验,可以系统构建我国民事执行权理论体系,实现民事执行权的科学运行。

二、概念与范畴

对某项权力的全面分析应当包含权力的性质、权力的分配、权力的运行以及权力的控制,而其中权力性质的认定是对该权力分配、运行及控制模式进行研究的前提。而民事执行权的分配、运行、控制在相当程度上都是由民事执行权自身的性质所决定的,在考察民事执行权运行及控制机制时必须充分考虑民事执行权的性质,防止整个民事执行程序从根本上背离执行权的特性。即在民事执行体制中应该清晰可见民事执行权的特性及其具体展开。民事执行权的性质是整个民事执行权逻辑进程的起点,但首先应当将英国民事执行法中的一些基本概念予以明确。

(一)相关概念术语

英国拥有着两种法律制度和四个地方政权中心。其中,英格兰和威尔士的关系最为紧密,它们实行同一套法律制度,并且拥有共同的最高司法长官——首席大法官(Lord Chief Justice of England and Wales),而苏格兰(苏格兰的首席法官的英文全称为 Lord President of the Court of Session)拥有与其截然不同的法律制度,北爱尔兰则拥有自己的法律体系和首席大法官。需要说明的是,本书所研究的英国法仅指英格兰和威尔士地区的法律,本书所称的英国民事执行改革也仅指在英格兰和威尔士地区进行的民事执行改革,且文中“成文法”与“制定法”两词同义。

英国民事执行程序不仅适用于法院裁判所确定的债务,还针对公共债务的执行,本书此处“执行”一词即指民事强制执行,既包括法院民事裁判中所确定的债务,又包括地方政府欠税、治安法院判处的罚款、道路交通处罚款、儿童抚养费等的追收。

民事执行(civil enforcement),此处“enforcement”一词主要是关于执

行的法律程序，比"execution"一词具有更广泛的外延，后者仅指实施的执行行为，前者所指的范围更广。[1]

判决债权人（judgment creditor），已被法院判决确定债务人欠其一定数额之债务，但尚未受清偿的债权人，其有权依判决申请法院对债务人强制执行。

判决债务人（judgment debtor），已被法院判决认定负有金钱债务但尚未履行清偿义务的债务人，也包括有利害关系的债务人的继承人。

高等法院（High Court of Justice），英国19世纪民事司法改革中通过实施1875年《司法组织法》建立的中央法院，高等法院接管所有原普通法院和大法官法院（Court of Chancery）的初审司法权和来自下级法院的上诉司法权，下属王座法庭（Queen's Division）、大法官法庭（Chancery Division）和海事、遗嘱检验与离婚法庭（Admiralty Probate Division）三个法庭。

郡法院（County Court），英国19世纪民事司法改革中通过颁布1846年《郡法院法》设立的地方法院系统，主要负责小额诉讼案件的审理。

执行令状（writs or warrants），[2]执行令状是英国民事执行体制中最为重要的执行方式，是以女王或者法院的名义签发的授权执达吏或执行员为一定行为的文书。[3] 虽然经过民事执行改革，英国1998年《民事诉讼规则》关于执行的新规则统一了民事执行程序规则，但高等法院和郡法院还保留了各自的一些习惯用语，高等法院的执行令状称为"writs"，主要包括菲发令状/扣押债务人财产令状（writ of fieri facias）、占有令状（writ of possession）、交付令状（writ of delivery）和查封令状（writ of

[1] See Peter Kaye, *Methods of Execution of Orders and Judgments in Europe*, John Wiley & Sons, 1996, p. 52.

[2] 学界倾向于将"writ"与"warrant"都翻译为"令状"，也有学者认为二者有着极大的差异，应将前者译为"令状"，而后者一般应译为"手令"或"授权状"，只有在个别情形下后者才会被翻译为"令状"，这主要体现在指"司法令状"时。参见屈文生：《普通法令状制度研究》，商务印书馆2011年版，第67～68页。

[3] 参见［英］L. B. 科尔森：《朗文法律词典》（英文影印版），法律出版社2003年版，第448、456页。

sequestration)。郡法院令状称为"warrants",主要包括扣押财物令状(warrant of execution)、占有令状(warrant of possession)和交付令状(warrant of delivery)。本书的令状,主要指普通法上的令状,不包括罗马法上的令状。[1]

动产(goods),该词最早泛指所有的财物,包括动产和不动产,但在现代用法中则采狭义,限指动产,本书亦将其译作"财物"。例如,英国《货物买卖法》(Sales of Goods Act)中的"goods"一词指限于可以人工方式移交的财产。

需要单独说明的是,本书中有关英国民事执行制度的专业术语的翻译主要参考英国原皇家法院服务署(Her Majesty's Courts Service),现皇家法院与裁判所服务署(HM Courts & Tribunals Service)提供的中文版本,中国香港特别行政区律政司法律草拟科编纂的《英汉法律词汇》及《香港高等法院规则》的中文版本。

(二)英国民事执行权的含义和特征

根据英国2007年《裁判所、法院与强制执行法》第62条第(3)款的规定,将在强制执行中存在的扣押权(powers to distrain)的相关规定进行修改,在该法附录13中加以详细规定,而按照本法程序,以前的扣押权将转变为新的权力——强制执行权。根据该法附录12及依据该附录所制定的相关条例,英国法中的强制执行权(enforcement power),是指由法律或法院执行令状所赋予的、执行机构行使的,通过控制财产和变价出售的方式追收债务的权力。通过这一定义可以看出,该法规定的"强制执行权"实质上为狭义的民事执行权,仅指执达吏等执行人员的执行实施权。事实上,英国的民事执行权所包含的内容更为丰富,为了全面展现英国民事执行权运行与控制的全貌,本书拟以广义上的民事执行权为研究对象,这一权力还包含法院所实施的执行实施权以及执行裁决权。根据这一定

[1] 关于普通法令状与罗马法令状的异同可参见屈文生:《普通法令状制度研究》,商务印书馆2011年版,第65~67页。

义,“强制执行权”主要具备以下基本特征:

首先,民事执行权的权力来源是国家公权力,是国家设立专门的执行机构并通过立法的形式赋予其行使的权力。根据英国 2007 年《裁判所、法院与强制执行法》附录 12 的规定,法院有权通过签发执行令状的形式赋予执行人员狭义的民事执行权,允许其以控制财产和变价出售的方式执行法院的裁判,法院执行令状实际上正是国家公权力的体现。这些执行令状包括:(1)高等法院动产扣押令状(原菲发令状“writs of fieri facias”,该法更名为“writs of control”);(2)含有动产扣押和变价出售内容的高等法院交付令状或占有令状;(3)郡法院动产扣押令状(原名“warrants of execution”,该法更名为“warrants of control”);(4)含有动产扣押和变价出售内容的郡法院交付令状或占有令状;(5)治安法院的某些动产扣押令状。高等法院、郡法院的执行令状分别赋予高等法院执行员、郡法院执达吏民事强制执行权,而治安法院的执行令状赋予了治安法院文职执行员或相关私人执达吏民事强制执行权。除法院执行令状之外,该法附录 13 还列举了对一系列法律条文的修订,[1]以法律的形式明确

[1] 2007 年《裁判所、法院与强制执行法》附录 13 对有关执行程序的修改涉及的成文法规定有:1773 年《圈地法》(Inclosure Act 1773)第 4 条及第 16 条,1775 年《誓证法》(Oaths Act 1775),1816 年《农业畜牧业买卖法》(Sale of Farming Stock Act 1816)(失效),1838 年《判决法》(Judgments Act 1838)第 12 条,1845 年《统一土地条款法》(Lands Clauses Consolidation Act 1845)第 91 条,1845 年《圈地法》(Inclosure Act 1845)第 151 条及第 159 条,1863 年《铁路条款法》(Railways Clauses Act 1863)第 33 条及第 34 条,1881 年《简易裁判程序法》[Summary Jurisdiction (Process) Act 1881]第 5 条及第 8 条,1882 年《1878 年法修正案》[Bills of Sale Act (1878) Amendment Act 1882]第 7 条及第 14 条,1887 年《郡长法》(Sheriffs Act 1887)第 20 条,1914 年《和解契据法》(Deeds of Arrangement Act 1914)第 17 条,1920 年《赡养令法》[Maintenance Orders (Facilities for Enforcement) Act 1920]第 6 条,1928 年《农业信贷法》(Agricultural Credits Act 1928)第 8 条,1951 年《后备与辅助部队(民事权益保护)法》[Reserve and Auxiliary Forces (Protection of Civil Interests) Act 1951]第 2 条,1954 年《农业法》[Agriculture (Miscellaneous Provisions) Act 1954]第 5 条,1961 年《刑事裁判法》(Criminal Justice Act 1961)第 39 条,1965 年《强制购买法》(Compulsory Purchase Act 1965)第 13 条及第 29 条,1967 年《刑事裁判法》(Criminal Justice Act 1967)第 104 条,1968 年《海洋渔业法》(Sea Fisheries Act 1968)第 12 条,1970 年《税收管理法》(Taxes Management Act 1970)第 61 条及第 62 条,1970 年《司法管理法》(Administration of Justice Act 1970)第 41 条,1971 年《扣押人息令法》(Attachment of Earnings Act 1971)第 3 条,1972 年《刑事裁判法》(Criminal Justice Act 1972)第 66 条,1974 年《罪犯自新法》(Rehabilitation of Offenders Act 1974)第 1 条,1977 年《专利法》(Patents Act 1977)第 41 条、第 61 条、第 93 条及第 107 条,1980

准许民事执行权得以在征收拖欠缴纳税费、儿童抚养费、追收商用出租场所租金等领域行使。另外,该法第 72 条还将强制执行权直接赋予了商用场所的出租人,规定商用场所的出租人可以适用附录 12 规定的程序(通

年《治安法院法》(Magistrates' Courts Act 1980)第 76 条、第 77 条、第 79 条至第 82 条、第 87 条、第 87A 条、第 88 条、第 96 条、第 120 条、第 125 条、第 125A 条、第 125B 条、第 125CA 条、第 125D 条、第 133 条、第 150 条、第 151 条及附录 4A,1981 年《最高法院法》(Supreme Court Act 1981)第 43ZA 条,1983 年《英国捕捞渔船法》(British Fishing Boats Act 1983)第 5 条,1984 年《郡法院法》(County Courts Act 1984)第 85 条至第 87 条、第 89 条、第 92 条、第 101 条、第 104 条、第 123 条至第 126 条及第 147 条,1984 年《财政法》(Finance Act 1984)第 16 条,1986 年《煤气法》(Gas Act 1986)附录 2B,1986 年《破产法》(Insolvency Act 1986)第 436 条,1988 年《特福德—瑟罗克隧道法》(Dartford-Thurrock Crossing Act 1988)第 15 条,1988 年《地方政府财政法》(Local Government Finance Act 1988)第 62 条及附录 9,1989 年《电力法》(Electricity Act 1989)附录 6,1989 年《公司法》(Companies Act 1989)第 180 条,1991 年《新街道工程法》(New Roads and Street Works Act 1991)附录 3,1991 年《儿童抚养法》(Child Support Act 1991)第 35 条、第 39A 条、第 40 条及第 40B 条,1991 年《水业法》(Water Industry Act 1991)第 179 条,1991 年《水资源法》(Water Resources Act 1991)附录 15,1991 年《土地排水法》(Land Drainage Act 1991)第 54 条,1992 年《社会保险行政管理法》(Social Security Administration Act 1992)第 71 条、第 75 条及第 121A 条,1992 年《地方政府财政法》(Local Government Finance Act 1992)第 14 条及附录 4,1992 年《工会与劳资关系(合并)法》[Trade Union and Labour Relations (Consolidation) Act 1992]附录 A1,1993 年《铁路法》(Railways Act 1993)第 27 条,1994 年《财政法》(Finance Act 1994)第 10 条、第 11 条及附录 7,1994 年《增值税法》(Value Added Tax Act 1994)第 48 条、第 67 条及第 68 条,1995 年《退休金法》(Pensions Act 1995)第 10 条,1996 年《财政法》(Finance Act 1996)附录 5,1996 年《就业裁判所法》(Employment Tribunals Act 1996)第 15 条,1997 年《财政法》(Finance Act 1997)第 51 条,1997 年《社会保障法》[Social Security (Recovery of Benefits) Act 1997]第 7 条,1998 年《国家最低工资法》(National Minimum Wage Act 1998)第 21 条,1999 年《道路交通(国民健康服务收费)法》[Road Traffic (NHS Charges) Act 1999]第 5 条,1999 年《大伦敦权限法》(Greater London Authority Act 1999)第 216 条,2000 年《刑事法院权力(量刑)法》[Powers of Criminal Courts (Sentencing) Act 2000]第 78 条及第 163 条,2000 年《金融服务与市场法》(Financial Services and Markets Act 2000)附录 17,2000 年《财政法》(Finance Act 2000)附录 6,2000 年《邮政服务法》(Postal Services Act 2000)第 104 条,2001 年《财政法》(Finance Act 2001)附录 5,2002 年《犯罪收益法》(Proceeds of Crime Act 2002)第 58 条至第 60 条及第 253 条,2003 年《财政法》(Finance Act 2003)附录 12,2003 年《法院法》(Courts Act 2003)附录 5 至附录 7,2003 年《健康与社会医疗(社区健康与标准)法》[Health and Social Care (Community Health and Standards) Act 2003]第 155 条,2003 年《刑事裁判法》(Criminal Justice Act 2003)第 154 条及第 305 条,2004 年《交通管理法》(Traffic Management Act 2004)第 82 条及第 83 条,2007 年《所得税法》(Income Tax Act 2007)第 955 条第(4)款。See Tribunals, *Courts and Enforcement Act* 2007, schedule13, at http://www.legislation.gov.uk/ukpga/2007/15/pdfs/ukpga_20070015_en.pdf, accessed March 12, 2021.

过动产控制和变价出售的方式追收债务)向承租人追收拖欠的租金。

其次,民事执行权的运行目的在于实现债权。通过法定的民事执行程序,以公力救济的形式确保生效法律文书所确认的公民私权充分实现,确切地说,是实现已确定的民事权利(债权)。正是由于这一权力以实现私权为目的,公民个人的私权利是否请求国家保护,应尊重权利人的意思,所以民事执行权的运行以权利人提出申请为前提,具有被动性的特征,并以实现权利人的确定权利为限,一旦债权人的权利得以实现,民事执行权的运行也应即告终结。除了实现债权之外,民事执行权的运行必定随着强制债务人履行义务,这并不是强制执行的最终目的,而是实现债权的必要手段。

再次,民事执行权的行使主体是执行机构,在英国称为执行人员(enforcement agent),〔1〕是根据 2007 年《裁判所、法院与强制执行法》第 63 条第 2 款授权进行执行的有关人员,包括“持证人员”、“免证人员”以及“在前两类人员指导下进行执行的人员”。具体而言,持证人员即为持证私人执达吏(certificated private bailiffs),是依据该法第 64 条被授予执行从业资格的人员,主要由郡法院辖区的巡回法院法官签发,在特殊情况下也可以由地区法官签发。

最后,民事执行权受到一定的控制和制约,必须依照法定程序行使。由于民事执行权运行的主要体现是执行机构的执行行为,英国规定了严格的程序和适用条件,以限制执行机构在行使民事执行权的过程中的主观随意性,并且近年来不断进行民事执行法及执达吏法的系列改革,目的就是保护判决债权人和判决债务人及相关案外第三人的合法权益。

(三)英国民事执行权的分配和性质

英国民事执行权与民事审判权相分离是体制上的,是实质性的分离,这是以英国司法“大部制”改革为背景,在英国执行机构的发展基础上构

---

〔1〕 有学者将“enforcement agent”一词翻译为“执行代理人”,笔者认为此处译为“执行人员”更为合适,意指负责强制执行法院裁判的人,包括在公共及私营执行部门的高等法院执行员、郡法院执达吏、私人执达吏等;同时,本书将“enforcement agency”译作“执行机构”。

建而成的。在宏观层面,由皇家法院与裁判服务署下设立统一的法院服务机构专门负责法院的人财物、司法管理和执行工作;而在微观层面,可以把民事执行权分解为执行裁决权与执行实施权两种基本权能。正是由于英国民事执行权内部存在这样的职能分离,使得其具有双重属性——既具有司法权属性,又具有行政权属性:执行权的司法属性体现为基于当事人及案外人的救济行为,法院行使执行裁判权;执行权的行政属性则表现为执行人员通过执行行为、法院通过对债权人申请的审查而行使执行实施权。不同的权能分别由特定的人员和组织行使,构建了民事执行权内部边界。

1. 执行实施权

英国民事执行实施权一方面体现为,执行人员以实现执行内容为目的,依授权行使执行措施、从事执行事务的权力;另一方面体现为,法院通过"诉讼化"的方式(court-based methods)审查债权人提出的押记令、扣押入息令、第三方债务、指定接管人、拘捕令等的申请,通过签发相关命令实现判决所确定的债权。

由英国2007年《裁判所、法院与强制执行法》所规定的"强制执行权"可以看出,英国普通法上发展而来的民事执行制度是债权人在获得法院官员(court officer)签发的执行令状之后,由执行人员实施执行措施以获取判决的执行,这一过程并没有司法审查的直接介入,而是纯粹的行政行为。[1] 执行人员通过执行令状实现民事判决执行的做法在英国法上由来已久,而后来,又产生了新的强制执行措施,这些措施与这一执行机制相去甚远。新的执行措施主要是债权人向法院申请相关的命令,如第三方债务令、扣押入息令或者押记令,通过送达债务人及任何有关的第三方来实现执行。在这些执行措施的实施过程中,执达吏仅履行送达法律

〔1〕 See Wendy Kennett, *The Enforcement of Judgments in Europe*, Oxford University Press, 2000, p. 84.

文书的职能(process serve)。[1] 因而,在英国的民事执行权运行过程中,法院和债权人的律师也是重要的推动力之一。

2. 执行裁决权

在执行实施权实现申请执行人合法权利的同时,执行裁决权亦能兼顾被执行人及执行案外人的合法权益,从而实现了对申请执行人与被执行人以及案外人之间利益的平衡保护,并可以避免私权救济可能带来的秩序破坏,维护国家利益和社会公共利益。

根据2007年《裁判所、法院与强制执行法》附录12第60条的规定,第三人有权基于对执行财物所有权的异议向法院申请启动第三人申索动产程序。由在郡法院的司法实践中地区法官负责对第三方债务令、扣押入息令、押记令等执行措施的申请进行审查及签发,为防止权力滥用,将执行裁决权赋予郡法院巡回法官,由其对案外人所提出的异议加以审理,如果案外第三人对郡法院巡回法官的判决不服,则可以上诉到民事上诉法院。

三、研究现状回顾

(一)国外研究的学术史梳理

本书的研究对象是英国民事执行权,使用的外国文献资料主要包括国外学者的专著和论文、政府文件、政府报告及法律文本。国外研究英国民事执行权运行与控制机制的英文资料大致归纳如下。

1. 有关英国民事执行制度研究的文献

西方人对执行程序的批判式研究起步很迟,较早对执行问题进行系统研究的便是英国人。而英国的民事诉讼法和强制执行法的教科书和专题论著极大部分是法官编写的。英国及其他国家和地区对执行程序进行专题研究的学者主要有以下几位:

---

〔1〕 See Wendy Kennett, *The Enforcement of Judgments in Europe*, Oxford University Press, 2000, p. 85.

英国有关扣押和动产执行的研究相对薄弱,而约翰·克鲁斯(John Kruse)撰写了大量的著作和论文,深耕于这一领域的研究已20多年。他作为英国动产扣押法研究专家于2009年出版了执达吏法两卷本,即《"合法侵害":普通法自始至今的发展》("*Lawful Trespass*": *The Development of Common Law until the Present Day*)和《"无价值的人?":1500年以来执行员与动产扣押的历史》("*Persons of No Value?*": *A History of Bailiffs and Bailiffing from* 1500 *to the Present Day*),细致而全面地展现了欠租扣押、欠税扣押、判决债务扣押制度以及执达吏职业的发展历史,从盎格鲁—撒克逊时代的执行法开始,追溯了普通法对这一时期的继承,同时审视了制定法对普通法相应规则的干预。[1] 其中,上卷主要关注"扣押"(distress)和"动产执行"(execution)的普通法原则的发展;下卷则重点关注自16世纪起制定法越来越多地改变或修改执行程序的基本方面。另外,他在2009年出版了《扣押权:〈2007年裁判所、法院与强制执行法〉未经改革的救济指引》(*Powers of Distress*: *A Guide to Remedies Unreformed by the Tribunals*, *Courts and Enforcement Act* 2007)一书,重点对英国2007年《裁判所、法院与强制执行法》对动产扣押权的影响做了分析。[2]

英国律师弗兰克·埃尼弗(Frank Enever)所著的《欠租和损害赔偿扣押制度的历史》(*A History of the Law of Distress for Rent and Damage Feasant*)一书,较为概括地呈现了最早时期英国扣押法律制度的发展,同时特别关注了救济制度扣押物取回之诉(replevin)[3]。这本著作较好地作了概况性介绍,但并未作十分细致的考察。

W. A. 肯尼特(W. A. Kennett)教授的《欧洲判决的执行》(*The*

---

〔1〕 See John Kruse, "*A Lawful Trespass*": *The Development of Common Law until the Present Day*, Wildy, Simmonds and Hill Publishing, 2009; "*Persons of No Value?*": *A History of Bailiffs and Bailiffing from* 1500 *to the Present Day*, Wildy, Simmonds and Hill Publishing, 2009.

〔2〕 See John Kruse, *Power of Distress*: *A Guide to Remedies Unreformed by the Tribunals*, *Courts and Enforcement Act* 2007, Wildy Simmonds & Hill Publishing, 2009.

〔3〕 See F. A. Enever, *A History of the Law of Distress for Rent and Damage Feasant*, University of London, 1929.

Enforcement of Judgments in Europe）一书，重点对欧洲各国民事执行程序进行了比较法研究，[1]具有很强的国际性视野，为全面认识英国民事执行制度提供了宝贵资料。

剑桥大学公法研究中心贝特森（Beatson）教授主要针对执行员（不含高等法院的执行官）进行了研究，并于2000年6月向当时的司法大臣办公厅提交了《执行人员法例独立评审报告》（Independent Review of Bailiff Law），提出了46项建议，陈述债权人和债务人的权利和救济方法、各类执行人员的权力和责任，并提议通过立法取代原来规范执行程序的普通法和零星的成文法条文。

约翰·鲍德温（John Baldwin）教授在《对无抗辩案件民事执行程序有效性的评价》（*Evaluating the Effectiveness of Enforcement Procedures in Undefended Claims in the Civil Courts*）一文中主要对执行措施以及当事人对执行程序的态度进行了研究。[2] 他主张必须强化法定执行机制的刚性，认为法院的执行机制能够同时获得被告和原告的信任具有重大的社会意义。一个有半数以上缺席的判决且得不到实现的执行机制，对于原告来说，无论如何都不能算是有效的。他还指出，如果债权人失去了对合法执行机制的信心，就会转而寻求其他救济途径，那么较之于一个刚性的以法院为基础的执行机制来说，被告将会受到更大的侵扰，其所获得的保护将更少，这样的基本道理必须让债务人明白。

挪威奥斯陆大学的安德纳斯（Mads Andenas）教授于2006年在《欧洲商法评论》（*European Business Law Review*）杂志上发表了《英格兰和威尔士的民事执行》（*Civil Enforcement in England and Wales*）一文，分析了英格兰和威尔士的民事执行机构，包括高等法院以及郡法院的执行人员，并

---

〔1〕 See Wendy Kennett, *The Enforcement of Judgments in Europe*, Oxford University Press, 2000.

〔2〕 See John Baldwin, *Evaluating the Effectiveness of Enforcement Procedures in Undefended Claims in the Civil Courts*, at http://www.dca.gov.uk/research/2003/res03fr.htm, August 18, 2021.

对执行方法、信息获取、制度有效性进行了阐述,[1]为本书写作提供了大量有益资料和信息。

由于对民事执行程序的研究实务性极强,还有一些英国执行机构人员、律师结合执行实践编写的关于民事执行程序的著作。例如,英国私营执行公司"Shergroup"公司的董事长桑德布鲁克(Claire Sandbrook)编写的第11版《法院判决的执行》(*Enforcement of a Judgment*),全面梳理了英国执行程序的规则和立法规定。[2] 该书于2016年已经更新至第12版,由英国最高法院律师和持牌从事破产业务的艾林森(Stephen Allinson)编著。[3]

再如,英国律师安东尼·托尼(Anthony Tanney)与伊恩·特拉威尔(Iain Travers)共同所著的《欠租扣押财物》(*Distress for Rent*),是一本综合研究欠租扣押财物制度的相关规定和实践的著作。

2. 有关英国民事执行改革的会议报告和法律草案

这部分资料很多在英国的官方网站可以找到。这些网站中找到的沃尔夫改革的中期报告、最终报告、初期调查结果以及后续调查结果,都是英国民事司法改革的重要研究成果。另外,这些会议报告和法律修订清晰地展示出英国民事执行改革进程的全景,包括改革第一阶段的评审(自1998年4月至2001年5月共推出4份咨询文件、执达吏法独立审查报告、执行审查报告)、第二阶段的评审(自2001年5月至2015年5月共推出"咨询文件5"、执行绿皮书、专家组关于执行服务体制的报告、执行机构的全国统一标准、执行白皮书)。

此外,英国司法部还推进了多个民事执行程序单项咨询和审查,并公开发表了咨询文件及其反馈文件,为本书研究提供了第一手资料,包

---

[1] See Mads Andenas, *Civil Enforcement in England and Wales*, European Business Law Review, Vol. 17 (2006).

[2] See Claire Sandbrook, *Enforcement of A Judgment*, 11th edition, Thomson Reuters (Legal) Limited, 2011.

[3] See Stephen Allinson, *Enforcement of A Judgment*, 12th edition, Sweet & Maxwell, 2016.

括：(1)原司法大臣办公厅1992年发布的《民事执行人员的组织及管理》(The Organisation and Management of Civil Enforcement Agents)；(2)原司法大臣办公厅1998年发布的《增加执达吏依据1991年道路交通法执行罚款的执行费用》(Increase to Bailiff Fees for the Collection of Fixed Penalties under the Road Traffic Act 1991)；(3)司法部2009年11月发布的《新执行费用制度建议和分析报告》(Enforcement Fee Structure Review: Proposal for A New Enforcement Fee Structure and Analysis of the Issues and Options)；(4)司法部2011年3月发布的《郡法院纠纷解决：创造更加简洁、快速和均衡的体系——英格兰和威尔士民事司法改革咨询文件》(Solving Disputes in the County Courts: Creating A Simpler, Quicker and More Proportionate System: A Consultation on Reforming Civil Justice in England and Wales)；(5)司法部2012年5月发布的《转变执达吏行为——面对侵犯性执达吏如何提供更多的保护以及增强执达吏收债的灵活性》(Transforming Bailiff Action: How We Will Provide More Protection Against Aggressive Bailiffs and Encourage More Flexibility in Bailiff Collections)；(6)司法部2018年4月发布的《对2007年〈法庭、法院与强制执行法〉引入强制执行机构改革一年后的审查》等。

3. 有关英国民事诉讼制度史及民事司法改革的文献

梅特兰和波洛克合著的《英国法律史——爱德华一世以前》(*The History of English Law before the Time of Edward Ⅰ*)，描绘了1272年以前英国法律史的壮美画卷；霍尔兹沃思爵士(Sir W. Holdsworths)所著的《英国法律史》(*The History of English Law*)描述了从盎格鲁—撒克逊时期到1875年司法改革期间的英国法律史。20世纪70年代，密尔松(S. F. C. Milsom)教授的《普通法的历史基础》(*Historical Foundations of the Common Law*)，较为深刻地分析了普通法发展的历史。贝克(J. H. Baker)教授的《英国法律史导论》(*An Introduction to English Legal*

History)中包括近年来的研究成果。[1]

比利时根特大学中世纪史和法律史领域的知名学者 R. C. 范·卡内冈(R. C. Van Caenegem)所著的《英国普通法的诞生》(*The Birth of the English Common Law*)一书,由于作者具有欧陆学术背景,他在英国法律史研究方面采取了当时英国本土学者未采取的角度,即从王室司法机构、令状制度及陪审制度展开论述了普通法的形成。此书已由我国学者李红海教授进行了翻译并得以出版。[2]

学者巴拉德(A. Ballard)所著的《自治市特许状的诞生》(*British Borough Charters*)一书,搜集了部分英格兰自治城市的特许状,并在此基础上研究了英格兰自治城市的特权,其中存在大量有关扣押实施的珍贵资料。[3]

英国剑桥大学的 J. A. 乔罗威茨(J. A. Jolowicz)教授,于 1978 年在《英美法律评论》(*Anglo-American Law Review*)上发表的《20 世纪英美民事程序的发展》(*Some Twentieth Century Developments in Anglo-American Civil Procedure*)一文,总结了 20 世纪上半叶英国民事诉讼的发展和变化。他还于 1983 年在《法律研究》(*Legal Studies*)杂志上发表《有关民事程序法改革的总体思路》(*"General Ideas" and the Reform of Civil Procedure*),建议英国进行大规模的民事司法改革。[4] 他于 2000 年所著《民事诉讼程序研究》(*On Civil Procedure*)一书,对英国民事诉讼 20 世纪的发展、19 世纪英国民事程序改革的《司法组织法》及沃尔夫改革进行了评述,此书的译本已于 2008 年由中国政法大学出版社出版。[5]

---

[1] See John Hamilton Baker, *An Introduction to English Legal History*, 4th edition, Butterworths & Co (Publishers) Ltd., 2002.

[2] 参见[比]R. C. 范·卡内冈:《英国普通法的诞生》,李红海译,中国政法大学出版社 2003 年版。

[3] See Adolphus Ballard, *British Borough Charters*, Cambridge University Press, 1913.

[4] See J. A. Jolowicz, *"General Ideas" and the Reform of Civil Procedure*, 3 Legal Studies 295 - 314 (1983).

[5] [英]J. A. 乔罗威茨:《民事诉讼程序研究》,吴泽勇译,中国政法大学出版社 2008 年版。

英国著名的民事程序法学者之一剑桥大学的尼尔·安德鲁斯(Neil Andrews)教授在其2012年所著的《司法的第三条道路——英格兰的法庭程序,仲裁和调解》(*The Three Paths of Justice: Court Proceedings, Arbitration, and Mediation in England*)一书中,指出了沃尔夫改革的不足之处,提出英国长久以来诉讼费用高昂的问题仍然存在。[1]

另外,荷兰马斯特里赫特大学法学院的 C. H. Remco Van Rhee 教授主编《民事程序法的欧洲传统》(*European Traditions in Civil Procedure*)一书的导论部分论述了包括英国在内的欧洲各国民事诉讼程序的发展,[2]全面而详细地阐述了20世纪至21世纪以来欧洲民事程序的百年历史,具有重要的参考价值。

(二)国内研究的学术史梳理

本书使用的国内文献资料主要包括国内学者的专著和论文、对英国民事执行相关法律制度的翻译,具体的研究内容可以总结为三大部分:第一,有关英国民事执行制度评介的文献;第二,有关英国法律史、司法制度史以及民事诉讼制度史的文献;第三,有关民事执行权研究的文献。以下将对与本书主题相关的内容进行划分归纳。

1.有关英国民事执行制度评介的文献

国内最早对国外民事执行法律制度进行介绍的当属对外经济贸易大学法学院的奠基人沈达明教授编著的《比较强制执行法初论》,该书由对外贸易教育出版社于1994年出版,主要介绍了英国、美国、法国三个国家的强制执行法,以及外国司法机关如何执行民事判决。[3] 本书为英国民事执行权的运行与控制的研究提供了最直观的研究文本,为本书研究有关20世纪90年代开始的英国民事执行改革之前的英国民事执行制度提

---

〔1〕 See Neil Andrews, *The Three Paths of Justice: Court Proceedings, Arbitration, and Mediation in England*, Springer, 2012.

〔2〕 See C. H. Remco Van Rhee eds., *European Traditions in Civil Procedure*, Intersentia Publisher, 2005.

〔3〕 参见沈达明编著:《比较强制执行法初论》,对外贸易教育出版社1994年版。

供了相关资料。除该书外,沈达明教授还致力于国外与强制执行法有关的民事诉讼法和实体法问题的研究,如中信出版社 1991 年出版的《比较民事诉讼法初论》(上、下)、对外贸易教育出版社 1993 年出版的《比较破产法初论》以及中信出版社 2006 年出版的《英法银行业务法》。以上著作均为研究英国民事执行制度提供了有益帮助。

另外,严军兴教授与管晓峰教授共同编著的《中外民事强制执行制度比较研究》一书,对国外的执行制度及模式进行了借鉴和参考;西南政法大学廖中洪教授主编的《民事间接强制执行比较研究》一书,对国外的间接强制执行制度进行了比较和研究。[1] 两本书中都有关于英国民事执行制度的相关内容,可以说,它们为本书的写作提供了丰富的素材。

对英国司法制度及民事司法改革进行系统介绍的当属厦门大学的齐树洁教授,其编写的《英国民事司法制度》《英国司法制度》《英国民事司法改革》《英国证据法》等著作,对英国司法制度进行了深入研究,具有重要的学术意义。另外,他就英国民事司法制度改革以及英国民事执行制度及执行问题发表了多篇论文,包括:《英国民事诉讼规则(1998)述评》(2001 年)、[2]《英国强制执行制度改革及其借鉴意义》(2009 年)、[3]《英国强制执行制度改革》(2009 年)[4]等。

徐昕教授对《英国民事诉讼规则》的法律文本进行了翻译,并著有《英国民事诉讼与民事司法改革》一书,该书系统阐述了英国民事诉讼制度,并以比较法的视角分析了英国民事司法改革,但可惜的是因为成书较早并未涉及英国的民事执行制度。徐昕教授针对英国民事诉讼改革还撰写了相关论文,如《英国民事司法改革之借鉴——以英国民事诉讼基本目

---

〔1〕 参见严军兴、管晓峰主编:《中外民事强制执行制度比较研究》,人民出版社 2006 年版;廖中洪:《民事间接强制执行比较研究》,中国检察出版社 2013 年版。

〔2〕 参见齐树洁:《英国民事诉讼规则(1998)述评》,载《法学家》2001 年第 2 期。

〔3〕 参见齐树洁:《英国强制执行制度改革及其借鉴意义》,载《法令月刊》第 2 期(2009 年)。

〔4〕 参见齐树洁:《英国强制执行制度改革》,载《中国人大》2009 年第 12 期。

标及其贯彻作为考察主线》[1]《英国民事诉讼改革之进程》[2]等。除此之外,他还对英国民事诉讼中的具体制度分别进行了探讨,如英国民事诉讼中的当事人制度、诉讼费用制度、审前程序等。

南京师范大学法学院教授李浩主编的《强制执行法》,内容除包括强制执行的各种原理及国内的民事执行改革外,还对英国等国家的民事执行制度进行了述评,主要包括英国民事司法改革与强制执法、强制执行法的一般规定、强制执行的主要措施及强制执行的配套制度四个方面。[3]

张永红法官的《英国强制执行法》一书,是我国第一本系统介绍英国民事执行法律制度的著作,对执行员"市场化"和"司法行政化"双轨制的运行模式、私力救济性质的欠租扣押和没收租权等问题做了深入分析,侧重于完整展现英国强制执行法律制度,资料翔实而丰富,为本书的写作提供了很大帮助,但该书并未详细梳理英国民事执行制度的发展变迁,也未从民事执行权的运行和控制角度进行分析。另外,刘汉富主编的《国际强制执行法律汇编》一书对英国《最高法院规则》的执行程序进行了翻译,为研究英国民事执行法律体系提供了很大方便。[4]

由于英国执行制度以法官所发布的各种令状为中心,对令状制度进行研究的相关著作、论文也是本书所参考的对象。屈文生教授的《普通法令状制度研究》一书是国内系统研究令状制度的专著,其中对英国民事执行的部分令状有所涉及,为本书研究提供了帮助。[5]

2. 有关英国法律史、司法制度史以及民事诉讼制度史的文献

何勤华教授主编的《英国法律发达史》中对英国的法院组织和诉讼制度进行了介绍。[6] 程汉大教授主编的《英国法制史》以及其与李培锋教

---

〔1〕 参见徐昕:《英国民事司法改革之借鉴——以英国民事诉讼基本目标及其贯彻作为考察主线》,载《法学》2001年第5期。

〔2〕 参见徐昕:《英国民事诉讼改革之进程》,载《清华法律评论》2000年第3辑。

〔3〕 参见李浩主编:《强制执行法》,厦门大学出版社2004年版。

〔4〕 参见刘汉富:《国际强制执行法律汇编》,法律出版社2000年版。

〔5〕 参见屈文生:《普通法令状制度研究》,商务印书馆2011年版。

〔6〕 何勤华主编:《英国法律发达史》,法律出版社1999年版。

授合著的《英国司法制度史》中，对英国民事诉讼制度均有所涉及，但对民事执行制度及民事执行权的运行和控制并无直接研究与描述。另外，还有民国时期由姚梅镇翻译的、由美国孟罗·斯密（Munroe Smith）所著的《欧陆法律发达史》一书，以欧洲古代历史的社会生活状况为背景，概括了西欧诸国的法律，可以说是一部欧洲法律史通论性质的著作。

毛玲教授2005年出版的专著《英国民事诉讼的演进与发展》选取民事司法制度的角度对英国法进行了历史的解读，总结了英国的民事诉讼制度在形成、发展乃至改革过程中的具有规律性和科学性的经验。本书为英国民事执行权的运行与控制机制这一问题的研究提供了基础性的资料，特别是她在书中第一章"古代英国法及其民事诉讼制度"的写作中，提及了这一时期英国民事执行制度发展的简单轮廓，直接有益于对这一时期英国执行制度的考察。[1]

3. 有关民事执行权研究的文献

童兆洪教授所著的《民事执行权研究》一书于2004年出版，对作为民事执行理论的基石和核心的民事执行权理论进行了定位和研究，拓展了民事执行问题研究的广度和深度，可以说是国内较早研究民事执行权的专著。[2] 2006年他所著的《民事执行的法理思辨》又进一步拓宽了研究思路，重点就我国民事执行权理论体系的构建，在区分执行实施权与执行裁决权不同特质的基础上，就如何构建科学的民事执行权分权运行机制进行了深入探讨。[3]

谭秋桂教授所著的《民事执行原理研究》，运用分析法学、社会法学和比较法学的方法，对民事执行的相关问题进行了分析研究。[4]

严仁群教授所著的《民事执行权论》，对民事执行权的性质、民事执行权的配置、民事执行权的运行和民事执行权的控制等问题进行了比较深

---

〔1〕 参见毛玲：《英国民事诉讼的演进与发展》，中国政法大学出版社2005年版。

〔2〕 参见童兆洪：《民事执行权研究》，法律出版社2004年版。

〔3〕 参见童兆洪：《民事执行的法理思辨》，人民法院出版社2006年版。

〔4〕 参见谭秋桂：《民事执行原理研究》，中国法制出版社2001年版。

入的分析和研究,并在论述过程中对英国的民事执行体系有所涉及和评价,[1]对本书的写作非常有益。

马登科教授所著的《民事强制执行中的人权保障》一书,为国内研究民事执行制度提供了新的思路,[2]虽然该书主要集中于民事执行中人权保障的理论及对我国相关问题的解决,但是这也恰恰与英国民事执行制度中注重保护人权理念相契合,为本书的写作提供了更多的理论素材。

另外,徐昕教授的《论私力救济》一书,从华南地区民间收债的个案入手,详细考察了私力救济背后所蕴含的经济逻辑,利用经济学成本收益的方法成功地解释了人们的选择的功利主义的取向,私力救济正是因为其在某些时候对于当事人保障自己的权利而言成本更低、更便利、更快捷、更有效,因此他们选择了私力救济而非公力救济,指出当事人的这种选择完全是一种在成本收益比较后的理性选择行为。[3] 这也让我们认识到,我国借鉴英国在部分民事执行事务中采用市场化运行模式的做法存在可能。

四、对象与方法

本书的研究对象系英国民事执行制度史以及当今英国民事执行权力的运行与控制机制。对于这一对象,有两个问题需要说明:一是本书研究英国民事执行制度的历史维度,由于民事执行的真正制度化直到近代才得以实现,本书重点对英国 19 世纪以及 20 世纪两次司法改革前后的民事执行制度进行梳理;二是研究民事执行权在英国运行与控制的相关问题,考察其与同属英美法系的其他国家相比、与欧陆国家相比有何特点,以及对我国民事执行工作开展的借鉴意义。

英国民事执行制度是如何演化和发展的?大陆法系和英美法系的近现代民事执行分别具有哪些特点?我国的近现代民事执行制度演进又有

---

[1] 参见严仁群:《民事执行权论》,法律出版社 2007 年版。

[2] 参见马登科:《民事强制执行中的人权保障》,中国检察出版社 2011 年版。

[3] 参见徐昕:《论私力救济》,中国政法大学出版社 2005 年版。

哪些规律？本书侧重对此展开研究，尽可能抓住英国民事执行程序发展的特点，与其他国家的相关制度进行比较，并尝试考察制度背后的体制、文化等因素。

本书主要采取的研究方法有历史考察法、比较研究法和逻辑分析法。首先，法学范畴作为理论思维的成果和工具，其形成经历了一个历史过程，是一种历史的产物。要深刻、准确地揭示某个法学范畴，必须运用历史考察的方法。从社会现象基本的历史联系出发，探究其产生、发展的过程及历史沿革，揭示其本质、内容和时代特征。对于英国民事执行权与执行制度的产生、发展和改革过程的历史考察，不仅能揭示其历史继承性，而且可以避免理论构建上的主观随意性。

其次，比较研究方法对于认识事物的概念、本质和特征等具有重要作用。英国民事执行权的运行与控制的研究与英国民事诉讼的理念和运作模式有深刻的联系，而在其他国家，民事执行权问题有不同的理论定位、发展历史和立法实例。通过比较研究，有助于进一步加深对民事执行权性质、运行与控制等问题的认识，为系统构建我国民事执行权理论体系，实现民事执行权合理配置、稳定运行及控制提供有价值的参考与借鉴。

最后，逻辑分析的方法是科学研究的基本方法之一。民事执行权是尚在发展和逐步完善的一种国家权力，民事执行权理论是一个较为复杂且充满争议的课题。借助于逻辑推理，运用归纳、演绎、分析与综合等方法，能够较为全面地揭示英国民事执行权运行中各环节的内在规律性。

第一章　英国民事执行制度的变迁

法律与历史是不可分的，尤其是英国的普通法，本身就是历史的产物，只有通过历史才能真正理解它。

——[英]梅特兰

英国早期的民事诉讼法律制度随着5世纪中叶盎格鲁—撒克逊人入侵不列颠岛、不断征服不列颠，并建立统一的英吉利国家这一过程而形成。而英国的民事执行制度自中世纪时期起并未发生实质上的变化，这一点可以说是英国法的特别之处。尽管后来增加了一系列成文法的规定，但是普通法关于民事执行的基本原则并未发生较大的改变。[1] 因此，若想理解英国现代法中民事执行制度体系的很多复杂和不确定之处，必须考察自中世纪起这些规则的产生和发展历程。笔者试图在英国民事诉讼制度的历史全貌中将民事执行制度抽丝剥茧，进而理性地看待英国民事执行制度发展的历史延续性及改革的目的和动因。

英国民事诉讼的起源和发展大致经历了四个阶段：一是盎格鲁—撒克逊时期，这一时期的民事诉讼法深受古日耳曼习惯法的影响；二是普通

---

〔1〕 See John Kruse, "*A Lawful Trespass*": *The Development of Common Law until the Present Day*, Wildy, Simmonds and Hill Publishing, 2009, preface.

法的形成和发展时期，这一时期英国司法制度及民事诉讼法的特征随之形成并得以发展；三是19世纪的英国司法改革至20世纪90年代，这一时期的司法改革奠定了现代英国民事诉讼制度的基础；四是20世纪90年代的英国民事司法改革至今，这一时期英国的民事诉讼实现了现代化。英国的民事执行制度是历史的产物，并不是精心设计的结果，在很早时已经产生了相当部分的执行措施，这些执行措施在普通法上的令状制度产生后获得了进一步的发展。[1]

以下将遵循上述民事诉讼制度的发展轨迹对具体的民事执行制度进行梳理，阐述英国民事执行在由私力救济向公力救济、对人执行到对物执行的演变过程中，是如何实现完善和发展的。

第一节　盎格鲁—撒克逊时期的民事执行制度

盎格鲁—撒克逊时期是指自5世纪中叶盎格鲁—撒克逊人入侵不列颠岛并形成统一的英吉利国家至1066年诺曼登陆建立起封建王朝的这段时间。这一时期，由于盎格鲁—撒克逊人对原始的日耳曼部落习惯十分尊崇并严格遵守，主要通过运用蕴含在日耳曼习惯法中的权利义务分配规则来解决纠纷，古代日耳曼民族习惯与英格兰社会生活实践相结合逐渐产生了盎格鲁—撒克逊时期的习惯法。因此，这一时期英国的民事执行制度深受古日耳曼法的影响，民事执行基本依靠私力救济来实现。

一、继受于古日耳曼习惯

历史法学派的代表人物梅因（Maine）曾形象地描述了早期英国习惯法产生的历程，他指出，“日耳曼民族传统习俗在英格兰私有制和阶级产生后被保留下来，并融入国家生活中。在血缘关系被打破的基础上，当不

〔1〕 See Wendy Kennett, *The Enforcement of Judgments in Europe*, Oxford University Press, 2000, p. 84.

断重复的习惯做法被人们确定下来成为调整社会生活的公认规则时，盎格鲁—撒克逊习惯法就产生了”[1]。因此，古日耳曼法对盎格鲁—撒克逊时期的民事诉讼程序产生了很大影响，从起诉、应诉、判决到判决的执行，基本上均沿袭了古日耳曼法的传统，这一点在判决的执行上表现得尤为突出，古日耳曼习惯法为确保民事判决得以执行作出了如下规定。

在侵权案件（保护亲属关系与私有财产权的案件）中，[2]如果判决被告支付罚金或赔偿损害，则该判决的债权人即原告有权对债务人的人身进行拘禁，或者对债务人的财产加以扣押；如果债务人反抗拘禁或拒绝扣押其财产，即视为对平和之破坏，这时可以判决将其放逐法外（outlawry）。经过发展，在后来的司法程序中，判决债务人须提供保证人以担保其对判决的执行，“如不能满足债权者判决之执行时，则由保证人代负责任，保证人之人身可被拘禁，其财产亦可被扣押”[3]。

因此，古日耳曼法中对民事案件判决的执行基本上依靠私力救济来实现，法院对判决的执行没有强制力，这深受古日耳曼法诉讼程序思想的影响，即认为古日耳曼诉讼程序的目的“只在于决定应如何解决争端之方法，以期达到讼争本身之解决而已”[4]，并不以获得判决的执行为最终目的。而英国的民事执行制度源自古日耳曼习惯法中的私力救济，民事执行措施就由早期的扣押对方财物制度发展而来。

二、成文法典中的民事执行制度

在日耳曼“民族大迁徙”中，盎格鲁（Angles）、撒克逊（Saxons）、朱特（Jutes）等日耳曼部落自5世纪中叶起，从欧洲大陆渡过北海侵入不列颠，

---

〔1〕 H. S. Maine, *Early Law and Custom*, J. Murray, 1883, p. 389.

〔2〕 古日耳曼法中的诉讼程序仅有两种：一是请求损害赔偿或罚金之侵权行为之诉，也即民事诉讼；二是原告诉请将被告放逐法外的刑事诉讼。

〔3〕 [美]孟罗·斯密：《欧陆法律发达史》，姚梅镇译，王健、刘洋勘校，中国政法大学出版社2003年版，第76页。

〔4〕 [美]孟罗·斯密：《欧陆法律发达史》，姚梅镇译，王健、刘洋勘校，中国政法大学出版社2003年版，第75页。

逐渐征服土著居民凯尔特人,先后建立了一系列盎格鲁—撒克逊王国,结束了罗马人对不列颠数个世纪的松散统治。7 世纪初,这些部落公国联合成肯特、萨塞克斯(南撒克逊)、威塞克斯(西撒克逊)、埃塞克斯(东撒克逊)、诺森布里亚、东盎格利亚和麦西 7 个王国(Kent、Sussex、Wessex、Essex、Northumbria、East Anglia、Mercia),史称"七国时代"(Heptarchy)。由于这些部落民族都没有文字,历史学家只能通过后世的一些文献资料、文学片段和法律条文中有关古时习俗的表述,推断出早期的盎格鲁—撒克逊人在很多方面保留了他们的祖先,即公元 1 世纪的日耳曼人的特点。[1]

除继受了古日耳曼的习惯外,7 世纪初,由于欧洲大陆各日耳曼王国普遍开展法典编纂活动,盎格鲁—撒克逊各王国也相继对原有的习惯法进行汇编,这些成文法典的制定,增强了习惯法内容的可操作性,促进了地区法律之间的融合,但实质上,这些所谓的成文法典只不过是对既存的盎格鲁—撒克逊习惯法的记录与汇编,究其原因是各盎格鲁—撒克逊国王没有定期制定新的法律并将其作为一种加强王权、管理社会的手段,因此,在 1066 年以前,英国法的主要渊源仍是习惯法,更为重要的一点是,没有适用于整个英国的统一法律。虽然与同一时期欧洲大陆日耳曼国家的法典相比数量有限,并且没有完整、统一的体系,但是这一时期各盎格鲁—撒克逊王国成文法典中对财产扣押制度的规定是不容忽视的。

(一)《伊尼法典》

公元 688 年至公元 694 年颁布的《伊尼法典》(Laws of Ine),是威塞克斯王国(Kingdom of Wessex)早期的法律,法典保留了大量氏族制尤其是农村公社遗留的古老习惯,让我们对英格兰西部地区的底层自由民有了更多的了解。与此前肯特王国所颁布的法典相比,《伊尼法典》修辞和语法水平有所提高,出现了一些肯特王国法典中所没有的术语,但大体与

[1] 参见[英]丽贝卡·弗雷泽:《英国人的故事:从罗马时代至 21 世纪(Vol. Ⅰ 55BC—1485)》,叶锬焰、史林译,中信出版集团 2018 年版,第 52 页。

其后若干盎格鲁—撒克逊的法典相似。[1] 其中,该法典第 9 条规定了扣押(wraece)这一程序,也可以称为复仇,即原告向被告所作出的报复行为。以下是这一条文不同的英文版本:

> If anyone takes distress (gif hwa wraece do) before he demands justice, let him give up what he has taken to himself, plus compensation, and pay a penalty of 30/ -[2]
>
> If any one wreaks vengeance (on his enemy) before demanding justice (in court), he shall give back anything he has seized together with as much again (to the injured party), and shall pay 30s. compensation (to the king)...[3]

虽然并未明确提及,但此条文通常被视为有关财产扣押的规定。例如,波洛克(Pollock)与梅特兰(Maitland)在其二人合著的《英国法律史——爱德华一世以前》一书中提道,“(伊尼法典)第 9 条用词虽然模糊,但无疑意味着控制对方的财产”[4]。

然而,对于该条中扣押的合法性问题,英国学者之间存在争议。怀特洛克(Whitelock)教授认为,该条所指的扣押并不是简单地规定直接以私力救济的方式强制执行,而是对非法扣押的规定,也即在法庭审判开始之前的扣押为法律所禁止。[5] 另有学者持相反观点,认为此处并未禁止私

---

[1] 肯特王国的《埃塞尔伯特法典》是盎格鲁—撒克逊人颁布的第一部成文法典,这部埃塞尔伯特王制定的英文法典深受法兰克民族的影响。更多盎格鲁—撒克逊各王国的法典编纂情况请参见李秀清教授所著的《日耳曼法研究》一书,该书首次由商务印书馆于 2005 年出版,并于 2018 年由社会科学文献出版社再次修订出版。

[2] John Kruse, "*A Lawful Trespass*": *The Development of Common Law until the Present Day*, Wildy, Simmonds and Hill Publishing, 2009, p. 4.

[3] *Selected Laws of Ine* (688 - 695), at http://historyofengland.typepad.com/documents_in_english_hist/2012/10/selected-laws-of-ine-688-695.html, accessed June 2, 2019.

[4] Pollock & Maitland, *History of English Law Before the Time of Edward I*, 2nd edition, volume1, Cambridge University Press, 1968, p. 37.

[5] See Dorothy Whitelock, *English Historical Documents*, Eyre & Spottiswood, 1955.

力救济的扣押。例如,克鲁斯(Kruse)教授从法律文本、立法目的、权力的合法性、当地人的参与、豁免财产、政治背景、惩罚力度等方面进行分析,说明在这一时期的法律体系中,执行方式包括三种类型:即完全的私力救济、司法机关核准后的私力救济,以及少部分法典所规定的完全由法院执行。故该条是为了明确只有在向法院起诉后才可以要求被告提供到庭应诉担保,并不是对私力救济的禁止。

对此,笔者认为,应该将《伊尼法典》第9条的规定与第8条的内容进行体系上的解读,该法典第8条是有关向被告获取到庭担保的规定:"原告向郡长或其他法官提起诉讼,而被告拒不提供到庭应诉担保的,应当罚款30先令。"而该法典第9条的规定可能也只与原告向被告获取应诉担保有关,即"若某人为了确保对方到庭应诉而在要求公正裁判前扣押对方财物的,应当交出扣押物赔偿损失并罚款30先令",由于在这一时期,"血亲复仇""同态复仇"仍是行为准则,国王不可能通过立法禁止日常纠纷处理中的私力救济行为,因此,私力救济的扣押行为应当是合法的。

另外,从保留下来的盎格鲁—撒克逊王国成文法典的原稿可以了解到,9世纪80年代颁布的《阿尔弗雷德法典》(Alfred's Code)将《伊尼法典》作为附录保留了下来。[1] 可以看出,自力性质的扣押制度得到了确认并得以延续。

(二)《克努特法典》

1016年,丹麦人克努特大帝(Cnut the Great)继位英格兰国王,于1018年颁布《克努特法典》(Cnut's Secular Law),该法典将北欧习惯法和盎格鲁—撒克逊习惯法的部分内容进行了糅合,被后世长期沿用。其中第19条规定:

> 无论是在本郡或者之外的地方,在原告三次向百户法院请求公

---

〔1〕 See Patrick Wormald, *The Making of English Law: King Alfred to the Twelfth Century*, Blackwell Publishers, 2001, p. 103.

> 正审判之前,不可以实施任何扣押的行为。如果第三次被告仍未到庭接受审判,原告应当进行第四次请求,如果原告第四次请求后被告仍未到庭应诉,则原告有权自己搜查和扣押对方的财物。[1]

《克努特法典》将这一救济程序称作"nam",来自"niman"一词,意思为控制、得到、运送或拿走,这一词语较多运用于日耳曼国家的语言中,也出现在撒克逊法典中。而在盎格鲁—撒克逊时期的英国,这一词语从《克努特法典》时期一直沿用至中世纪后期。

另外,与《伊尼法典》第8条和第9条规定相类似,《克努特法典》第19条主要针对诉诸法院之前债务或损害赔偿请求的执行,或许可以说,关于扣押的基本原则继续得以适用。事实上,令人感到惊讶的是该法典第19条的规定与欧洲大陆的规定更为相近。例如,《萨利克法典》(The Salic Laws)要求经过一次请求和三次法庭传唤才处理债务纠纷案件。总之,盎格鲁—撒克逊时期的法律对扣押制度的规定,目的在于以强制占有动产的方式迫使被告接受审判,也只有在被告经一定次数传唤仍不到庭的情况下,法院才可准许原告以私力救济的方式实施扣押行为。

(三)《埃德加法典》及《埃塞尔雷德法典》

通过扣押方式收取应纳税款的做法(distraint for public dues)可以追溯至较早时期,罗马法和蛮族法典(Barbarian Law)中都包含了允许国家采用扣押的方式强制执行应纳税款的规定。例如,法兰克王国征收什一税(tithe)及高卢(gaul)南部国家税赋的执行。[2]

---

〔1〕 该条文原文如下:"And let no man take any distress (ne nime nan man nane name), either in the shire or out, before he has three times demanded justice at the hundred court. If at the third time he has no justice, let him go a fourth time to the shire moot and appoint him a fourth term. If that then fail him, let him take leave, either form hence orthence, that he may search for and seize his own."该条规定在《威廉一世法》中得以保留,相类似的规定在《亨利一世之法》又称《亨利国王之法》(Leges Henrici Primi)中也可以找见,如同百户法院(Hundred Court)的传唤,扣押只能在有判决或特许(licence)时才能得以运用。

〔2〕 John Kruse, "*A Lawful Trespass*": *The Development of Common Law until the Present Day*, Wildy, Simmonds and Hill Publishing, 2009, p. 20.

而后期在英国，为提高财政署(Exchequer)[1]的税收收入，郡长(sheriff)也被赋予类似的权力，为追收拖欠税款的扣押制度被广泛应用。另外，郡长还负有辅助征收什一税的职责，[2]其在履行该职责时同样有权实施扣押行为，10世纪的《埃德加法典》(Law of Edgar Ⅱ)第3条及《埃塞尔雷德法典》(Law of Ethelred Ⅸ)第8条均有类似的规定：任何人拒不按时交纳什一税，将由国王的司法官连同大祭司以及主教的司法官一起对其实施强制扣押。[3] 法律中的此类扣押还应用于执行罚款和天主教徒献给罗马教皇的年金，甚至还用于国王对其官员的惩罚。

综上所述，这一时期成文法典的产生，虽然没有从根本上改变英国法的不成文特征，但“增强了习惯法内容的确定性和可操作性，加速了各地区法律之间的融合，缩小了不同地区间的法律差异，昭示了英国法的发展方向，因而被认为是英国法律发展史上具有重要历史意义的一步”[4]。这一时期的英国，财产扣押是一种得以积极运用的救济制度，在欧洲大陆国家颁布法典对此种救济制度加以规定的背景下，其使用频率之高已引起了英国立法者的注意。尽管此时，财产扣押是一种请求法院裁判之外的私力救济方式，但实际上已经被众多习惯法原则加以规范和调整。在经过了6个多世纪的演变之后，应该承认的是，此时的扣押制度孕育着后来的英国民事执行法律制度，为普通法强制执行的制度体系奠定了十分有价值的基础。

---

〔1〕 英国在亨利二世时期设立了负责税收和财政管理的财政署，同时拥有处理与财政收入有关的法律争议的司法权，这一职能行使到固定的中央法院产生。

〔2〕 什一税(tithe)，由欧洲基督教会向居民征收的一种宗教捐税，所有农产品和收益的1/10属于上帝和教会，主要用于神职人员薪俸和教堂日常经费以及赈济，从10世纪开始在英国成为义务。

〔3〕 该规定原文如下："If anyone will not justly pay the tithe, let the king's reeve go with the mass priest of the minster, or of the landlord, and the bishop's reeve, and seize forcibly (niman unpances) the tenth part." See John Kruse, "*A Lawful Trespass*": *The Development of Common Law until the Present Day*, Wildy, Simmonds and Hill Publishing, 2009, p. 21.

〔4〕 程汉大主编：《英国法制史》，齐鲁书社2001年版，第6页。

第二节 普通法形成和发展时期的民事执行制度

1066 年诺曼征服之后,“管理才能出众”的诺曼人在英格兰确立了中央集权体制,[1] 也正是因此或从此,原来与欧洲大陆同步发展的英格兰,在法律等多方面都与前者产生了巨大的差别。而伴随中央集权化出现的是司法的职业化或专业化,一方面促进了王室法庭的兴起,另一方面为法律的统一提供了可靠的保障,逐渐形成了以“司法中心主义”为特征的普通法。而关于普通法形成的时间,英国法律史学界一个比较公认的说法是,英国法律史肇始于查理一世登基时(1189 年9 月3 日),而直到爱德华一世登基的 1272 年普通法才算基本形成。[2]

从内容上看,英国普通法许多具体规则都源于日耳曼法,是经过普通法法官改造过的日耳曼法,由法官通过具体的判例确立,而后来者予以遵循,可以说普通法的许多制度创新都是在司法中而非立法中完成的。作为以司法救济为出发点设计运行的一套法律体系,普通法有别于以立法为中心的大陆法,以救济为中心意味着只有在权利义务关系的平衡被打破时法律才出面干预和救济,而在此之前,法律并不关心权利和义务的具体分配。[3] 也正因如此,普通法中执行制度的形成过程存在特殊性。由于司法在推动社会发展方面更加自然、渐进,制度在不知不觉中自然地生长,比立法断然地创制更易为人们所接受,英国的民事执行制度随着普通法的形成和发展愈加成熟并被后世沿用,同时通过衡平法的补充和制定法的完善,共同构成了英国所特有的民事执行制度。

基于此,对英国民事执行制度的研究最好从历史的角度着手,尤其是

---

〔1〕 See Harold Joseph Berman, “*Law and Revolution*”: *The Formation of the Western Legal Tradition*, Harvard University Press, 1983, p. 414.

〔2〕 参见李红海:《英国普通法导论》,北京大学出版社 2018 年版,第 13 页。

〔3〕 参见[比]R. C. 范·卡内冈:《英国普通法的诞生》,李红海译,中国政法大学出版社 2003 年版,第 18 页。

英国民事诉讼法形成阶段的历史——除了盎格鲁—撒克逊时代某些法律中的术语被取代之外，普通法中早期英国强制执行的规定依然保留着，直到今天也并没有完全被成文法取代。在普通法上，针对动产的民事执行措施主要由执行人员实施，在执行民事判决时称为“执行”(execution)，在执行其他可执行文书时称为扣押(distress)，[1]而现在英国民事执行制度主要由早期的扣押对方财物制度发展而来。

一、民事执行中“扣押”的词源流变

扣押是英国法中最为古老的救济程序之一，而事实上在欧洲，扣押财物是一项运用较为广泛的救济程序，可以在中世纪的瑞典法、丹麦法以及俄国法中发现对其的规定，更为重要的是，最早的欧洲成文法典中也可以发现这一制度的存在。早在《十二表法》中，便允许债权人实施两种私力救济方式：其一，有权扣留债务人限制其人身自由，并可以最终杀死债务人或使其成为奴隶；其二，有权扣押财物以强迫履行义务。

在诺曼征服之后的一百年中，通过扣押财物的合法执行行为一直使用“nam”一词，到亨利一世(Henry Ⅰ)时，其使用范围扩大至所有形式的法律文件和记录。例如，根据1100年至1118年编写的法律著作《亨利一世之法》(*Leges Henrici Primi*)中所记述，由郡长和封建领主实施扣押以执行百户法院(Hundred Court)的判决。克鲁斯(Kruse)教授认为，“在12世纪和13世纪，这一词语的使用大致有如下特点：有90%的案件是涉及向自由民、其他个体或国家请求债务和损害赔偿的执行，只有10%的案件涉及房租或劳役的执行”[2]。

亨利二世(Henry Ⅱ)和他的继位者们继续沿用“namium/namiare”一

---

〔1〕 See Wendy Kennett, *The Enforcement of Judgments in Europe*, Oxford University Press, 2000, p. 83.

〔2〕 John Kruse, "*A Lawful Trespass*": *The Development of Common Law until the Present Day*, Wildy, Simmonds and Hill Publishing, 2009, p. 28.

词，并演化出多种形式。例如，安茹王朝（Angevin）时期（1154～1399年），[1]在记录皇家每年收支情况的《卷筒卷宗》（Pipe Rolls）中使用了“names excussis”“pro namo injuste capto”，这些词语同样出现于《御前会议卷宗》（Curia Regis Rolls）中所记载的执行庄园法庭（Court Baron）判决债务的案件。“namium”一词在官方文件中得以运用具有重要意义，这表明扣押不仅属于地方法或习惯法的实践，而是包含了更为广泛的法律理念和法律意义。

随后，这一词语的使用日趋减少并渐渐在正式的法律用语中消失，取而代之的是自拉丁语和法语翻译而来的“distraint”一词（拉丁语为distringere；法语为destreindre）。[2] 最早“distringere”一词多用于特定事项的扣押，而在这一时期最重要的宪法性文件——1215年《自由大宪章》（Magna Carta）以及法院审判指南中，使用了“distringere”一词而不是“namium”，这表明其对专业术语的取代。而自13世纪20年代开始，非发令状/扣押债务人财产令状（writ of fieri facias）的发展更促使“namium”一词被取代，皇室法院开始将司法权集中起来，特别是收回郡长手中的司法权，形成了新的普通法救济途径来吸引诉讼当事人。到13世纪中叶，盎格鲁—诺曼语越来越多地在法庭上使用，由于盎格鲁—诺曼语缺乏表示强制性的动词，转而使用法语中的“destreindre”一词来表示扣押动产，从而体现出扣押制度强迫被告服从法律的特征，也因此加速了“namium”一词在使用上的消亡。

这种转变首先是基于语言的简化，但更重要的是法律程序和体系的改变对其产生的深层影响。对比习惯法中的扣押制度和普通法中类似的救济可知，盎格鲁—撒克逊法中，“nam/niman”用于法院扣押及世俗和宗

---

〔1〕 安茹王朝，又名金雀花王朝，是英格兰中世纪最为强大的封建王朝，亨利二世是安茹王朝的首位国王。

〔2〕 诺曼征服后，盎格鲁—撒克逊民族与诺曼民族融合，英语大量吸收了法语词汇，发展成为一种与埃尔弗雷德大帝和忏悔者爱德华统治时颇为不同的语言，并在许多世纪里一直是普通法的专业用语。参见 R. C. Van Caenegem, *The birth of the English Common Law*, 2nd edition, Cambridge University Press, 1988, p. 5, 23。

教义务的履行，如罚款和什一税，诺曼征服前后这一词语及其替代词汇的运用，企图查明其具有的特定的并严格依据法律的含义，以表明这一制度的实施具备强制性。然而，随着普通法的产生和发展，保留“nam”一词的主要原因已经逐渐消失，也即扣押制度不再是一种习惯法程序规定的私力救济。正如梅特兰所说，“新的法律体系并不能运用英语来合理表达”，需要引进一些词语来适应新式的法律理念，“destreindre”便是其中之一，[1]总的来说，“nam”一词消亡的原因来自社会、法律制度以及随后语言上的变化。

二、普通法中的民事执行制度及规则

民事执行在英国是一个古老的行业，在地方上，法院的判决由集政治、军事、司法权力于一身的郡长(sheriff)依据“执行令状”负责执行。同时，郡长还雇佣具有追债专长的执达吏(bailiff)具体负责日常的执行事务。这一时期的民事执行主要集中于对动产的控制，而最主要的形式就是扣押财产，自中世纪起，扣押制度得以经常运用，在普通法上也形成了一系列民事执行程序所适用的规则和制度。

作为普通法赖以存在的基础，令状制度改变了以往的执行程序，确立了不同种类的执行令状。除此之外，扣押形式也发生了较大变化，自 14 世纪末开始，欠租扣押财物制度获得了比之前习惯法中更大程度的适用。而从 17 世纪开始，扣押所采取的形式越来越多，促使普通法中扣押制度的运用不断增加。

(一)民事执行中的令状制度明确了执行人员的职权

令状制度创设了普通法“程序优先”的原则和“程序正义”的理念，是英国中世纪法律中最为重要的特征。可以说，普通法的形成及发展与令状制度密切相关。然而，令状制度不仅改变了英国的证据制度和司法裁

---

[1] See George W. Keeton, *The Norman Conquest and The Common Law*, Ernest Benn Lmited, 1966, p. 165.

决的方式，而且改变了民事执行程序。在执行程序中，债权人在获得法院签发的执行令状之后，由执行人员实施执行措施以获取判决的执行，可以说，执行令状的发展促使中世纪时期执行人员（郡长和执达吏）的职权得以建立。〔1〕

英国的令状制度可以追溯至盎格鲁—撒克逊时期，确切来说，大约在公元9世纪或10世纪时期，对于这一点，法史学家们已基本达成了共识。令状是国王、教皇或其他统治者为便利处理日常事务使用的一种文书工具，最初具有行政命令之属性，而自亨利二世时起，演变为启动诉讼的司法文书——起始令状（original writ），这一令状由国王通过自己的文秘署签发，是当事人在王室法庭开始诉讼的必要条件：一方面，为当事人在地方法庭陈旧过时的程序中提供了诉诸王室强力（vis et voluntas）的途径；另一方面，事实上以更先进有效的救济途径排除了其他法庭的管辖，从而扩大了王室法庭的管辖权，基于此，格兰威尔（Glanvill）曾经指出，"普通法其实就是王室法庭的习惯法"〔2〕。

"到亨利三世统治结束之时，后来普通法的各种重要制度就已基本确立，如令状制度、法院体系、陪审制度等，以后普通法的发展都是在这一基础之上展开的。"〔3〕令状最终实现了"从行政向司法、从皇家特权向普通民众权利演变的历程"〔4〕，这意味着以前直接依照国王指示行事的做法被由法官进行裁决的方式所代替。司法化的令状往往与法律诉讼的具体程序紧密地联系在一起，突出体现了普通法的司法理性特点，即程序制度先于实体法。不仅如此，在格兰威尔的影响下，令状还成了有约束力的先例（precedents）。在此时的英国，有令状才有救济，有救济才有权利，也即

〔1〕 See Wendy Kennett, *The Enforcement of Judgments in Europe*, Oxford University Press, 2000, p. 84.

〔2〕 John Hamilton Baker, *An Introduction to English Legal History*, 4th edition, Butterworths & Co (Publishers) Ltd., 2002, p. 14.

〔3〕 李红海：《普通法的历史解读——从梅特兰开始》，清华大学出版社2003年版，第45页。

〔4〕 李红海：《普通法的历史解读——从梅特兰开始》，清华大学出版社2003年版，第138页。

有令状才有权利。

根据在诉讼程序中的不同阶段,令状大致可以分为三类:主要用于起诉之用的起始令状、中间程序令状(writ of mesne process)以及用于强制执行的执行令状。在执行令状中,英国普通法对于判决的执行主要使用菲发令状(writ of fieri facias)。[1] 菲发令状用来指示判决债务人所在地的郡执达吏,扣押判决债务人的有形货物、动产以及其他财产,以便清偿金钱债务。但是菲发令状并不适用于不动产及某些无形的财产,如有价证券、债务人的债权、债务人的工资及其他收入等。这主要是由于早期普通法对无形动产的观点限制了菲发令状的适用范围,认为无形动产是双方当事人之间的关系,不能转移和让与,因此无形动产在执行扣押并出售后无法使受让人获得所有权,因此,"不能出售的东西不得扣押"[2]。

在19世纪司法改革以前,普通法有关强制执行的判例形成了两项应当遵循的规则。第一,执达吏基于执行行为取得对执行财产的权利范围不能超过判决债务人对其财产的所有权。但当债务人对财物不享有完全的所有权或债务人的所有权受第三人权益的限制时,该规则的适用就会出现问题,所以,普通法通过一系列判例最终允许将债务人仅拥有部分权益的财产作为执行的对象。例如,可赎回的出质货物、出租给债务人的货物或由债务人保管的货物,但不包括债务人享有的留置权。帕克(Parke)法官认为,"留置权是对人的权利,不能脱离人,只有占有者继续持有货物才能继续存在。很明显,执达吏不能出售这种权益,定期租赁的权利则完全相反,因为租用者有一定期间内绝对使用这些货物的权利,这种权益是可以处分的"[3]。第二,菲发令状只能用来扣押财物上的普通法权利,一般不能扣押衡平法权益,这是由于大法官法院认为当该权益是由其所创设时,应由大法官法院单独予以承认并执行。

---

〔1〕 2007年英国《裁判所、法院与强制执行法》于2014年4月6日将菲发令状改名为控制动产令状(writ of control)。

〔2〕 沈达明编著:《比较强制执行法初论》,对外贸易教育出版社1994年版,第66页。

〔3〕 沈达明编著:《比较强制执行法初论》,对外贸易教育出版社1994年版,第67页。

到了令状制度逐渐成为定式的爱德华一世时期(1272～1307年),在1285年颁布的《威斯敏斯特条例第二条例》(Statutes of Westminster Ⅱ)中第18章创设了占地执行令状(writ of elegit),作为菲发令状的替代令状加以使用。该令状规定判决债权人可以选择拿走债务人所有的动产(牛及其他耕畜除外),也可以选择持有债务人一半的土地,直至债务清偿为止。[1] 这是向郡长或其他官员发出的,命令其扣押债务人财产,以清偿债务判决或损害赔偿判决中所判处的债务人应偿还的款项及利息。在执行占地执行令时,执行人可以进入债务人财产所在的房屋,但应以平和的方式扣押。如债务人未能按判决要求偿还债务,执行人可以在债务人或被扣押财产所在房屋内的人的同意下,委托拍卖人开列财产清单,就地拍卖或运走拍卖该财产,从所得金额中偿还判定的债务和其他费用,余额归还给债务人。如果该占地执行令状是应回呈的,郡长应在执行完毕后向法院作出书面执行报告或作出无财物可供执行或虽已扣押财产但无法予以变卖的执行报告。[2]

在普通法形成和发展时期,还曾出现许多执行令状,如"占有令状"(writ of possession)、"交付令状"(writ of delivery),有些令状至今仍在执行程序中使用;而也有一些执行程序中的令状随着19世纪司法改革而不再使用,如"占地执行令状"等。

(二)财物扣押制度的适用范围有所扩大

保障个人在执行中的基本农耕和生活是这一时期法发展的总体特征,在这一理念的指导下,财产扣押制度主要表现为四种形式:第一,为使被告人出庭应诉而扣押财物(distress to court),接近于应诉担保;第二,为索取牲畜损害赔偿而扣押财物(distress damage feasant);第三,为追收应纳税款而扣押财物(distress to public dues);第四,在自治市中追收债务而扣押财物(distress for debt in boroughs)。下文将分别述之。

---

[1] See Theodore Frank Thomas Plucknett, *A Concise History of The Common Law*, 5th edition, Butterworths & Co. (Publishers) Ltd., 1956, p. 28.

[2] 参见薛波主编:《元照英美法词典》,法律出版社2003年版,第550页。

1. 允许为使被告人出庭应诉而扣押财物

根据1018年《克努特法典》的规定，财产扣押制度最初是为了迫使被告出庭应诉，这一私力救济并不允许任意地使用，而是需要经过法庭的同意。到了1066年诺曼登陆之后，对所扣押财产的处理有了进一步的规定，1080年至1120年形成的《威廉一世十条》(Ten Articles of William Ⅰ)第8(2)款规定，对于根据法律应当到庭的被告，经过两次或三次传唤仍不到庭的，没收其公牛一头；第四次传唤仍不出现的，则判处从其财产中偿还。而在12世纪初编写的《亨利一世之法》中有关百户法院诉讼程序的记录表明，若被告拒绝出席百户法院的审判则所扣押之财产将归百户法院支配。

因此，这种财产扣押制度的表现形式逐渐变化为强制被告出席应诉，否则最终其被扣押的财产将归原告所有。可以说，这些规定都与后来郡长实施扣押程序有直接的联系。

2. 允许为索取牲畜损害赔偿而扣押财物

盎格鲁—撒克逊法出现了允许为索取牲畜损害赔偿而扣押财物行为的规定，这一程序被称为"seize a wedd"，即扣押某物以作抵押。诺曼征服后，这一规定得到了保留，即允许实施扣押以催促牲畜的主人赔偿受害者。

3. 允许为追收应纳税款而扣押财物

盎格鲁—撒克逊法允许国王和教会扣押义务人的财物以实现对其的义务，当负有纳税义务的人拖欠缴纳税款时，郡长为追收义务人应纳的税款可以扣押其财物，这一做法在诺曼人征服之后得以沿用。1020年至1030年约克大主教乌尔夫斯坦(Wulfstan)制定的《诺森伯兰牧师法》(Northumbrian Priests' Laws)第59条规定："如果任何村民隐藏或扣留彼得便士(peter's pence)，[1]则地产主应当支付，然后扣押其一头牛。"布鲁

〔1〕 中世纪教皇的财政来源由属世与属灵两种收入构成，彼得便士(peter's pence)是教廷属世收入的一种，除此之外属世收入还包括保护金、贡金与教皇国收入。彼得便士最初是各国自愿捐纳的一种税款，11世纪时具有了封臣纳贡的意义。它主要由英国与北欧诸国交纳，在英格兰，彼得便士税额很早就固定下来，每年交纳299马克或199镑6先令8便士。参见龙秀清：《中古教廷财政收入动态考察》，载《历史研究》2001年第1期。

纳(Brunner)教授认为,这条所规定的是一种法律或司法形式的扣押。[1]而霍尔兹沃思(Holdsworth)教授认为盎格鲁—撒克逊时期的财产扣押是辅助性的而不是实质性的救济措施,与在请求偿还债务或损害赔偿的诉讼中扣押被告财产作为应诉担保相比,扣押财物以缴纳拖延的什一税则更像是真正的执行制度。[2]

4. 允许在自治市中追收债务而扣押财物

诺曼征服以后,随着英格兰城镇人口的大量增长,城镇的特征开始改变,城市早期形成的习惯逐渐成为公认的城市习惯,以载有城市基本制度和市民基本权利的自治市特许状的形式获得了延续,自治市特许状也是城市法最早的成文表现。至12世纪,中世纪英国城市开始逐渐拥有了自己的法律、政府以及具有共同意识的"自由"联盟。城市早期形成的习惯是最早的城市法渊源之一,这些习惯有很大一部分来自集市市场上的商业贸易惯例和解决商人贸易纠纷而产生的混合法庭的司法惯例。这些在长期贸易活动中逐渐形成的城市商业贸易惯例和司法惯例反映了集市经济活动中已经存在的客观事实,成了商人们普遍遵守的准则,是被公认的城市习惯。尽管这些习惯是不成文的,但是其在城市形成之后仍被承袭和沿用。而且,在国王和封建领主颁发的城市特许状里,还经常重申应当尊重各个城市的古老习惯。[3]

有关自由民有权实施扣押的记录始于盎格鲁—诺曼时期,1135年伯里圣埃德蒙兹(Bury St Edmunds)习惯法中有自由民执行债务时可以对在自己自治市的债务人实施扣押的规定,同一时期其他自治市的特许状

〔1〕 See Heinrich Brunner, *Deutsche Rechtsgeschichte*, *Duncker &Humblot*, 1887, p. ii 452. 转引自 John Kruse, "*A Lawful Trespass*": *The Development of Common Law until the Present Day*, Wildy, Simmonds and Hill Publishing, 2009, p. 28。

〔2〕 See Sir William Searle Holdsworth, *A History of English Law*, Vol. 2, Methuen, Sweet & Maxwell, 1936 - 1972, S. 5.

〔3〕 参见冯正好:《中世纪英国城市法初探》,载《人民论坛》2015年第14期。

中也有类似的规定,[1]还有自治市将对债务人实施扣押的地域范围扩大到同一郡。例如,1131 年英王亨利一世颁发给伦敦市的特许状(charter)规定,无论是在伦敦还是在其债务人居住的郡,当债务人不偿还债务时市民都有权实施扣押。[2] 在 1150 年至 1225 年,英国国王签发了大量的特许状赋予自由民扣押财物以追收债务的权利,毫无疑问,这些追收债务而为的扣押都属于传统的私力救济,并不需要获得司法官、郡长或执达吏的特许或许可,但向同在一处的自由民实施扣押的除外。[3]

当然,对于此类扣押也相应规定了一些限制。例如,1157 年诺丁汉市(Nottingham)特许状对实施扣押的时间作了限制,其规定一般不得于星期五晚上到星期六晚上之间在集市实施扣押;再如,1205 年敦维奇市(Dunwich)特许状规定对实施扣押的对象作了限制,其规定一般不得向担保人或主要债务人以外的人实施扣押以索要债务。[4]

那么,被扣押的财产该如何处置呢? 对此,除个别城市外,大多数特许状都规定扣押的财物不能买卖,只可以保留所扣押财物作为债务人偿还债务或出庭应诉的保证。英国历史学家巴拉德(Ballard)列举了一系列例子说明这一时期债权人并不享有将扣押物进行买卖的权利。例如,1194 年至 1242 年奥克汉普顿市(Okehampton)特许状规定市民享有扣押和保留(seize and retain)债务人动产的权利;1286 年贝克威尔市(Bakewell)特许状允许市民扣押和扣留(distrain and arrest)债务人的动产直到其偿还到期债务等。

---

〔1〕 特许状是国王或大封建主颁发给城市和市民的一种法律意义上的权利认可证书,主要用于确认城市的自治权和其他特权,同时明确市民所享有的各项自由、各种经济和法律上的特权等,在本质上是一种"特别授权"的法律,是近代资本主义宪制的起源和基础。

〔2〕 See John Kruse, "*A Lawful Trespass*": *The Development of Common Law until the Present Day*, Wildy, Simmonds and Hill Publishing, 2009, p. 42.

〔3〕 例如,1190 年至 1202 年切斯特市(Chester)特许状中规定:"如果市民将其动产借给他人,若该市民在同一城市为收回其动产而扣押债务人财物,则为合法行为,无须获得郡长或执达吏的特许。"其他类似规定可以参考 Adolphus Ballard, *British Borough Charters*, Cambridge University Press, 1913, p. 161 – 164。

〔4〕 See Adolphus Ballard, *British Borough Charters*, Cambridge University Press, 1913, p. 164 – 166.

(三)确立欠租扣押财物制度和进入权规则

在中世纪的英国,扣押制度得到了越来越多的运用,如在 14 世纪以前已经出现,并成为封建领主逼迫农奴服劳役及封建杂役的常用手段的欠租扣押财物制度(distress for rent),规定当农奴未能按时交租时,领主可以通过扣押其屋内财物而促使农奴履行义务。由于 14 世纪末英国农奴制解体,农奴赎得人身自由成为自耕农,[1]在这一背景下,相较于先前受习惯法规制时,欠租扣押财物制度获得了更大程度的适用。对于直接通过耕种土地获得经济利益的农民而言,扣押农产品和农耕用具是一种比扣押拖欠劳役的农奴的其他物品更为有效的强制手段。

到了 15 世纪,业主通过扣押租客在出租屋内的财物作为担保,以促使租客支付拖欠的租金,这种私力救济性质的扣押方式也逐步得到了法官判决的确认,形成了普通法上的欠租扣押财物制度。由于该救济不必经过司法程序,甚至业主无须事先进行催讨即可扣押租客在租赁房内的财物直至其将房租付清,因此,波洛克和梅特兰曾指出扣押是"封建领主最便捷的救济途径"[2],而这一制度在保护领主(业主)权利的同时,却存在对农民(租客)财产造成损害的风险,因此,普通法上形成了一套专门针对业主及执行人员执行欠租扣押财物时的"进入权"规则。

当然,不同于对扣押财物程序所进行的多方面调整,可以说,议会并未改变普通法中关于进入权的规则。[3] 无论是为业主收回欠租而实行的私力救济性质的扣押还是郡长和执达吏进入住所或商用场所执行判决,在进入权的规定上是相似的,即其有权进入但禁止违背租客或被执行人的意志强行进入,而随着时间的推移,对于进入权的规定也更加完善。

---

〔1〕 See Christopher Dyer, *Making A Living in the Middle Ages: The People of Britain 850 – 1520*, Yale University Press, 2002, p. 346.

〔2〕 Pollock & Maitland, *History of English Law Before the Time of Edward Ⅰ*, 2nd edition, volume1, Cambridge University Press, 1968, p. 353.

〔3〕 See John Kruse, *"A Lawful Trespass": The Development of Common Law until the Present Day*, Wildy, Simmonds and Hill Publishing, 2009, p. 169.

1. 以执行为目的的进入权(rights to entry)得以确认

正如上文所提及的,以执行为目的的进入权得到了普通法的确认,而基于执行行为实施主体的不同,进入权的内容也有所不同。

(1)业主的进入权

业主以扣押为目的的进入权规则最早出现在《法律年鉴》(Year Books)中[1],即业主有权进入租客租用的场所但是不能违背租客的意志。另外,《御前会议卷宗》(Curia Regis Rolls)中大量记载了早期的侵权判例所形成的禁止强行进入住所的规则,而在自治市特许状中出现并长期存在的禁止强行进入的规定也进一步证明了这一点。这说明,进入对方住所进行扣押这一私力救济被严格加以限制。究其原因不外乎以下两点:第一,出于防止业主侵占房客财产的考虑;第二,由于侵占和扣押仅仅一线之隔,侵占意味着使用武力,而每个违法的进入都意味着可能会导致侵占。

另外,租客是否可以使用武力对抗业主的扣押行为呢? 14 世纪末,英国通过了《强行进入法》(Forcible Entry Acts)以弥补刑法和新近强占令的不足,该法禁止暴力进入的发生并给英国人的家庭提供了额外保护,以达到防止有权进入者非法进入及破坏社会安宁的目的。而 1465 年发生的一个案件却使人们产生了这样的疑问:在该法规定下,执行扣押是否有可能被认为是强行进入? 规定业主必须履行避免强行进入租客住处的义务,才能与租客必须履行的允许业主进入的义务相平衡。基于此,该法承认了债务人暴力抵抗扣押可以被认为是侵犯了实施扣押者的利益。

(2)郡长和执达吏的进入权

最早,郡长在以扣押为目的进入他人住所时拥有较为广泛的权力。这体现在发生于 1325 年的一个判例中,该判例确认了在执行损害赔偿的判决时,郡长享有即使没有获得钥匙也可以强行进入该场所的权力,这似

---

[1] 《法律年鉴》(Year Books)编纂于爱德华一世统治时期至 1535 年,是英国中世纪的判例汇编。而《法律年鉴》并非判决书汇编,而是法官与律师对案件中诉讼争点所作的辩论记录。

乎意味着郡长曾经拥有强行进入任何场所的权力。[1] 而随后，1354 年的一个判例中将郡长进入教堂执行王室债务认定为合法行为，这仅仅包括执行代替租金的劳役、扣押欠税或其他皇家财政收入，并不包括执行法院判决。而 14 世纪中叶之后，郡长在执行对国王有利的民事判决时享有使用武力的权力的规则被普遍予以接受。[2]

而 15 世纪晚期的"B. v. Sheriff of Middlesex 案"确立了普通法有关郡长和执达吏在执行过程中所应当遵守的进入权规则：执达吏持有的令状是其侵犯行为的正当依据，但除非涉及刑法上的重罪或者国王为一方主体，否则不得使用武力进入。在该案中，郡长强行破门而入并打开了原告藏匿其所有财产的箱子。法官判决认为郡长强行进入房屋构成侵权，但打开箱子的行为并不违法。[3]

那这是否意味着债务人可以轻易地关掉他（她）的房门，而使对抗执行（resisting execution）变得相当容易？答案是肯定的，对于这类行为，郡长无法通过新近强占令（assize of novel disseisin）予以对抗，[4] 该行为也不会被认为是藐视法庭（contempt）或侵权行为。然而，郡长也不是毫无救济途径。在 1379 年的"John Hanwell v. Sir Ralph Norton 案"中，郡长执行扣押债务人财产令状（菲发令状）时，被执行人将房门锁住以对抗执行，但是郡长将其印鉴印于门锁之上，直到对方同意让其进入。[5]

那么，是什么原因导致这一时期郡长的权力发生演变呢？如果取消郡长的强行进入权是正确的，那么其中的一个激励因素就是保护社会安

---

〔1〕 See John Kruse, "*A Lawful Trespass*": *The Development of Common Law until the Present Day*, Wildy, Simmonds and Hill Publishing, 2009, p. 126.

〔2〕 See John Kruse, "*A Lawful Trespass*": *The Development of Common Law until the Present Day*, Wildy, Simmonds and Hill Publishing, 2009, p. 127.

〔3〕 p. 18 Ed. Ⅳ fo. 4, pl. 19; Bro. Execution 100 & Trespass 390.

〔4〕 新近强占令规定：拥有自由地产而被他人非法剥夺者，可以申请令状，由王室法官召集陪审团裁决以恢复占有。这主要是针对封建领主剥夺陪臣土地而接受国王保护。后来亨利二世进一步规定，正在封建法庭进行的地产法案，陪臣一方可以申请令状将案件移至王室法庭陪审裁决。这样，有关土地占有方面的法案便自然从封建法庭转到王室法庭。

〔5〕 See Morris S. Arnold, *Select Cases of Trespass from the King's Courts*: 1307 – 1399, Vol. 100, Selden Society, 1985, p. 119, case No. 12. 3.

宁的愿望及通过司法途径限制使用武力，同时区分在形成更大的共同体时国王的权力和郡长只是作为臣民的权利。而在15世纪晚期以后的英国，郡长及执达吏的进入权受到更为严密的控制，只有涉及国王诉讼(crown pleas and actions)时可以实施。

2."Semayne v. Grisham案"确定的进入权规则

1604年的"Semayne v. Grisham案"[1]确定的规则被认为是英国法中执达吏以执行扣押和搜查令状为目的行使进入权的权威概括，并使中世纪之后对进入权的规制固定下来。在该案中，理查德·格雷沙姆(Grisham)和乔治·百利福特是伦敦布力菲亚斯一所房子的合租人，由于百利福特去世时将其财产留给了彼得·塞麦纳(Semayne)，塞麦纳提起诉讼请求将该财产交付给他。为此，伦敦的郡长持有合法令状破门而入。大法官爱德华·柯克(Sir Edward Coke)在该案的判决中列举了一系列进入权行使的具体规则：

> (1)一个人的住宅就是他的城堡，既是他的休憩之处，也是他抵御伤害与暴力的依托；
>
> (2)为了恢复占有(restore possession)，郡长可以强行进入；
>
> (3)当国王是一方当事人时，郡长为了扣押和执行令状可以强行进入；
>
> (4)在普通案件中，郡长不能强行进入，但可以从打开着的门进入，地主或房东在追收欠租时也可以如此；
>
> (5)为了扣押藏匿在住宅或商用场所的属于第三人的财产，郡长可以强行进入；
>
> (6)即使郡长可以合法地强行进入，也要在进入前告知对方其进入的请求并说明进入的原因。

---

[1] See All ER Rep 62; 77 Eng. Rep. 194 (K.B. 1604).

该案确定了普通法上执达吏实施民事执行的基本规则——有权进入但不得使用武力强行进入。强行进入的执行是违法行为和侵权行为，而事实上，未经授权的进入方式将同样违法。例如，在1856年的“R v. Lockwood 案”中，原告起诉被告实施了打开一扇虚掩着的窗户而强制进入的行为；再如，1494年的“Bateman v. Baton 案”，法院判决认为不能证明是正当进入的行为也是侵权行为。[1]

3. 由强行进入所导致的犯罪

(1)认定强行进入为犯罪行为的法律渊源

在最早时期的普通法中，在执行扣押的过程中实施暴力行为的人将会遭受非常严厉的处罚，目的是防止债务人的家庭和家人遭遇他人实施的犯罪行为。在1171年至1174年的“Ailward 案”中，被告艾尔沃德(Ailward)在向债务人索要未支付的工资而遭到拒绝后，前往债务人家中，强行打开门锁进入并拿走一些财物，艾尔沃德当场被抓，被其债务人起诉盗窃罪、抢劫罪和破门入户罪。

艾尔沃德是否有权通过此种方式寻求私力救济，或者说他的行为是否是具有正当理由的扣押？在盎格鲁—诺曼时期的英国，私人享有扣押的权利曾经被承认，因此，艾尔沃德的行为存在合法基础，然而，即便如此，也不能说明在运用私力救济过程中使用武力是合法的。在该案中，法官倾向于支持这样的观点：早期，正确的扣押程序被设定了严格的界限，强行进入是严重的违法行为，应当被作为违反“国王的安宁”的犯罪行为而受到惩罚。

(2)私力救济的扣押可能导致的犯罪

从“Ailward 案”可知，在这一时期，基于私力救济的扣押很可能导致犯罪，也因此受到较为严厉的规制。

其一，私力救济的扣押可能导致破门入户罪(housebreaking)。从盎

[1] See R v. Lockwood (1856) 20 JP 276; Bateman v. Baton (1494) Caryll's Reports No. 179.

格鲁—撒克逊时期开始,英国法一直具有的特征是努力防止和惩罚强行进入他人物业的行为——强行入屋(hamsken),在普通法中,强行入屋被定义为未经许可使用暴力进入他人住宅并破坏社会安宁。即使在盎格鲁—撒克逊法中,强行入室企图伤害罪(hamsocn)和夜盗罪(husbryce)是截然不同的违法行为,而后来则共同用来规制侵犯他人财产同时伴有伤害他人人身的行为。

其二,私力救济的扣押可能导致盗窃罪(larceny)。除了可能被指控破门入户罪之外,扣押行为还通常会引起盗窃罪的指控,若非法的扣押构成盗窃罪,并不以具备盗窃的故意为必要,并且构成侵权或盗窃的行为模式可能是非常相似的。

然而,在"Ailward 案"发生的一个世纪之后,私人在进行扣押时,如果违反进入权规则,面临的将是侵权诉讼程序而不再是重罪审判程序。

总之,这一时期英国法对以执行为目的的进入权之规制受到很多因素的影响,而这些因素彼此之间微妙地平衡着。收回债务权和维护有效的正义不得不与保护和平、家庭与居住者相互权衡。后者的重要性意味着法院不得不为实现某些不可执行的债务而苦思冥想,同时需要考虑债权人可以实现其追索权的其他程序。许多深层次的普通法原则在今天仍然盛行,并继续引发关于警察和执达吏权力的争论,而中世纪普通法比现在对扣押人的权利作出了更多的限制。[1] 更多地保护了债务人的财产,而对债权人权利的牺牲可能比预期的要多。普通法上关于进入权的规则在中世纪晚期得以确立。"Semayne v. Grisham 案"反过来为这些权力继续与现代法治产生联系提供了媒介。

(四)普通法对执行豁免财产的强调

普通法在形成之初就设立了对牲畜和货物扣押的执行豁免规则,以强调在扣押时对农用牲畜和农业生产的保护。但由于制定法对普通法的

---

〔1〕 See John Kruse, "*A Lawful Trespass*": *The Development of Common Law until the Present Day*, Wildy, Simmonds and Hill Publishing, 2009, p. 135.

模糊或矛盾之处进行了大量修改,使普通法中对于扣押豁免财产的分类原则被“隐藏”了起来。下文旨在通过分析这些规定及实际运行的情况来考察其背后的基本原理。

1. 可以执行的财产范围

这一时期普通法上关于欠租扣押财物制度中可扣押财产范围的一项基本原则是,任何在出租的住所或商用场所中找到的财物均可以被执行,而不问所有权的归属。[1] 而在1792年的“Gorton v. Falkner案”中,阿什赫斯特(Ashurst)法官提出了以下规则:应当相信业主在债务人住所发现的财物,并赋予业主权利扣押他在那里所发现的全部财物(包括第三人的财物)。首席大法官达拉(Dalla)在1821年的“Gilman v. Elton案”中也赞同上述判例给出的意见。

后来,这一规则经过修改和完善,明确应将一个重要的事项考虑在内,即第三人是否同意将其财产置于该处所。如果所有者已经同意将其财产放置于债务人的住所,则该所有者就已经同意其财产作为可被发现的财产,或者说已经同意该财产被认为是租客所有的。

2. 执行豁免的规则

普通法非常详细地规定了可供执行的财物范围,这一范围十分广阔,但是执行时还必须遵循一定的顺序,这些规则随后成为定制。动产和家畜都可以被扣押,但是动产优于不动产,有生命的家畜优于无生命的物品,且置于室外的物品优于置于其住所或商用场所内的物品。[2] 每天所需的食物、衣服、家畜、谷物等不可执行,而可以存储的不易腐烂并且较为奢侈的食物,如咸肉、奶酪、蜂蜜和酒等可以执行。

除此之外,基于执行程序的本质还形成了以下较为实用的规则,直至

---

〔1〕 See Ligo v. Chiffin(1660) 2.

〔2〕 有趣的是,这一扣押顺序并不仅仅存在于英格兰,也在其他国家的规定中有迹可循。例如,瑞典国王马格努斯四世统治期间所制定法中有类似的规定。参见 John Kruse, “*A Lawful Trespass*”: *The Development of Common Law until the Present Day*, Wildy, Simmonds and Hill Publishing, 2009, p. 141。

现在有的依然适用。

第一,归还时不能保持原状的物品不能执行,原因在于这些物品可能是易腐烂变质的,或可能由于与其他物品相混合而丧失其完整性,因此,导致无法识别或归还。在17世纪之前扣押物不能变价出卖,租客可以通过履行义务和提起扣押物取回之诉(replevin)恢复其对该物的占有,所以扣押物的灭失或减损是人们关注的主要问题。

第二,扣押时禁止对动产施加不当干扰(undue interference),并且禁止将扣押物分离。例如,在欠租扣押财物时,不能将马匹与装满谷物的马车分离而将马匹扣押。1582年"Tunbridge's案"的判决全面地阐述了这一规则。

第三,另外一类在实践中存在较多的豁免物是不动产上的附着物。由于可能产生损害,任何在土地上固定的财物或属于完全保有地产权之一部分的,不可以执行。因此,火炉、窗户、门等都是不可以执行的。这一规则进一步细化了执行豁免物的分类,一部分是为了避免对动产产生不合理或不必要的损害,另一部分是受其他政策的影响。

值得注意的是,普通法对可豁免于扣押财物的认定是建立在实用主义原则的基础上的,且这些规则的设置不只是站在保护被扣押人的立场,而是考虑到当时的社会关系和经济的发展。一方面,为了保护个人尊严,同时避免造成被扣押人贫困的局面,应当将债务人赖以生存的食品和衣物归于执行豁免的财物之列;另一方面,为了利于更广泛的共同体的发展和社会的安宁,用于维持生计的基本工具应当免于执行,并且禁止任何可能致使财物损害的行为。后来,随着制定法授予欠租扣押财物法定效力,普通法开始放松一些豁免规则,如允许出售扣押物和允许承租人继续使用扣押物。

三、制定法对民事执行制度的完善

(一)1267年《马尔伯勒法》

1267年由亨利三世制定的《马尔伯勒法》(Statute of Marlborough)是

英国现在仍具效力的古老的成文法之一，该法规定了一些被认定为违法的扣押行为。这些规定在2007年《裁判所、法院与强制执行法》影响下进行的执行法改革和现代化中存留了下来，并且其中一些扣押的方式依然适用，总体体现了执行应当合理和适度的原则。

1. 禁止过度的执行行为

《马尔伯勒法》第4条规定，实施扣押行为不应当过度，否则将会受到严重的处罚。1322年《财政署法》(Statute of Exchequer)也重申了上述规定，要求扣押必须合理且不得使用暴力。以上规则实施之后，法院审判的相关案件往往与耽误农耕的控告相联系，这很大一部分是因为在农耕社会所扣押的财物一般都是耕作的牲畜，过度扣押会给被扣押者造成严重损失，也会阻碍农业社会的发展。而后来的判例并没有创制出新的规则，因而在普通法上过度扣押被判定是一种违法行为。

到了近代，对于过度扣押的认定仍然以损害后果为必要前提，即剥夺或留置财物的执行行为必须给债务人造成不便或产生对其权利的损害。[1] 而对于另外一个同样重要的因素——"过度"的认定(calculation of the excess)，有判例指出当债务人有且只有一件物品可供执行时，执达吏所实施的执行行为是可以接受的。[2]

2. 禁止超过债务金额的执行

在《马尔伯勒法》的规定下，业主也经常因为在欠租扣押时扣押了房客高于债务总额的物品而被控诉，这在近代英国并不是一项新出现的控诉，主要是由于业主错误或欺诈地计算欠款所致，如果法官查证确实存在超过债务金额的扣押，则扣押行为便被判决予以撤销。[3]

---

〔1〕 See Thompson v. Wood (1843) 4 QB 493; Chandler v. Doulton (1865) 3 H & C 553; Piggott v. Birtles(1836) 1 M&W 441.

〔2〕 如果债务人只有一件物品可供执行而该物品的价值又大大高于所欠债务，执达吏的行为是合法的。例如，在1828年的"Avenell v. Croker案"中，执行人不能进入锁着的房屋，不得不执行屋外马棚里的一匹马，但这匹马值8英镑至10英镑，高于租客所欠租金5英镑，Tenterden大法官认为在这种情况下的扣押是值得原谅的。

〔3〕 例如，1848年"Clarke v. Holford案"中，业主被发现过度扣押，其扣押了一整年的租金110英镑，但却只有1/4左右是拖欠的房租。

3. 禁止过于频繁的执行

另一种与过度扣押的罪行相类似的是过于频繁的扣押(over-frequent distresses),《马尔伯勒法》规定构成此类违法行为需要:(1)其涉及的是扣押的方式,而不是先前当事人之间债权债务关系的处理;(2)扣押以刻意压迫性的方式,目的在于不断骚扰债务人来迫使其偿还到期债务。

过于频繁的扣押作为一种罪行自古代英国便加以规制。1231 年《御前会议卷宗》中记载了由于扣押而阻碍耕作引发的控诉。执行扣押动物时,如果上午进行扣押后恢复,下午可以再次进行扣押。然而,奇怪的是到了 15 世纪末,关于过于频繁扣押的控诉大量消失了,这可能部分与新近侵占令状(assize of novel disseisin)使用的减少有关,由于传递这些控诉的机制已经丧失,而因二次扣押而控诉的案件看上去代表了将来解决这类纠纷更加"现代"的方式。

(二)1601 年《济贫法》

自 17 世纪开始,新的扣押形式越来越多,促使普通法中扣押制度的运用不断增加,而在制定法上也确定了新的执行方式。1601 年《济贫法》(Poor Relief Act 1601)第 4 条规定了这样一种合法权利:"经授权按照确定的金额,以扣押欠税人财物变价出售的方式追收欠税的行为合法……"[1]议会通过立法创制了新的扣押形式——欠税扣押财物制度,并首次以制定法的形式授权执行扣押,从此,与普通法上的相关判例规则共同构成了民事执行扣押制度。

1601 年《济贫法》确立了关于制定法扣押形式的基本原则,这些原则直到现在仍然体现着民事执行中扣押制度的本质特征,也在一些案件中继续有效:第一,该法除首次在制定法上确立扣押制度(statutory distraint)之外,第 4 条所规定的权利既包括扣押财物还包括变卖该扣押财物,也即不仅可以通过普通法上的私力救济——将扣押物保留作为偿还债务的保

〔1〕 1601 年《济贫法》是英国颁布的第一个重要的贫穷救济法,该法授权治安法官以教区为单位管理济贫事宜,向居民和房地产所有者征收济贫税(poor rates),并用于给无力谋生的贫民发放救济金,该法于 1948 年被废除。

证,还可以变价清偿债务,这一程序已经与现代强制执行制度中的执行方式相类似;第二,根据该法第 6 条规定,任何因扣押而使其财产权利受到侵害的人都有权提起控诉,如今,这一救济途径仍然保留于扣押追收地方税和儿童抚养费的制定法规定中。事实上,制定法中规定的扣押物取回之诉与普通法中领主扣押时扣押物取回之诉的适用基本相当,因为制定法中的因扣押受到侵害的债务人仍然有权选择制定法或普通法中的救济。[1]

（三）1689 年和 1737 年《欠租扣押财物法》

1689 年《欠租扣押财物法》(Distress for rent 1689)的颁布使得欠租扣押财物制度首次在成文法中被加以确认,事实上,在这部法律中不仅明确了欠租扣押财物制度的法律地位,还赋予了业主一种裁量权:该法第一部分规定业主"可以合法变价出售所扣押的财物和动产"。该法通过赋予业主变价出售扣押物的权利,促使欠租扣押权的性质发生了根本转变,成为与法院执行扣押和欠税扣押相类似的权利。不再是由债务人给出商品价值的合理标准,而是由最终的购买者来评定和决定扣押物的价值。

在 1689 年《欠租扣押财物法》修改了普通法上的欠租扣押制度后,欠租扣押权、成文法上的欠税扣押权和民事判决执行中的扣押权并列,据此形成了三种不同的扣押制度。事实上,源于普通法上私力救济性质的欠租扣押制度是另外两种扣押制度的基础,这是由于英国欠租扣押程序中形成的相关规则,基本都适用于欠税扣押和法院执行中的扣押。[2]

从整体上看,随后的 1737 年《欠租扣押财物法》对 1689 年法作出的修改对民事执行与扣押制度具有更重要的意义,该法强化了房东的扣押权,旨在更为有效地确保租金支付,防止房东的欺诈行为。该法第 10 条规定首次明确许可将扣押的财物放置于租客处,以避免由于担保和出卖而不得不频繁搬运物品,从而对业主造成的极大困难和不便,而此法第 8

[1] See R v. Hampstead Magistrates [1995] Legal Action September 1996, p.21.

[2] 参见张永红:《英国强制执行法》,复旦大学出版社 2014 年版,第 18 页。

条则允许将收割后的农作物扣押在该农户的谷仓内。这是现在还在使用的唯一有效的扣押形式——巡视占有制度(walking possession)的雏形。而早在16世纪初建立起来普通法上的规则是被扣押财物不能存放在扣押该财物的场所,已持续了300多年。在具体操作方式上,1737年《欠租扣押财物法》允许将财物扣押在某一特定的房间,或通过拴牢、扣紧、关严等方式将财物稳妥地固定在某一地方,但是实践中要把债务人的所有财物集中到一个地方并不是一件容易的事情。因此,扣押人与佃户寻求并达成一个妥协的解决方案——将财物留在欠租人处,并在佃户同意情况下由扣押人看管。自20世纪20年代起,执达吏越来越多地运用巡视占有协议(walking possession agreement)的方式:债务人同意不处置或损害已扣押的财物,而执达吏同意给予其更多的时间来偿还债务。[1]

(四)制定法上的其他规定

制定法上的扣押制度受普通法上欠租扣押财物规则的影响,并不意味着其与普通法上的扣押一致。根据1743年议会通过的《缺陷救济法》(Act for Remedying the Defects)第7条的规定,将扣押权的行使扩展到可以发现的债务人的全部动产,不再仅限于贫穷税评估的区域。与欠租扣押权一般仅限于在出租房内行使相比,成文法上的扣押更类似于法院判决的强制执行。而直到今天,通过扣押方式追收地方税、罚款及儿童抚养费等仍可在英格兰和威尔士的范围内进行。[2]

1848年《司法管理法(第2号)》[Administration of Justice Act (No. 2) 1848],赋予了简易审判法庭签发扣押令状的权力,在义务人拒不履行赔偿或金钱处罚判决时,可以授权执行员扣押该义务人动产变价出售以清偿债款。20世纪,1940年《财政法(第2号)》[Finance Act (No. 2) 1940]第33条确立了通过扣押追收购物税(purchase tax)的制度,后由增值税取代;1991年《儿童抚养法》(Child Support Act 1991)确立了通过扣

〔1〕 See Philip Evans, *Bailiff fees: Scotland's Blueprint for Reform*, 18C. J. Q343, 345 (1999).

〔2〕 See John Kruse, *"A Lawful Trespass": The Development of Common Law until the Present Day*, Wildy, Simmonds and Hill Publishing, 2009, p. 193.

押追收儿童抚养救助机构(child support agency)评定的抚养费的制度;[1] 1991年《道路交通法》(Road Traffic Act 1991)确立了通过扣押追收道路交通处罚款的制度。

在此过程中,在相继的立法中出现了复制的倾向。1960年《欠税扣押财物法》(Distress for Rates Act 1960)中追收普通地方税(general rate)扣押程序的规定被原封不动地照搬至1967年《普通地方税法》(General Rate Act 1967)中,继而影响了对社区税(community charge)、非家庭财产税(non-domestic rates)及市政税(council tax)的追收程序的规定。[2]

四、衡平法对民事执行制度的补充

除了普通法和制定法,英国法律体系中最重要的就是衡平法(equity)。最初的大法官法院(Court of Chancery)并不具有司法管辖的功能,而是作为国王的文秘机构——文秘署存在,后来,大法官法院开始承担签发普通法上起始令状的职责,也基于此获得了对某些事项的普通法管辖权。随着实践中大法官基于公平、正义原则对难以通过普通法获得救济的公民进行保护,大法官法院又被赋予了衡平管辖权,使大法官法院从英格兰王国的行政中枢发展成为一个与普通法法院并立且独具特色的司法法院。[3] 直到1873年制定的《司法组织法》于1875年开始实施,普通法和衡平法由普通法法院和大法官法院分别适用的局面才得以

---

〔1〕 儿童抚养机构(child support agency)是根据《1991年儿童抚养法》设立的确定子女抚养费并负责相关事宜的机构。儿童抚养机构以来自父母及其雇主、社会保障部门、国内税务局、法庭和地方当局的信息为基础,根据法定的数学公式计算出子女抚养费数额,并负责收取和转交这笔费用或者监督这笔费用的支付。参见曾燕波:《英国的子女抚养费法律制度及其启示》,载《政治与法律》2008年第11期。

〔2〕 英国房产税是地方政府征收的用于支持地方性公共服务的地方税,按房产用途不同分为居住房屋税和营业房产税。居住房屋税也称市政税,其前身是1990年起开始征收的人头税(poll tax)或社区税(community charge),后于1993年4月由市政税取而代之。营业房产税是依1988年《地方政府财政法》设立的税种,也称非居住房屋税或非家庭税(non-domestic rates),其前身是普通地方税(general rate)。

〔3〕 参见冷霞:《英国早期衡平法概论——以大法官法院为中心》,商务印书馆2011年版,第52页。

改变。

早期,英国大法官法院通过制定单独的执行程序规定,用于执行本法院作出的命令被告向原告支付一定款项的判决,后来,由于普通法中菲发令状的适用范围过于狭窄,大法官法院对未能通过普通法获得执行的当事人提供救济途径,允许当事人申请大法官法院协助其执行债务人的财产。而最初大法官法院只强制执行本法院所作出的判决,对普通法法院的判决债务人的援助仅限于直接对不愿执行的债务人施加人身压力。但是,以藐视法庭为理由监禁被告,费用很高且成效甚微,在某些案件中难免过分严厉,所以后来衡平法逐步从单靠"对人"的救济转变为主要通过扣押债务人财产的各种措施和方法来实现民事判决的执行,其中最重要的衡平法救济就是"指定接管人制度"(receiver)。

指定接管人制度,是由大法官法院所创制的,在不能援用普通法上的执行令状时协助强制执行偿还款项的程序,法官为保障有担保权益的债权人权利或为在诉讼系属中保全债务人的财产而指定接管人,通过收取不动产的租金或出售动产将获得的资金分配给判决债权人。严格来说,衡平法上的这一制度并不是传统意义上的民事执行措施,而是一种衡平法上的救济,相比普通法上的执行令状,这种救济途径可以给予债权人更加全面的保护,因为当债务人在法院作出判决前处置财产时,由于尚未确定债务人是否及承担多大的责任,法院并不能通过执行令状禁止债务人处分其财产,但是法院可以依当事人的申请指定接管人,以防止债务人财产的流失。

当然,尽管普通法和衡平法的规范有所不同,但绝不能将二者看作相互平行、独立的体系,事实上,衡平法中的规则仅是对普通法的一种补充和附加。[1] 体现在民事执行规范领域,就是指定接管人的相关规则在适用时存在一定的限制,最初在衡平法上,该制度只适用于两种情形,即在

---

〔1〕 参见[英]威廉·格尔达特:《英国法导论》,[英]大卫·亚德里修订,张笑牧译,中国政法大学出版社2013年版,第18页。

普通法上没有执行救济或者普通法上的救济由于可用于执行的财产具备特殊性质将是没有效益的,因此,必须在援用普通法上的执行措施如非发令状等时存在某些法律上的障碍才能指定接管人。另外,即使判决债务人尚有其他财产可以通过普通法上的执行措施加以执行,但并不阻碍对不能运用普通法上的执行加以扣押的其他财产指定接管人。[1] 在19世纪英国进行司法改革之前,指定接管人程序十分复杂,当事人在求助于普通法上的执行措施之后才能申请指定接管人,即使明知非发令状不会产生任何效果。[2]

五、普通法、制定法及衡平法的冲突与融合

这一时期的英国民事执行法通过普通法、衡平法及制定法的相互作用,成为非常有趣的法律,但同时令人感到模糊不清。早期,英国法是“习惯法权威时代”的典型代表,盎格鲁—撒克逊时期的民事执行制度深受古日耳曼习惯法的影响,民事执行措施由早期的扣押对方财物制度发展而来。随着普通法的形成与发展,其在民事执行法领域所确立的执行令状制度及民事执行程序的各项规则逐渐清晰,但同时过于绝对,并不注重结果是否公正以及是否合乎情理。

虽然,衡平法上的民事执行措施以寻求普通法上之救济为前提,但“衡平法对普通法的追随并不是无独创性的、太过分的追随”[3],而是在对普通法的规则体系进行内部纠正的同时,发展出其特有的救济途径来缓和普通法严厉而苛刻的特征。除了通过衡平法对普通法中执行程序的规则进行补充之外,英国还以制定法的形式对普通法中经过长时间发展而来的部分执行规则加以修正和完善,特别是在限制和规范执行人员及

---

[1] 参见沈达明编著:《比较强制执行法初论》,对外贸易教育出版社1994年版,第62页。
[2] 参见沈达明编著:《比较强制执行法初论》,对外贸易教育出版社1994年版,第69页。
[3] 沈达明编著:《比较强制执行法初论》,对外贸易教育出版社1994年版,第66页。

其权力方面,[1]而这些法律又因为在实践中遇到的诸多问题而进行了多次修改。至此,可以说,中世纪英国民事执行制度的发展变迁为近代相关制度的确立奠定了基础,并且对民事执行程序及实践产生了重要影响。

一方面,从事民事执行的专业执行人员无论是从类型上还是数量上均有所增加。在早些时候,很多小的封建领主依据普通法上及制定法上的欠租扣押财物规则自己执行财产的扣押,而大的庄园领主则通过雇用代理人,即执达吏来执行欠租人的财物。后来,从事这类事务的执达吏渐渐开始接受其他债权人的委托为债权人追索债务,成为民间的执行人员,也称私人执达吏(private bailiff),与受雇于郡长和地方法院的执达吏(法律职业人性质)同属英国民事执行人员的范畴。私人执达吏受债权人的委托,从事着各种债务的追收活动,有的以个体户的形式执业,但大多数以“执行公司”(bailiff company)的执业形式从事追债活动。[2] 至此,形成了英国民事执行权行使的两大部门——以私人执达吏为代表的私营执行部门(private sector)和以郡法院执达吏为代表的公共执行部门(public sector)。

另一方面,对债务人私有财产的保护力度有所增加。普通法形成之初就强调对扣押中没收的农用牲畜和农业生产的保护,规定了对牲畜和货物扣押的豁免规则,为了保护个人尊严,同时避免贫困的后果,将维持基本生活的食物和衣服都归于执行豁免的财物;而为了允许个人自食其力,利于更广泛的共同体,基本工具应当免于执行。随着制定法授予欠租扣押财物扣押人以法定权力,普通法开始放松一些豁免规则,通过出售财产与允许承租人继续使用它们可以获得相同的结果。后来,制定法更进一步地干预普通法以再次加大对个人私有财产的保护力度。现代法上的扣押豁免制度过分强调个人需求,而忽视了被普通法早已确认的更为广泛的对为谋求共同体利益的商业的保护。例如,强调保护个人的生财工

---

〔1〕 See John Cruse: “*Persons of no value*”: *A History of Bailiffs and Bailiffing from* 1500 *to the Present*, Wildy, Simmonds and Hill Publishing, 2009, p. xvii.

〔2〕 参见张永红:《英国强制执行法》,复旦大学出版社 2014 年版,第 47 页。

具(由某人使用借以进行该人业务的工具)可能实际上导致比同时考虑“公共利益”时对豁免财产更为严格的规定。

可以说,在英国中世纪,特别是普通法形成和发展时期所形成的民事执行规则体系中,有的规则背后的基本原理随着时间的流逝已然丧失,而有的规则依然深刻地影响着后来民事执行程序制度的发展,在对历史的延续与改革之间,英国民事执行制度与其他民事司法制度一样,不断进行选择,在经过两次重要改革之后形成了现有的民事执行制度体系。

第三节　19 世纪英国民事司法改革与民事执行制度的发展

一、19 世纪民事司法改革的主要进程

17 世纪的英国资产阶级革命并未触及司法制度,从 18 世纪后半期开始,由于以形式主义为特征的英国民事诉讼过分依赖于各种技术性操作规程,“没有令状,就没有救济”的民事司法现状越来越不适应迅速发展变化的经济、政治形势的需要,而衡平法诉讼程序在很多方面仍保留有中世纪的特征,古老而僵化,在案件审理上严重拖延。

19 世纪初,以 1804 年《法国民法典》的制定为起点,欧洲法典编纂运动进入新的发展阶段。作为普通法的发源地,英国亦采取了应对方式,对民事诉讼制度进行调整。可以说“延续与改革,便越来越成为英国民事司法制度发展的一对内在矛盾,通过矛盾的运动不断推动英国民事司法制度的完善”[1]。这一现状,引发了大批学者对司法制度的猛烈抨击,其中,杰里米·边沁(Jeremy Bentham)对英国司法制度发起了最为尖锐和讽刺性的批判,其功利主义法学思想为司法改革奠定了坚实的思想基础,使整个 19 世纪的英国法律制度一直处于不断合理化改革的过程中。

1828 年 2 月 7 日,亨利·伯洛格哈姆(Henry Brougham)在英国众议

〔1〕 徐昕:《英国民事诉讼与民事司法改革》,中国政法大学出版社 2002 年版,第 422 页。

院发表了纪念讲演,被视为英国19世纪民事诉讼改革之发端。此次司法改革以简化诉讼程序为主要目的,在对普通法法院诉讼程序进行完善时将对令状制度进行彻底改革作为重中之重,这一改革主要通过以下法律的颁布来完成。

首先在1832年,颁布《统一程序法》(Uniform Code of Procedure 1832)废除对人诉讼的各种令状模式,而代之统一的传唤令状程序,直接将原告的诉状送达被告,但原告起诉时仍须参照特定的诉讼形式选择令状。随后在1833年颁布的《不动产时效法》(Real Property Limimtion Act 1833),几乎废除了所有不动产诉讼的令状制度,仅仅保留了以不动产恢复之诉为主的三种重要程序。[1] 1833年颁布的《民事诉讼法》废除了宣誓断讼这一自盎格鲁—撒克逊时期便沿用下来的古老的审判方式。与此同时,为解决地方司法力量薄弱和诉讼不便的弊端,英国建立起一套新的地方法院系统。通过颁布1846年《郡法院法》(County Court Act 1846),为方便公众小额诉讼设立郡法院。

然而,以上法律没有达到消除诉讼程序全部弊端的目的,令状制度的形式主义和诉讼程序的繁杂仍然明显,阻碍了司法活动的顺利进行。经过进一步审查,英国议会于1852年和1854年颁布《普通法诉讼条例》(Common Law Procedure Act),可以说,对普通法法庭的诉讼程序进行了彻底改革。而于1873年至1875年制定的《司法组织法》(Judicature Act)被认为是英国19世纪民事司法改革最为重要的成果,该法全面整合了英国法院体系,合并了现存的相互独立的普通法法院和大法官法院,设立高等法院;[2]统一普通法和衡平法的基本原则,一切诉讼均以诉状开始,普通法上的程序诉讼制度正式被废除;简化了审判程序,对上诉程序进行了

---

〔1〕 参见牛淑贤:《英国近现代司法改革研究》,山东人民出版社2013年版,第58页。

〔2〕 1873年至1875年《司法组织法》的颁布改变了英国传统的二元司法体制,使其建立了现代法院制度,法院结构合理化。该法创设的英国最高法院(Supreme Court of Judicature)系统包括高等法院和上诉法院(Court of Appeal)两部分,其中高等法院下设五个法庭:大法官法庭(Chancery Division)、王座法庭(King's Bench Division)、民诉法庭(Common Pleas Division)、财政法庭(Exchequer Division),以及遗嘱、离婚及海事法庭(Probate, Divorce and Admiralty Division)。

改革。此后,“高等法院具有普通法法院和衡平法法院的所有权能,并且可以同时使用普通法与衡平法的两组规则……一旦出现‘冲突或对立’(conflict or variance)的情况,则一律以衡平法的规则优先”[1]。如今,仅有少数令状仍在使用,其中就包括动产扣押令状(writ of execution)。

二、“形式主义”民事执行制度的改良

19世纪英国的司法改革奠定了现代英国民事诉讼制度的基础,而随着1875年《司法组织法》改革的实现及郡法院自1846年创建以来的发展,民事执行领域也摒弃了形式主义弊端,在完善原有制度的基础之上,确立了一系列新的执行措施,为英国现代化民事执行制度的形成奠定了基础。

1. 民事法院系统的改革影响了判决执行职权的履行

早在18世纪中期,在布莱克斯通的积极倡导下,中塞克斯郡设立了郡法院审理小额的民事案件,而1846年《郡法院法》(County Court Act 1846)的通过,宣布在全国建立500个郡法院,分别属于60个巡回区,作为英国专门受理民事案件的基层法院。依照该法的规定,每个巡回区至少配备一名法官,法官每月应在辖区内的每个郡法院至少开庭一次。[2]在每个郡法院设有一名司法常务官(registrar),负责领导郡法院的日常工作,包括郡法院判决的执行。

随着建立合理、高效现代法院系统的改革呼声日益强烈,1875年实施的《司法组织法》规定,建立高等法院接管所有原普通法院和大法官法院的初审司法权和来自下级法院的上诉司法权。1880年以后,维多利亚女王对高等法院进行了调整——改为下属王座法庭(Queen's Division),大法官法庭(Chancery Division),海事、遗嘱检验与离婚法庭(Admiralty

[1] [英]威廉·格尔达特:《英国法导论》,[英]大卫·亚德里修订,张笑牧译,中国政法大学出版社2013年版,第27页。

[2] 参见程汉大、李培锋:《英国司法制度史》,清华大学出版社2007年版,第88页。

Probate Division）三个法庭。[1] 1887 年《郡长法》（Sheriff Act 1887）确立了民选地方议会负责地方行政事务的规则，郡长仅作为荣誉性职位存留下来，但该法明确将执行高等法院的动产扣押令状等令状的职责交由郡长承担，实践中，郡长则将强制执行工作授权副郡长和郡行政司法官员负责。

2. 扩大了强制执行的动产范围

1838 年《判决法》（Judgments Act 1838）扩大了非发令状等扣押财产的范围，使可供债权人强制执行的财产种类有所增加，该法第 12 条规定非发令状可以适用于对货币、票据、有价证券、蜡封文书等的扣押。同时，该法第 14 条规定了一种新的救济制度，即可以裁定在政府公债、股票等之上设定担保权益。此次改革除了扩大了债权人对债务人寻求救济的财产范围，还对债权人针对债务人人身可采取的救济加以限制。

3. 完善了欠租扣押财物制度

通过修改《欠租扣押财物法》完善了普通法上历史悠久的私力救济——欠租扣押财物制度。继 1689 年《欠租扣押财物法》以成文法的形式允许业主扣押房客财物并变价出售之后，1888 年《欠租扣押财物法（修正案）》（Law of Distress Amendment Act 1888）进行了进一步完善，依据 1846 年颁布的《郡法院法》第 96 条规定的民事执行免于扣押的财产，对在欠租扣押中豁免的财产范围进行了确认。另外，还对扣押物评估（第 5 条）、扣押物回赎期延长（第 6 条）等作了规定，特别是对实施扣押的执行人员资格进行了限制，第 7 条规定从事扣押追收拖欠租金的执行人员必须持有郡法院法官签发的授权证书，只有这些“注册执达吏”（certificated bailiffs）才可以执行欠租扣押财物制度，违反规定无证扣押房客财物追收

---

〔1〕 遗嘱检验与离婚法庭分为 3 个分庭，每个分庭有一名法官主持，分别受理来自全国的遗产、离婚和海事案件。1970 年，该法庭更名为家政法庭（Family Division）。参见程汉大、李培锋：《英国司法制度史》，清华大学出版社 2007 年版，第 102 页。

欠租的，扣押人和委托人将构成侵权并被追究责任。[1]

1895 年英国又颁布了《欠租扣押财物法（修正案）》（Law of Distress Amendment Act 1895），该法第 1 条规定授予执达吏证书的郡法院同时有权在出现本法第 7 条规定的情形时取消该执达吏的证书资格。除此之外，1895 年《欠租扣押财物法（修正案）》还对无证执行欠租扣押财物的处罚、执达吏证书的有效期限、非法扣押等作出了规定。[2]

4. 确立了新的执行措施

在 19 世纪司法改革的影响下，民事执行法律制度中除保留了扣押财物令状等少数令状之外，还确立了债权扣押令（garnishee orders）、扣押入息令（attachment of earnings order，AEOs）和押记令（charging order）等执行措施，并制定了一系列的成文法对这些制度进行了规定。这些执行措施均以债权人向法院申请为前提，由法官依据相应程序规定进行审查后签发，再由执行人员负责实施。而在实践中，这些制度的运行遇到了各种问题，1965 年《最高法院规则》（Rules of Supreme Court 1965，RSC）和 1981 年《郡法院规则》（County Court Rules 1981，CCR）的制定，分别对这些制度的适用进行了修改和细化，最终在英国形成了两套各不相同的民事执行程序。[3] 下文将分别就新增的债权扣押令、扣押入息令和押记令予以细致的分析。

---

〔1〕 具体而言，1888 年《欠租扣押财物法》第 5 条废止了扣押物出卖前必须评估的规定（房客有书面请求的除外）；第 6 条规定，根据房客要求可以将回赎期从 5 日延长至 15 日。See *Law of Distress Amendment Act* 1888, at http://www.legislation.gov.uk/ukpga/1888/21/pdfs/ukpga_18880021_en.pdf, accessed January 18, 2022.

〔2〕 See *Law of Distress Amendment Act* 1895, at http://www.legislation.gov.uk/ukpga/1895/24/pdfs/ukpga_18950024_en.pdf, accessed January 18, 2022.

〔3〕 1965 年《最高法院规则》中民事执行程序的规定主要有：第 45 号命令“判决及命令强制执行的一般规定”、第 46 号命令“执行令状的一般规定”、第 47 号命令“扣押债务人财产令状”、第 48 号命令“命令债务人到庭接受询问”、第 49 号命令“债权扣押令”、第 50 号命令“押记令、停止令等”、第 51 号命令“接管人：衡平法执行”及第 52 号命令“拘押程序”。而 1981 年《郡法院规则》中民事执行程序的规定主要有：第 25 号命令“郡法院判决、裁定执行的一般规则”、第 26 号命令“扣押债务人财产令状、交付令状和占有令状”、第 27 号命令“扣押入息令”、第 28 号命令“执行传票”（judgment summons）、第 29 号命令“拘押程序”、第 30 号命令“债权扣押令”、第 31 号命令‘押记令”、第 32 号命令“接管人”及第 33 号命令“确定竞合权利诉讼程序”。

(1)债权扣押令的申请和执行

普通法上的债权扣押令(garnishee orders),是指在对债务人的扣押程序中,由法院发出命令扣押债务人对案外人享有的债权,由案外第三方把对债务人的应付款项直接付给债权人,以作为对债务人所欠债务的全部或部分的清偿。债权人不能直接要求第三方清偿债务人的债务,只能通过法院主张自己的权利,适用于针对在英国领域内经营的银行、建房互助协会(building society)及自然人。[1]

同样,英国普通法对债权扣押令也设置了限制规则,若联名账户(joint accounts)中有一方是判决债务人,普通法并不允许扣押该联名账户中的资金,这一规则起源于 1891 年"Beasley v. Roney 案",最终由 1938 年的"Hirschon v. Evans 案"确立,联名账户中的资金不得扣押,即使是夫妻共同在一家银行拥有的联名账户也不属于可以适用债权扣押令的范围。这为债务人与联名账户持有人有效地建立起一个"避风港",债权人将无法通过申请债权扣押令来执行联合账户中的资金。[2]

19 世纪英国司法改革的成果之一便是将普通法法院与大法官法院合并为统一的司法系统,而在 1875 年《司法组织法》的基础上,英国于 1883 年制定《最高法院规则》(The Rules of the Supreme Court 1883)作为统一法院系统的程序规则。后进行广泛修改形成了 1965 年《最高法院规则》,该法第 49 号命令规定了债权扣押令程序。具体包括以下内容:

第一,适用范围。债权扣押令适用于不少于 50 英镑的判决债务,并且在司法管辖权范围内有其他人对债务人负有尚未清偿的债项。

第二,申请程序。债务人在申请时应当提供判决债务人的姓名及地址,明确判决债务尚未支付及第三债务人在本司法辖区范围内对判决债务人有未偿还的债项,并宣誓其提供信息及来源的真实性或确信的理由。

第三,债权扣押临时令的审核发出。债权人的申请经审核符合条件

[1] 参见齐树洁主编:《英国民事司法制度》,厦门大学出版社 2011 年版,第 384 页。

[2] See Hirschon v. Evans[1938] 3 All ER 491, CA.

后,法官先发出债权扣押临时令(garnishee order nisi)确定听证日期,以决定是否发出债权扣押终局令(garnishee order absolute)。法院将签发的债权扣押临时令送达第三债务人本人并告知其有权提出反对理由,若其不出庭参加听证或对法律责任无争议,法院则发出债权扣押终局令;第三债务人对法律责任有争议的,法庭可遵循简易程序就有关争论问题作出裁定。

第四,第三债务人法律责任的解除。第三债务人根据债权扣押终局令作出的任何付款及执行行为,即为第三债务人对判决债务人法律责任的有效解除,范围以已付或已被实施执行的款项为限。

1981 年颁布的《郡法院规则》中,第 30 号命令单独对适用于郡法院的债权扣押令程序作出了规定,包括申请程序、签发债权扣押临时令及终局令、债权扣押令程序的移送、第三方债务人责任的解除、费用承担等内容。[1]

(2)扣押入息令的种类和程序

扣押入息令是法院发出的命令债务人的雇主从债务人的工资中定期扣减一定金额以偿还债务的执行措施。1971 年颁布的《扣押入息法》(Attachment of Earnings Act 1971)将其他立法中有关运用扣押入息令来强制执行金钱债务的程序规定进行了整合。

该法第 1 条规定了各法院可以签发的扣押入息令的类型:高等法院、郡法院和治安法院都有权采用扣押入息令来追收拖欠的赡养费,治安法院还可以通过扣押入息令追收债务人未缴纳的罚款,但只有郡法院有权向债务人发出执行民事判决债务的扣押入息令,郡法院还可以发出针对执行遗产管理令(administration order)[2]中债务的扣押入息令。总的来看,可以适用扣押入息令强制执行的领域共有以下种类,参见表 1。

---

〔1〕 See *The County Court Rules* 1981, Order 30 Garnishee Proceedings, at http://www.legislation.gov.uk/uksi/1981/1687/part/30/made, accessed January 18, 2022.

〔2〕 遗产管理令是指示某人的事务、业务及财产须在命令有效期内由委任的遗产管理人管理的命令。

表1　1971 年《扣押入息法》规定的扣押入息令类型

名称	签发机构	债务类别	收款机构
扣押入息令	高等法院	儿童抚养费、配偶扶养费	扣押入息令收付中心
并案扣款令	郡法院	民事判决债务	扣押入息令收付中心
郡法院遗产管理令程序中的扣押入息令	郡法院	民事判决债务	扣押入息令收付中心
扣押入息令	郡法院	儿童抚养费、配偶扶养费、民事判决债务	扣押入息令收付中心
扣押入息令	治安法院	罚款、儿童抚养费、配偶扶养费	地方政府

该法还明确，当几个扣押入息令同时对同一债务人生效时，赡养费、罚款、市政税的扣押优先于法院民事判决确定债务的扣押，前者较后者享有优先权。

在债权人向法院申请后，根据 1971 年《扣押入息法》的规定，法院应通知债务人并要求债务人填写相关信息，包括其工作情况、收入与支出状况等。然而，并不是债务人的所有收入都属于可扣押的范围，根据该法第 24 条的规定，可以扣除的部分为工资（包括奖金、佣金、加班费及在雇佣合同中规定的其他薪酬）和养老金，不得扣除的部分包括：由北爱尔兰政府或联合王国境外国家支付的款项、女王陛下军队成员的工资、法律明确的社会保障金、退休金或残疾人抚恤金，以及海员（渔船上海员除外）工资。

当法院审查后决定发出扣押入息令时，首先应当在扣押入息令中明确说明对债务人收入所采用的“普通扣减率”（normal deduction rate），即法院依据相关判决确定每周、每月或一段时间内应从债务人收入中扣除的合理金额。另外，还应明确根据该债务人情况所确定的“收入保护率”（protected earnings rate），只有当债务人的收入减去日常支出之后高于收入保护率时,法院才会发出扣押入息令。[1]

该法第 15 条规定,扣押入息令生效后,债务人负有书面通知法院其就业变化情况的义务:债务人应当在其离职或重新就业之日起 7 日内将该情况通知法院,并告知变化后的收入详情和预期收入;另外,该条还规定债务人的新雇主也应当在知道债务人受扣押入息令约束 7 日内书面通知法院,同样需告知债务人的收益和预期收益。

1975 年颁布的《扣押入息令(雇主扣减)条例》[Attachment of Earnings (Employer's Deduction) Order 1975]规定,雇主在扣押债务人的工资时,可以从其工资中扣减 30 便士的管理费用,后来在 1980 年和 1991 年又进行了修改,1991 年法中将这一管理费用增长至 1 英镑。1971 年,英国还颁布《治安法院扣押入息规则》[The Magistrates' Court (Attachment of Earnings) Rules 1971]详细规定了治安法院签发和执行扣押入息令的程序。另外,在 1992 年还分别对以扣押入息令执行市政税及社区税的程序作出了进一步明确。[2]

(3)押记令的确立和发展

押记令,又称扣押偿债令,是英国的民事执行措施之一,法院可根据判决债权人的申请发出命令,将债务人的资金、股票、股份、土地或作为合伙人应得的合伙收益设定为偿债担保,以保证判决的执行。在规定期限过后,未被偿付的判决债权人可以诉请变卖债务人被扣押的财产从而受偿。[3]

英国成文法中首次对押记令进行明确规定是在 1890 年《合伙法》(Partnership Act 1890)第 23 条的规定中,即"以合伙财产抵偿判决合伙人个人判决债务程序"。该条明确规定在 1890 年《合伙法》实施之后,不得

---

〔1〕 See Attachment of Earnings Act 1971, section 6 "Effect and contents of order".

〔2〕 法规名称分别为:"The Council Tax (Administration and Enforcement) (Attachment of Earnings Order) (Wales) Regulations 1992" "The Community Charges (Administration and Enforcement) (Attachment of Earnings Order) (Wales) Regulations 1992"。

〔3〕 参见薛波主编:《元照英美法词典》,法律出版社 2003 年版,第 216 页。

再请求法院针对合伙财产签发扣押财物令,除判决债务由合伙企业所产生。

而相应地,该法第 23 条第 2 款也为债权人向合伙人追索其个人债务提供了途径:“债权人向高等法院或郡法院申请强制执行判决时,法官可以命令押记债务人所占合伙财产之权益及利润,来清偿此项债务及利息。并且法院可在原令中或另发命令,指定一名财产接管人接管债务人在合伙中的财产份额(包括是否已宣布或应收者)以及将来基于合伙经营其可能获得的其他财产权益,并发出一切有关账目及调查之指示,及在合伙人为判定债权人之利益而押记所欠债务或在情况所需时发出其他一切命令及指示。”该条同时规定,其他合伙人可以随时赎回或者购买该部分权益,并且本条也适用于那些名义上为公司,而依本法所确认的合伙含义属于合伙经营的情况。

而在押记令制度被确立之前,债权人向合伙人追索个人债务时,可以向法院申请直接执行合伙企业财产的扣押财物令状,原因是合伙企业本身并不是法人(juridical person),只是合伙人为追求共同利益而进行营业活动所产生的一种人与人之间的关系。但由于扣押合伙企业财产的方式通常是由郡长关闭合伙企业的经营场所,这将导致非债务人一方的合伙人因此遭受经济损失,其损失有时甚至与债务人相当,因此这一程序被认为非常“蹩脚”。[1] 因此,为保护非债务人一方的合伙人,有必要在保护债权人扣押债务人拥有的合伙财产权利的同时,将债权人置于合伙企业事务之外。这些目标只能通过限制债权人享有的债务执行救济来实现,因为任何对债权人救济权利的限制就相应地会对债务人有利。

英国最初设置押记令的基本理念是将其限定适用于一般的合伙关系,因为合伙关系中每一位合伙人都对合伙事务的决策有参与的权利,经营活动由合伙人共同决定,并不适用于集中式管理体制的公司。然而,经

〔1〕 See Jacob Stein, *Charging order protection*, at http://www.maximumassetprotection.com/publications/whitepapers/Charging-Order-Protection-of-LLCs-and-LPs.pdf, accessed June 19, 2021.

过多年的发展，押记令已经被视为是保护财产的重要制度，其保护范围已扩展至有限合伙人和有限责任公司。

英国于 1979 年颁布的《押记令法》（Charging Order Act 1979）是第一部有关押记令制度的单独立法，该法共 8 条，于 1980 年 6 月 3 日生效。《押记令法》明确赋予了法院强制押记的权力，可以根据判决债权人的申请发出命令，对债务人的相关资产设定偿债担保，以保证判决的执行。根据该法第 2 条规定，可以押记的财产共有四类：第一，房屋、土地；第二，信托中的权益；第三，有价证券；第四，存于法院的储存金（funds in court）。

在 1979 年《押记令法》第 5 条中还规定了在押记令过程中适用停止令（stop order）与停止通知书（stop notice）的条件。停止令是指原讼法庭发出的一项命令，禁止就命令所指明的有价债券进行转让登记、有价债券的股息及收益进行支付，禁止转让、出售、交付或以其他方式处理存于法院的储存金或储存金所产生的利息，禁止个人或团体获得单位信托中的权益。而停止通知书是法院向有关个人和团体发出的命令，命令其不得将证券转让登记或不得实施该份停止通知书所禁止的行为。

英国《最高法院规则》第 50 号命令规定了押记令及停止令，是对最高法院适用 1979 年《押记令法》的具体规定，特别是细化了最高法院签发押记令及在押记令程序中行使权力的规则。《郡法院规则》第 31 号命令也对郡法院适用押记令作出了规定，还明确了郡法院出售押记财产以执行押记令的程序，即在取得押记令之后，如果债务人仍然拒绝清偿债务，债权人可以向有管辖权的法院申请出售押记财物并提交宣誓书及副本，将押记的财产出售以清偿判决债务、利息及执行费用。[1]

---

〔1〕 See *Order* 31 *Charging order*, *Rule* 4, *The County Court Rules* 1981, at http://www.legislation.gov.uk/uksi/1981/1687/part/31/made, accessed June 19, 2021.

第四节 英国民事执行制度的现代化

一、英国民事司法改革背景下的执行制度改革

从上文可以看出,在19世纪司法改革以后的整个20世纪,英国一直在探索改革民事诉讼制度的路径,调整了法院的机构并对诉讼程序有所简化,然而,以往的一系列改革未能彻底根除司法弊病,至20世纪90年代,英国的民事司法制度仍然面临着一系列问题——费用高昂、诉讼延迟、程序复杂烦琐以及术语晦涩难懂等。公众对司法的不满有增无减,新一轮的司法改革势在必行。

(一)“沃尔夫改革”的理念与进程

1994年3月,时任英国上议院议长、首席大法官迈凯(Lord Mackay)委任沃尔夫大法官(Lord Woolf)对英格兰和威尔士的民事法院的现行规则和程序进行审查,以促进英国民事诉讼方式及理念的根本变革和现代化。

1995年6月,沃尔夫大法官提交了《接近正义:中期报告》,剖析了英国民事诉讼体制所存在的弊端,明确提出了此次改革的目的:降低诉讼成本,合理利用民事司法资源;简化诉讼程序,促进法律术语的现代化;消除司法实践与诉讼规则之间不必要的差异。[1]

1996年7月,沃尔夫大法官又提交了《接近正义:最终报告》,作为新制度的“设计师”,他对英国的民事诉讼原则和制度提出了许多独特的见解和建议,他指出,在制定统一的诉讼规则时,应协调高等法院和郡法院的工作,提供尽可能适用范围广泛的程序并减少为不同种类案例提供特殊规则的数量;尽量缩小该规则的规模并减少其所包含的条文数量;同

---

〔1〕 See *Access to Justice*: *Interim Report to the Lord Chancellor on the Civil Justice System in England and Wales*, *Introduction*, at http://www.dca.gov.uk/civil/interim/woolf.htm, accessed April 30, 2021.

时,采用简单朴实的语言风格删除冗言赘语;并落实提出的实质性改革建议。[1]

"沃尔夫改革"的全部理念重点在于效率、均衡(proportionality)及案件管理,因此必须强调成文法的规定,即使大部分先前的判例法仍然在适用。[2] 1997年,英国颁布《民事诉讼法案》(Civil Procedure Act 1997),[3]并将最高法院规则委员会与郡法院规则委员会合并为民事诉讼规则委员会(Civil Procedure Rule Committee)。1998年10月,经过该委员会两年多的努力,以上述两个报告为指导和基础制定的新的《民事诉讼规则》(Civil Procedure Rules 1998, CPR)完成,并于1999年4月26日正式生效,[4]结束了高等法院和郡法院诉讼惯例和诉讼程序不必要的区分,一改过去英国民事诉讼程序分散、缺乏清晰组织结构的局面。然而,新《民事诉讼规则》的实施不是改革进行的终结,而仅仅是改革的开始。根据英国司法大臣办公厅发布的1998年至2000年,以及2000年至2003年重点研究计划,英国在21世纪初继续推行的民事司法改革所关注的第一个焦点便是加强对民事强制执行的研究,[5]而英国民事执行改革即在这一背景下拉开帷幕。

(二)英国民事执行改革的必要性

"法院判决和裁定的执行机制构成了司法程序的基础""如果没有支

---

〔1〕 See *Access to Justice: Final Report to the Lord Chancellor on the Civil Justice System in England and Wales*, chapter 20, para 2, at http://www.dca.gov.uk/civil/final/contents.htm, accessed May 2, 2021.

〔2〕 See Mads Andenas, *Civil Enforcement in England and Wales*, 17 Eur. Bus. L. Rev. 620 (2006).

〔3〕 See *Civil Procedure Act* 1997, at http://www.legislation.gov.uk/ukpga/1997/12/contents, accessed June 20, 2021.

〔4〕 英国1998年《民事诉讼规则》包括一系列法律文件,主要有《民事诉讼规则》、《诉讼指引》(Practice Directions)、《附表》(Schedule)、《诉前议定书》(Pre-action protocols)、《术语表》(Glossary)、《文书格式》(Forms)、《法院指南》(Court Guides)和《索引》等。

〔5〕 除对民事强制执行领域的重点关注外,还包括以下方面:对民事司法改革目标的实现进行评价,确认是否达到了消除诉讼拖延、降低诉讼成本、简化诉讼程序、增加诉讼的确定性、强化公正审判等目标;对上诉法院民事审判庭的改革进行评价;监控替代性纠纷解决机制(ADR)的实施;关注民事诉讼中当事人不出庭的后果;考察诉讼前程序改革之影响,比较诉前与诉后的案卷档案。参见《英国民事诉讼规则》,徐昕译,中国法制出版社2001年版,第14页。

持的执行机制，法院的判决和裁定将失去效力和作用，将转变为纯粹的、虔诚的决议；如果执行机制有效，那么法院的判决和裁定应该成为绝对和无条件的服从"[1]。杰克·雅各布勋爵如是说。民事执行制度作为民事司法制度的重要组成部分，是树立司法权威的主要方面，是看得见的正义，而"作为民事司法改革重要成果的《民事诉讼规则》将于1999年4月生效，如果大部分胜诉的原告无法收回法院判决所确认的金钱和财产，则民事司法改革的影响将会受到严重削弱"[2]。在英国民事司法改革的总体背景下，基于民事强制执行的现状和存在的诸多问题，对执行领域的革新已迫在眉睫。

1. 判决债务的执行现状不容乐观

在民事执行改革前的英国，大量的债务在得到法院判决确认后被"一笔勾销"，而每年由于民事判决无法执行给债权人造成的损失至少超过6亿英镑。[3] 例如，根据郡法院判决登记处（registry of county court judgments）的记录显示，1998年共有112万份郡法院判决，而只有其中的25%获得了执行，而在小额诉讼案件中，有35%的胜诉方在获得判决后几个月内未能获得该判决所认定的任何财产。[4] 再如，根据原法院服务署（Court Service）对于扣押财物令状执行情况的统计显示，在英国民事执行措施中适用比重达到85%的扣押财物令状，只有低于签发该令状总金额

---

〔1〕 Sir Jack I. H. Jacob, *The Fabric of English Civil Justice*, Stevens, 1987, p. 186.

〔2〕 Lord Chancellor's Department, *How Can the Enforcement of Civil Court Judgments Be Made More Effective*? at http://webarchive. nationalarchives. gov. uk/ + /http://www. dca. gov. uk/consult/general/enforfr. htm, accessed January 20, 2022.

〔3〕 See Lord Chancellor's Department, *Report of the First Phase of the Enforcement Review*, Section 1, at http://webarchive. nationalarchives. gov. uk/ + /http://www. dca. gov. uk/enforcement/firstphasefr. htm, accessed January 20, 2022.

〔4〕 See Lord Chancellor's Department, *Towards Effective Enforcement: A Single Piece of Bailiff Law and A Regulatory Structure for Enforcement*, paragraph 1. 31, at http://webarchive. nationalarchives. gov. uk/ + /http://www. dca. gov. uk/enforcement/enfrev01. pdf, accessed February 10, 2022.

的 1/4 获得了执行。[1] 按照以上数据进行合理估计，1998 年英国仍未获得执行的判决至少有 50 万份，虽然不能肯定郡法院判决债务价值的平均数额，但 1996 年抽取的样本显示，保守估计平均值约为 1200 英镑左右，这就不难得出每年英国未能执行的判决债务金额超过 6 亿英镑这一结论。

面对许多判决得不到执行的现实情况，人们越来越认识到法院的执行程序在许多方面是相当不完善的，“许多人为获得判决的执行经历了巨大艰难，因此也就不奇怪民众对民事执行程序这个阶段产生了严重的挫折感，基于此，他们也对民事法庭失去了信心，民事法庭的有效性和尊严受到了严重削弱”[2]。

可以看出，此时英国民事执行的状况不容乐观，而究其原因，除了债务人故意隐瞒财产或其经济状况的相关信息之外，执行措施纷繁复杂、执行人员延误执行、执行人员管理机制不统一，均导致执行体制在实践运作中遭遇了严重的困境。法院服务署的统计数据显示，近一半的执行令状所载的地址错误，而若将这些“不能执行”的令状排除在外，执行的有效率将上升到 75% 左右，“不能执行”的令状主要是由于法院服务所需的地址错误，或由于某些其他原因（如债务人破产）而使判决在法律上无法强制执行。

2. 对执行审查和司法改革的延续

面对原有民事执行体制下大量判决后的债务无法偿还的现状，虽然 1994 年沃尔夫勋爵领导的民事司法改革并未包含民事执行程序，但其实早在 1992 年，司法大臣办公厅发布了咨询文件《民事执行人员的组织及管理》（The Organisation and Management of Civil Enforcement Agents），主

〔1〕 See Lord Chancellor's Department, *Report of the First Phase of the Enforcement Review, Executive summary*, at http://webarchive.nationalarchives.gov.uk/+/http://www.dca.gcv.uk/enforcement/firstphasefr.htm, accessed January 22, 2022.

〔2〕 The university of Birmingham, Institute of Judicial Administration, 32nd Annual report, at http://www.law.bham.ac.uk/ija/IJA_Annual_Report_2001-2002.pdf, accessed January 22, 2022.

要针对“沃尔夫改革”前已经受到广泛质疑的公立及私营执行人员执行工作体制及权力滥用等弊端，目标在于改善英国民事执行人员的组织及管理，明确政府应当发挥的作用及承担的责任，并探讨是否需要制定规范各类执行人员的单行法规等相关问题。[1]

可以看出，一方面，英国于1998年开始的民事执行改革既是在“沃尔夫改革”的影响下，民事执行领域作为民事司法改革的后续重点研究领域，是对英国民事司法改革的延续，是“民事司法改革的重要组成部分”[2]；另一方面，民事执行改革也是对民事司法改革启动前民事执行程序审查和咨询的延续。

3. 法院民事执行规则亟须统一

民事执行是民事司法制度的重要组成部分，但英国长期以来甚至在“沃尔夫改革”之后仍然缺少统一适用的强制执行法律规定，仅将民事执行程序的规定置于《最高法院规则》《郡法院规则》以及各种单行法中分别加以规范。由于英国高等法院和郡法院系统拥有不同的管理机制和经费来源，其民事执行程序的详细规定和执行人员也各不相同，一般来说，《最高法院法》和《最高法院规则》规定高等法院的执行程序，而郡法院的执行程序由《郡法院法》和《郡法院规则》规定，并且从上文可以看出，由普通法和制定法发展而来的民事执行制度古老而复杂，“再加上执行制度中普通法和衡平法规则的相互作用，使英国执行制度呈现出复杂的景观”[3]，形式上的繁杂是导致英国执行体制在实际运行中遭遇困境的直接原因。

然而，随着1998年《民事诉讼规则》的制定，英国的民事诉讼程序得到了统一，但如若不能保证胜诉当事人法院判决所确定权利的实现，那么

---

〔1〕 参见齐树洁主编：《英国民事司法制度》，厦门大学出版社2011年版，第374页。

〔2〕 See Lord Chancellor's Department, *Effective Enforcement: Improved Methods of Recovery for Civil Court Debt and Commercial Rent and A Single Regulatory Regime for Warrant Enforcement Agents*, Foreword, at http://webarchive.nationalarchives.gov.uk/+/http://www.dca.gov.uk/enforcement/wp/index.htm, accessed January 24, 2022.

〔3〕 肖建国：《中国民事执行立法的模式选择》，载《当代法学》2011年第1期。

司法改革的效果将会受到严重削弱,统一民事执行程序便成为题中应有之义。

总而言之,在现代化的民主社会中,强制执行在民事甚至刑事司法制度中发挥着重要作用,如若没有有效的执行措施和方法,就难以促使民事判决、刑事处罚的相对人履行其义务,导致这些裁判得不到有效的执行,最终将严重损害民事司法的权威、刑事处罚的有效性及公众对司法和法律的信心。[1] 因此,有必要在法律制度层面增强强制执行程序的有效性以最终实现现代社会所期望的判决获得执行与保护弱势群体之间的平衡。

二、"有效执行"理念下制度现代化的基本进程

民事执行审查是原司法大臣办公厅(Lord Chancellor's Department)[2]实施的一项较为全面和彻底的咨询审查,是民事司法制度改革的重要组成部分。所涉及的问题是司法制度的核心和基本目的。从发表的咨询文件中可以看出此次民事执行审查的目标:"社会既希望判决债务人偿还债务,还希望保护弱势群体。我们希望在完成债务人偿还债务这一艰巨任务时避免出现不能接受的行为,也希望确保债权人能够收到本属于他们的债权,因为他们之中的大多数人自身也面临着财政困难。重要的是,公民个人有权处理自己的财务,但是,我们也关注解决过度负债造成的问题。我们应当保护公民个人的隐私权,但同时也应承认控制获得债务人情况的信息是必不可少的,因为总会有人故意逃避偿还债务。法院和承担执行法院判决责任的机构不得不找到一种方式以平衡以上这些方面的需求,并满足债务人与债权人之间权利和义务公平合理的平衡,以上这

[1] See Lord Chancellor's Department, *Effective Enforcement: Improved Methods of Recovery for Civil Court Debt and Commercial Rent and A Single Regulatory Regime for Warrant Enforcement Agents*, chapter 1, at http://webarchive.nationalarchives.gov.uk/+/http://www.dca.gov.uk/enforcement/wp/index.htm, accessed December 22, 2021.

[2] 司法大臣办公厅于 2003 年更名为宪法事务部(the Department for Constitutional Affairs),2007 年更名为司法部(Ministry of Justice)。

些,我们都期望在一个现代民主社会中可以实现。"[1]

英国的司法大臣办公厅从 1998 年起推出一系列关于执行体制和执行程序的咨询报告,开始在民事司法改革的整体框架下对执行制度进行大刀阔斧的改革。1998 年 3 月 25 日,时任大法官的欧文勋爵(Lord Irvine)宣布他的部门开始启动执行审查,"审查目前可用于执行郡法院和高等法院判决的方法,以评估其有效性,识别任何造成执行无效的原因,确定改进措施以提高当前执行方法的有效性,并作出有关费用的建议"[2]。此次的执行审查已被证明是英格兰和威尔士有史以来最严格的有关执行程序的审查,发布的一系列咨询文件分别涉及民事执行的不同方面。[3]

(一)第一阶段重点针对执行措施作出审查

英国民事执行改革的第一阶段自 1998 年 3 月起至 2000 年 7 月,持续了两年多的时间,由司法大臣办公厅分阶段制作和公布一系列关于民事执行体制和执行程序的咨询及调查文件,向法律行业、执行行业团体、市民咨询局等征询意见和建议,主要针对高等法院和郡法院民事判决的执行效率、有效性及普遍性,试图为执行措施的统一提出可行性方案,相关修改已于 2001 年 11 月生效。

1. 审查目标

第一,审查当前可用的郡法院和高等法院判决的执行方法,并评估其有效性,找出任何可能造成执行无效的原因;确定加强当前执行方法的有效性所必须作出的改变,并提出收取费用的建议。

第二,审查目前向债权人和债务人提供的信息、建议和援助;确定加

[1] Lord Chancellor's Department, *Aim of the Civil Enforcement Review*, at http://webarchive.nationalarchives.gov.uk/+/http://www.dca.gov.uk/enforcement/indexfr.htm#aim, accessed December 10, 2021.

[2] Lord Chancellor's Department, *Report of the First Phase of the Enforcement Review*, at http://webarchive.nationalarchives.gov.uk/+/http://www.dca.gov.uk/enforcement/firstphasefr.htm, accessed December 10, 2021.

[3] See John Baldwin& Ralph Cunnington, *The Abandonment of Civil Enforcement Reform*, 29 (2) Civil Justice Quarterly 162 (2010).

强当前执行方法的有效性所必须作出的改变，并提出收取费用的建议。

第三，审查郡法院和私人部门执达吏的权力，以确定为促进民事法院判决执行的有效性和一致性对于他们权力所必须作出的改变，并提出收取费用的建议。

第四，考察为使 1990 年《法院和法律服务法令》(Courts and Legal Services Act 1990)第 13 条顺利实施应作出哪些修改，并提出收取费用的建议。

第五，考察是否及应如何按照法律改革委员会的建议废除现在的欠租扣押财物权，并提出收取费用的建议。

第六，根据修订后的程序和执达吏权力，确定哪些类型的机构或机构形式应当负责实施这些执行程序。

第七，实施大法官所接受的建议，包括支持哪一套统一的法院强制执行规则。

第八，收集必要数据以便将当前和修正后的强制执行措施进行比较，并评价该项目的有效性。[1]

2. 审查内容

改革第一阶段共依次发表了四份咨询文件，主要是针对审查过程中归纳的问题所作出的提案，分别是：《咨询文件 1：民事判决的执行如何才能更加有效？》(以下简称《咨询文件 1》)、《咨询文件 2：民事法院新执行制度的基本原则》(以下简称《咨询文件 2》)、[2]《咨询文件 3：扣押入息令、押记令和债权扣押令》(以下简称《咨询文件 3》)[3]及《咨询文件 4：执

[1] See Lord Chancellor's Department, *How Can the Enforcement of Civil Court Judgments Be Made More Effective*? at http://webarchive. nationalarchives. gov. uk/ +/http://www. dca. gov. uk/consult/general/enforfr. htm, accessed Janauary 11, 2022.

[2] See Lord Chancellor's Department, *Key Principles for A New System of Enforcement in the Civil Courts*, at http://webarchive. nationalarchives. gov. uk/ +/http://www. dca. gov. uk/consult/general/enforce2. htm, accessed January 11, 2022.

[3] See Lord Chancellor's Department, *Attachment of Earnings Orders*, *Charging Orders and Garnishee Orders*, at http://webarchive. nationalarchives. gov. uk/ +/http://www. dca. gov. uk/consult/general/enfrevfr. htm, accessed January 11, 2022.

行令状、命令债务人到庭接受询问和法院执行传票》(以下简称《咨询文件4》)。[1] 随后,司法大臣办公厅在2000年7月发布了《第一阶段执行审查报告》(Report of the First Phase of the Enforcement Review),[2]概括了这一阶段对民事判决执行审查所得出的结论。上述文件和报告的主要内容见表2。

表2 英国民事执行改革第一阶段的主要内容

名称	时间	内容	咨询问题
《咨询文件1》	1998年6月	民事判决的执行如何才能更加有效?	共82个
《咨询文件2》	1999年5月	民事法院新执行制度的基本原则	共10个
《咨询文件3》	1999年10月	扣押入息令、押记令和债权扣押令	共20个
《咨询文件4》	2000年1月	执行令状、命令债务人到庭接受询问和法院执行传票	共26个

(1)民事执行程序咨询问题的提出

《咨询文件1》指出,民事执行改革是已经开始的民事司法改革的延续,"沃尔夫所推动的民事司法改革的基本原则之一就是改变英国民事诉讼过于对抗化的现状,将控制民事诉讼的责任从当事人转移至法院……是否以及如何按照沃尔夫的原则适用执行程序,是我们根据对这次咨询的回馈应当考虑的"[3]。

该文件主要针对现有民事执行程序中的执行措施包括法院执行传票(judgment summons)、扣押入息令、债权扣押令、押记令及执行过程中使

---

〔1〕 See Lord Chancellor's Department, *Warrants and Writs*, *Oral Examinations and Judgment Summons*, at http://webarchive.nationalarchives.gov.uk/+/http://www.dca.gov.uk/consult/enforcement/contentsfr.htm, accessed January 11, 2022.

〔2〕 See Lord Chancellor's Department, *Report of the First Phase of the Enforcement Review*, at http://webarchive.nationalarchives.gov.uk/+/http://www.dca.gov.uk/enforcement/firstphasefr.htm, accessed January 11, 2022.

〔3〕 Lord Chancellor's Department, *How Can the Enforcement of Civil Court Judgments Be Made More Effective*? at http://webarchive.nationalarchives.gov.uk/+/http://www.dca.gov.uk/consult/general/enforfr.htm, accessed January 13, 2022.

用的各种令状展开审查工作，共提出 82 个咨询问题。最后指出，政府认识到提高现有执行措施效率和有效性并不是完整的答案，许多债权人认为他们在选择执行措施时受到限制，因为这些执行措施的设置完全取决于债务人的具体情况。[1] 政府不仅欢迎完善现有执行措施以反映经济和科技发展的建议，而且希望引进新的执行措施。

(2)有效执行体制的基本原则

《咨询文件 2》首先对第一份咨询文件的调查结果进行了总结并明确了第二次咨询的初衷：在讨论个别程序的细节之前首先应该讨论如何为创建更有效的执行体制设立一些基本原则。所涉及的咨询问题包括：①债务人“偿还不能”与“不愿偿还”的区别；②债务人信息收集制度；③对不遵守法院命令的制裁令；④法院的角色和作用。该文件通过以上四个方面阐述民事法院新执行制度应当遵循的基本原则。

该文件在每一章中首先概括叙述了对《咨询文件 1》相关问题的反馈，然后在接下来的内容中进行更深一步的讨论，提出 10 个咨询问题和下一步的咨询计划，并在最后以附录的形式对《咨询文件 1》与本咨询文件所载问题相关的反馈内容进行了资料统计及更全面的分析。[2] 具体而言：

第一，专家组建议设置双轨执行体制，一种体制对于真正有困难的债

---

〔1〕 根据审查时英国法的规定，债务人自身的财务状况决定了债权人对执行措施的选择，而在一些情况下，债权人面对十分复杂的状况进行选择或者根本无从选择。例如，若债务人为一名个体经营者(self-employed)，其营业场所和使用的货车均为租用，债权人多能选择的执行措施是有限的：债权人不能申请对债务人发出扣押入息令，因为债务人是个体经营者，也不能申请押记令，因为营业场所是租用的。如果债权人申请发出执行令，执达吏不能扣押债务人的生财工具或货车。如果债权人知道债务人银行账户的详细信息，他可以申请第三债务人令，但成功与否取决于第三债务人令送达时账户中的资金情况。参见 Lord Chancellor's Department, *How Can the Enforcement of Civil Court Judgments Be Made More Effective*? at http://webarchive.nationalarchives.gov.uk/+/http://www.dca.gov.uk/consult/general/enforfr.htm, accessed January 11, 2022。

〔2〕 《咨询文件 1》共收到来自广泛利益群体的 140 份反馈意见，其中，来自债权人 53 份、法院 21 份、事务律师 15 份、咨询机构 14 份、公民个人 8 份、法官 6 份、执达吏或郡长 3 份、学术机构 1 份以及其他 19 份。参见 Lord Chancellor's Department, *Key Principles for A New System of Enforcement in the Civil Courts*, *Annex A*, at http://webarchive.nationalarchives.gov.uk/+/http://www.dca.gov.uk/consult/general/enforce2.htm, accessed January 11, 2022。

务人要从宽对待，另一种体制严厉处理那些故意逃避偿债的债务人，虽然在实践中很难区分债务人是“偿还不能”还是“不愿偿还”，但使债权人获得他们在采取执行行为时所需要的信息是至关重要的。

第二，在现有的获取债务人信息体制下，债权人要么根本获取不到有用信息，要么所获得的债务人信息是不完整或不真实的，从而使其在选择执行措施时错误地认为唯一可行的执行措施是申请扣押动产令状，而没有认识到还有其他更有针对性的执行措施，而这无论对债务人还是对债权人而言都是不利的。专家组建议法院通过获得其他来源的信息，在获取债务人信息时发挥更为积极主动的作用。例如，与公众打交道的政府机构和外部组织往往保留有其用户或客户不同程度的信息，但为确保法院从外部资源获得的信息可以被合理控制和管理，同时需要设置相应的制衡机制，而因此产生的费用由债权人预付，执行完毕后由债务人承担，若最后无法执行则由债权人承担。[1]

第三，专家组建议考虑是否增加其他可能的处罚措施，以适用于债务人不遵守出席法庭命令或不配合法院获得信息的请求时，但要注意，其他措施只有在非常有限的情况下适用，通常针对法院一直无法从外部资源获取所必需的信息而债务人又故意不配合的情形。

第四，大部分对《咨询文件 1》的反馈意见认为，应保留现在债权人对执行措施的选择权，专家组认为在特定案件的执行中，由法院来决定应当获取哪些信息和采取何种执行程序的做法可能产生高昂的费用，并且会“使债权人感到法院不愿提供援助的沮丧，并不会在实践中给债权人带来好处”[2]。

---

〔1〕 对于这些机构披露债务人信息的合法性问题，《咨询文件 2》指出，相比对个人基本隐私权的保护，建立一个更加有效的执行体制以防止不配合的债务人破坏法院权威甚至司法制度权威更为迫切。

〔2〕 Lord Chancellor's Department, *Key Principles for A New System of Enforcement in the Civil Courts*, Chapter 4, at http://webarchive.nationalarchives.gov.uk/+/http://www.dca.gov.uk/consult/general/enforce2.htm, accessed January 15, 2022.

（3）审查扣押入息令、押记令及债权扣押令的执行

《咨询文件3》是第一份集中探讨具体执行措施的报告，包括三种执行措施——扣押入息令、押记令及债权扣押令，为如何提高民事执行程序效率和有效性提出一些建议，延续了《咨询文件2》中对新的民事执行程序基本原则的讨论。《咨询文件3》亦在每一章中对《咨询文件1》所提出的相关问题进行了全面的反馈和分析。

①扣押入息令的修正

扣押入息令是适用率仅次于动产扣押的执行措施，当执行标的金额达到50英镑以上，若债权人申请，法院将命令债务人的雇主从债务人的工资中定期扣减一定金额以偿还债务，但如果缺少雇佣关系的信息和细节，则该执行程序将会拖延，最后往往以失败告终。为防止出现类似情形，专家组建议法院应尽可能主动地推动程序的进行，除非有转回至债权人的必要。

从债务人的角度来说，专家组建议应当保留“暂停扣押入息令”（Suspended AEOs）这一程序，从而避免扣押入息令给债务人在雇佣关系中带来的负面影响，“暂停扣押入息令”对保护债务人所起到的重要作用，足以证明其得以保留的合法性。

然而，扣押入息令在实施过程中出现的最大难题是扣除金额的计算问题。实践中，债务人并不会主动填写记录自己工作情况及收入与支出状况的表格，即使其填写了上述信息，这些信息的真实性也无法保证，而现有制度也无法监测债务人收入发生的变化（扣除金额随收入的变化而改变）。对此，专家组提出，在苏格兰民事判决执行及英格兰和威尔士的市政税追收中运用的根据债务人收入计算的“固定扣除制”（fixed deduction）[1]具有显著的优势，是值得借鉴的方法。对于扣押入息令的适用范围，专家组认为，不应以是否存在雇佣合同作为标准，而是应扩展

〔1〕 此时，“固定扣除制”在英格兰和威尔士也已有所使用，主要用于计算追收市政税的扣押入息令的扣除金额。

至个体经营者(self-employed),如以债务人是否从单一来源处获得“定期收入”(regular payment)为依据,即以按季度支付为限,同时包括那些虽然不规律但频繁(frequent but irregular)的收入。

对于扣除债务人收入的优先权问题,专家组认为,应当维持现有体制——执行治安法院追收罚款的扣押入息令和追收议会税的扣押入息令均应优先于实现民事判决确定债务所发出的扣押入息令。为方便债权人查询债务人扣押入息令的情况从而决定是否提出申请,专家组提议建立全国扣押入息令登记系统,但建立这样一个统一的国内数据查询系统存在现实困难,须进行后续调查之后再加以讨论。[1]

②押记令的完善

押记令是通过对债务人的资产进行押记以实现法院判决确定债务的执行措施,主要适用于对债务人的土地、房屋、股票等的执行。对于押记令的完善主要集中于以下四个方面:第一,专家组认为,应当删除债权人申请押记令时要求其列举其他债权人的规定。第二,申请押记令的管辖应以最接近押记财产的法院为标准,当押记令针对债务人的有形财产时,债权人应向有关财产所在地的法院申请;而当针对有价证券或其他投资时,应向债务人住所地法院申请。第三,在债权人申请出售令时,法院必须以平衡债权人与债务人及其家人利益为原则进行审查,考察现有出售令程序后,专家组认为暂时没有再对债务人增加额外保护的必要。第四,由于1979年《押记令法》规定,押记令只适用于判决债务人在财产上的实益权益(beneficial interest),[2]而专家组认为,应当修订该法,使法院有更

〔1〕 英国儿童抚养机构发出的扣除收入令(deduction from earning orders)中有一部分是当儿童父母是非英国居民时自愿运用的,并不需要登记;另外,地方政府对以非纳税为目的披露任何议会税税务信息设置了限制,因此,若建立全国统一的登记系统则很难包括以上部分的内容。参见 Lord Chancellor's Department, *Attachment of Earnings Orders, Charging Orders and Garnishee Orders*, at http://webarchive.nationalarchives.gov.uk/+/http://www.dca.gov.uk/consult/general/enfrevfr.htm, accessed January 15, 2022。

〔2〕 实益权益是英国法中衡平法法庭所承认的财产权益,财产实益权益的拥有人(受益权拥有人)有使用及享用有关财产的权利,而只持有法律上(或名义上)权益的人则没有此权利,如死者遗产的受托人或遗产代理人。

广泛的自由裁量权来押记债务人作为受托人(trustee)时所管理的权益，即使债务人并不拥有全部的实益权益。

③债权扣押令程序的简化

债权扣押令通过冻结、扣押或由第三方支付与拖欠债务等额的金钱，来保证债务的执行。债权扣押令一旦申请成功，则是非常有效的执行方式，但由于其申请程序非常严格，需要债权人提供大量相关信息，而成为英国适用最少的一种执行措施。由于信息是申请债权扣押令的基础，[1]另有一些专家对如何完善信息取得程序进行了专门研究，而对于促进债权扣押令简便适用的措施集中体现在以下五个方面。

第一，专家组建议，应当简化申请程序，债权人申请债权扣押令时填写包括债权人确认提供信息真实的标准表格，不必像现有程序中一样提供精确而详细的银行信息，而只要提供运行这一执行措施所需的最少信息——特定金融机构中存在债务人的账户、债务人的姓名以及住址，因为以上信息足以使银行识别出正确的账户。债权人一旦申请，银行应查询或冻结债务人的所有关联账户并向法院披露这些账户的详细情况，以帮助法官在最终听证时基于债务人的情况作出更为明智的决定。

第二，提出申请的时间也是决定申请债权扣押令能否成功的重要因素，专家组建议，应当责令银行在首次冻结五日以内查询债务人账户并持续冻结该账户随后收到的款项直到达到判决债务的总额为止。

第三，若联名账户(joint accounts)中有一方是判决债务人，普通法并不允许扣押该联名账户中的资金，但专家组认为，应当允许在联名账户中扣押属于债务人的资金，因为同意建立联名账户的一方应该接受另一方可能产生债务以及账户可能会受到债权扣押令影响的风险。同时，考虑

[1] 被调查者强调了一些较常出现的阻碍债权人申请债权扣押令成功的事由，包括：债务人账户所在银行的详细信息不正确、申请时账户包含资金不足、所申请的债务人账户是与他人的联名账户等，而这些都取决于债权人所能获得的信息。参见 Lord Chancellor's Department, *Attachment of Earnings Orders*, *Charging Orders and Garnishee Orders*, *Chapter* 3, at http://webarchive.nationalarchives.gov.uk/+/http://www.dca.gov.uk/consult/general/enfrevf3.htm, accessed January 24, 2022。

到与债务人共同拥有联名账户的一方可能对扣押账户中存款用于偿还债务有正当的申诉理由，所以，在最终听证时允许联名账户的其他持有人提出任何异议。

第四，建议增设“临时困难支付”（interim hardship payment）程序。在账户被冻结至法庭举行听证之间的时期，允许债务人向法院申请这一程序，且仅有一次申请机会。法院对债务人申请的审查可以参照现行制度下费用减免申请进行。而银行接到法院“临时困难支付”命令后应当立即执行，而因此产生的费用，银行可以在向债务人拨付前从账户中扣除，对此，可以参照扣押入息令的执行，雇主每次扣押债务人的工资都可以同时扣押 1 英镑的行政费用。

第五，对于债权扣押令称谓的表述，专家组认为“garnishee”一词并不能明确表达这一程序的本质特征，容易产生歧义，建议使用“attachment”来表述。例如，“attachment of bank account”（扣押银行账户）或“attachment of third party debt”（扣押第三方债务）将更加准确。

（4）执行程序的优化

在前三份咨询文件的基础上，《咨询文件 4》针对各种形式的执行令状、命令债务人到庭接受询问的程序和法院执行传票提出了完善建议，以建立更为有效和高效的执行程序。

①执行令状的执行

专家组建议，应当废除通知债务人签发扣押债务人财产令状并给其额外的七天时间来清偿债务的规定，这样只会使整个程序更加拖延，因为经过审判作出的民事判决书已经给予了债务人足够的警示：如果不履行判决则将对其强制执行。

对于确定竞合权利诉讼（interpleader）的举证责任，建议从债权人转移至声称拥有所有权的第三方，由其提供相应证据和书面的事实陈述以支持其提出的控告，而不再由债权人承担反驳第三方所有权的举证责任，从而改善这一程序申请烦琐的现状。同时，专家组对统一高等法院和郡法院的确定竞合权利诉讼给出了建议。

对于执行程序中是否可以采用私下变卖(private sale)的方式变价受偿，专家组认为应当适当允许，但公开拍卖(public auction)仍然应为出卖扣押财物的最基本途径，如果债权人和债务人双方均同意通过私下变卖的方式实现债权，则也应当被允许，执达吏无须考虑是否通过拍卖将取得更高的价格。

针对具体执行令状的相关问题也有所涉及，具体包括占有令状(warrant/writ of possession)和交付令状(warrant/writ of delivery)。

占有令状是依据判决进占土地以使胜诉方获得占有的执行令状，如果占用人不愿离开，则执达吏或郡长有权在其认为有必要的情况下破门而入强制其迁出。根据得到的反馈意见专家组提出了如下建议。

首先，申请暂缓执行占有令状的时间。在咨询过程中，有反馈意见提出应当设置时间限制，因为若占用人在强制迁出土地或房屋前的“最后一刻”提出申请，则会扰乱这一程序的执行，并且执达吏和债权人很有可能已经由于准备实施该执行程序而耗费了大量成本。但专家组经审查后认为，无论何时，法院都应当接受合法的申请，所以不宜以强制占用人迁出之前的某个时刻作为申请暂缓执行占有令状的最迟时间节点，而对于因“最后一刻”提出申请所造成的不便，相比较而言，最简便的方法是由债权人和执达吏继续承担。

其次，法院审查和执行占有令状的时间。专家组同意反馈意见，认为郡法院审查和授权强制迁出的时间过长，考虑到所需完成的工作，较为合理的是规定法院于21日内审查并授权执达吏强制占用人迁出。

最后，统一郡法院与最高法院规则。专家组建议，统一郡法院与高等法院中有关申请和签发占有令状的程序规定，但也允许执达吏和郡长基于特定案件的情况采取不同的方法来通知占用人迁离：执达吏往往会与占用人约定特定的迁出时间，而郡长倾向于直接告知占用人应迁离的日期。而为了避免可能产生的纠纷，高等法院可以借鉴郡法院的规定，一旦占用人迁出，占有令状即为执行完毕，不以将置于该土地或房屋的财物搬离为必要。

交付令状适用于交付除土地和金钱以外的其他财产，一般形式的交付令状是命令执达吏向原告交付某特定的财物，或向该原告支付与该货物的评估价值等额的金钱及诉讼费，而强制交付令状则不给予此种选择权，而责令执达吏向原告交付某特定物。

②命令债务人到庭接受询问程序

作为整个民事执行程序的关键，命令债务人到庭接受询问并不是严格的执行措施，因为这一制度的设置不是直接促使债务人偿还债务，而是为债权人了解债务人的财务状况、在各类执行措施中作出合适选择提供了重要途径。这一程序要求债务人出庭接受口头询问，告知法官和债权人其可以用于偿还债务的财产情况，这在《咨询文件1》的反馈意见中成为最受争议和批评的焦点，主要原因在于这一程序运行的有效性在根本上取决于债务人的合作程度，而这恰恰难以预见，现有制度规定，只有在债务人至少两次不出席法庭接受询问时才会对其实施惩戒措施，而即使债务人接受了询问，也不一定能获取足够真实的信息。在之前的咨询文件中，专家组对这一程序已经提出过完善建议，而在该文件中又提出了新的建议，并按照命令债务人到庭接受询问程序每个阶段的顺序分别进行了论述。除此之外，专家组引进的两个新制度将会产生重要影响——指定人(designated person)和披露数据(data disclosure)。其中，"指定人"负责从债务人处获取信息并代表债权人准备民事执行工作，这一制度仍在酝酿之中，而披露数据的建议则更为成熟，但应被披露的信息范围和获得机制仍有待明确。

此外，专家组建议修改用于查询债务人信息的N9表格和询问程序中的标准调查表。为在执行前获取关于债务人情况更为全面的信息，专家组建议修订N9表格(包括特定金额和不特定金额)的内容，并对该表格应当具备的13项内容分别给出详细建议，具体包括：个人信息、被告、雇佣关系、银行账户和存款、居住情况、收入情况、支出情况、拥有的资产、优先偿还的债务、法院命令、贷款和信用卡债务以及个人声明和签字。

对于询问程序中的标准调查表，由于司法实践中各法院使用的调查表并不统一，专家组建议，应针对债务人是自然人或小企业、债务人是商业企业分别制作两种标准调查表，同时，专家组专门拟定了一份适用于自然人债务人的调查表，附于咨询文件之后。

③法院执行传票

法院执行传票，也称拘捕判决债务人的传票，主要适用于债务人在判决生效后仍拖欠偿还债务，要求债务人向法院解释原因的情形。如果法院确信债务人有偿债能力，但却故意拒绝执行，则可以将其关押至监狱。对于执行传票，专家组的建议不是要从根本上改变这一程序，而是旨在减少这一程序给债权人造成的不必要的负担。尤其是在这类案件中，债权人需要自动支付债务人包括差旅费（conduct money）在内的费用似乎并不合理，虽然在绝大部分情况下债权人支付的这笔费用会获得返还，[1]对此，专家组建议，债权人不应再自动支付这笔费用，而是在需要时由债务人主动申请。

可以看出对于这一程序，专家组认为首要解决的是效率问题，提出应简化程序，防止拖延。合并执行传票的初始（initial judgment summons）和延期（adjourned judgment summons）阶段，以执达吏或债权人通知债务人本人取代初始执行传票。此外，还应扩大区法院法官的管辖权，从而提高效率。由于只有巡回法官对法院执行传票的申请享有司法管辖权，极易造成拖延。因此，专家组同意地区法院法官协会（association of district judges）的建议，认为应赋予区法院法官审查执行传票申请的权力，而对于在民事执行程序中是否赋予区法院法官羁押权则还需进一步考虑。

除了效率问题，还应提高法院执行传票对债务人的威慑力。在形式上，突出债务人不遵守法院执行传票可能产生的后果，使其从一开始就清

---

〔1〕 1998年法院共签发了5700份法院执行传票，而税务局（inland revenue）的官方统计数字表明只有其中的5%需要向证人支付酬金，而在剩余的约5400件案件中，债权人在执行传票签发和债务归还时都需要承担这部分费用。参见 Lord Chancellor's Department, *Warrants and Writs, Oral Examinations and Judgment Summons*, Annex B, at http://webarchive.nationalarchives.gov.uk/+/http://www.dca.gov.uk/consult/enforcement/contentsfr.htm, accessed February 16, 2022。

楚未能出席听证可能导致长达14天的逮捕和监禁后果。

(5)第一阶段执行审查报告

司法大臣办公厅于2000年7月发布了《第一阶段执行审查报告》(以下简称《一期报告》),主要将各界人士对以上4份咨询文件的反馈意见进行了归纳和总结,共提出40项完善执行程序的改革建议,涉及领域包括命令债务人到庭接受询问程序(8项)、扣押入息令(6项)、押记令(4项)、债权扣押令(8项)及执行令状(14项),并为进一步落实每一项建议分别进行了部署,具体包括通过议会立法(primary legislation)确认、法院规则或行政法规(secondary legislation)、需要新的指导准则、需要进一步论证等。《一期报告》认为,高等法院及郡法院原有执行程序中的执行措施和方法依然具备可行性,因为不同的执行令状适用于不同类型的判决及不同可供执行的财产,如果取消任何一种程序都会剥夺债权人对特定类型可供执行财产的权利,但在选择适当的执行措施和方法前,应取得更多有关债务人财务状况的信息及相关配套措施的支持,为增强民事判决执行的有效性和一致性,还必须对执达吏权力进行重新界定,并对所提出的改革建议在实践中可能遇到的问题进行了详尽阐述。[1] 同时提出继续论证的问题有:如何修订法律以促进1990年《法院和法律服务法令》第13条的顺利实施,是否应当废除欠租扣押财物的权力以及如何废除在英国执行制度史上存在已久的欠租扣押财物制度。

除了阐述第一阶段执行审查的重要结论之外,《一期报告》还宣布第二阶段民事执行审查的启动时间是2000年7月,主要任务有三项:首先,根据修订执行程序及改革执达吏权力,明确负责实施执行措施的执行机构的类型;其次,实施由司法大臣(Lord Chancellor)所认可的建议,尤其是制定一套法院强制执行的统一规则;最后,收集当前及修订后的数据,对改革前后强制执行措施的适用情况进行比较,从而评估此次民事执行审

---

〔1〕 See Lord Chancellor's Department, *Report of the First Phase of the Enforcement Review*, *paragraph* 7-9, at http://webarchive.nationalarchives.gov.uk/+/http://www.dca.gov.uk/enforcement/firstphasefr.htm, accessed February 25, 2022.

查及改革的有效性。

(二)第二阶段重点针对执行立法作出审查

自2000年7月开始,英国民事执行审查进入第二阶段,在前一阶段的基础上,这一阶段将重点审查议会关于民事执行程序的立法并提出建议。

1. 审查目标

第二阶段民事执行审查的目的在于通过议会立法从根本上完善现有的执行机构和执行体制,并且要求任何对新体制的建议,必须在关注对债务人实施可行而有效执行的同时,考虑采取令人满意的保障措施以确保对债务人公平,也即保护处于弱势地位的确实无钱偿债的债务人。

由于之前执行审查中发现民事执行程序中存在的诸多问题十分复杂,并且这些问题相互之间存在依存关系,因此,需要从更深层的角度挖掘完善民事执行程序的根本路径。2001年3月6日,第二阶段执行审查的职权范围进一步扩大,不再仅局限于高等法院和郡法院的范围内,而延伸至其他类型的执行人员,转向对民事执行机构的规制进行审查。这意味着执达吏等经核准的执行机构将会在新的监管体制内发挥作用,希望通过这种更广泛的审查方式,能早日实现英国民事执行体制的根本好转。这预示着英国民事执行审查向着在根本上完善民事执行体制的目标迈出了重要一步。

2. 审查内容

(1)对执达吏法进行了独立审查

2000年7月,由剑桥大学约翰·比特森(John Beatson)教授提交的《关于执达吏法的独立审查报告》(Independent Review of Bailiff Law)得以发布,该报告指出,现有的执达吏法由普通法和成文法构成,其中一些规则已相当古老。由于执达吏在实施不同类型的执行措施时适用不同的规则,因此,债务性质决定了对执达吏执行权的限制和范围,在实践中,郡行政司法官员(sheriff's officer)、郡法院执达吏以及私人执达吏之间执行权的差异很大。

对此,《关于执达吏法的独立审查报告》共提出46项建议,涉及人权问题、扣押通知与执达吏的查明、执行扣押的场所、执行的时间、执行人员的进入权与强行进入、扣押财物的范围、合法管有财物、执行持续的时间、二次扣押、出售执行的财物、偿还、债务人的违法行为与民事处罚、救济程序，以及优先权等方面，可以说是对民事执行程序中执达吏相关问题的全面审查与论证。报告呼吁议会单独制定规范执达吏行为的法律以取代原来规范执行程序的普通法和散见于各单行法规的成文法条文，明确各类执行人员的权力和职责，并为债权人和债务人设置了权利和救济措施，如建议强行进入时应给予债务人书面警告和指导建议。

（2）限制欠租扣押财物制度的适用

2001 年 5 月发布的《咨询文件 5：欠租扣押财物》（以下简称《咨询文书 5》）是对欠租扣押财物制度的单独审查，面对第一阶段审查过程中对于废除欠租扣押制度的意见，此次审查强调欠租扣押制度必须与现有的执行程序和制度体系相互配合。为保障社会弱势群体，该文件一方面，建议取消住宅的业主可自行或雇用私人执达吏执行欠租扣押财物的制度，并增加申请前置程序，即业主必须向法院申请执行令状才可以执行扣押财物以追收拖欠的租金。另一方面，修改商用处所的欠租扣押财物程序，将执行主体的范围限定为注册执达吏，同时规定业主必须在执行扣押前通知租客并给租客预留一定时间。

（3）执达吏单独立法和建立统一的执行监管体制

由于执行审查范围的扩大，2001 年 7 月发布《向有效执行奋进：执达吏单独立法和执行监管体制绿皮书》（以下简称《执行绿皮书》）[1]，旨在通过建立共同的监管体制规范民事执行程序，统一执行机构的权力和立法，以取代执达吏法中的诸多差别因素，并建立起执行领域共同适用的收费原则，以及改良收集数据渠道等。

---

〔1〕 See Lord Chancellor's Department, *Towards Effective Enforcement: A Single Piece of Bailiff Law and A Regulatory Structure for Enforcement*, at http://webarchive.nationalarchives.gov.uk/+/http://www.dca.gov.uk/enforcement/enfrev01.pdf, accessed February 10, 2022. 绿皮书（Green Paper, Green Book）是政府就某一重要政策或议题而正式发表的咨询文件，起源于英美政府，被视为政府向国民征询意见的一种手段。英国政府在准备推行重要政策前通常会先发表绿皮书收集市民意见，经过修订后再发表白皮书进行最后公布。

首先,《执行绿皮书》概括了自 1998 年 3 月开始的民事执行审查的进展情况,认为需要以市场为基础,确保民事执行行业的竞争性、创新性、专业性,并对新进入者足够开放,但同时应配合司法改革"接近正义"及处理犯罪和解决社会纠纷的要求。

其次,着重探讨对公共和私营执行部门民事执行人员的管理和规制,其中,公共执行部门需要改进服务标准,而私营执行部门则有必要接受监管。同时,通过分析对民事执行服务的审查情况,认为具备在整个民事执行部门确定某些最低服务标准以及设置管理机制的可能性,但也认识到,现有信息还不够充分来决定执行服务应提供哪些最适当的方法,因此,还需要来自公共和私营执行部门的咨询组提供独立的专家意见。

再次,《执行绿皮书》第四章集中讨论了执达吏单独立法的问题,即执行机构在实施执行行为时应当拥有合法权力,特别是重点对比特森教授提交的独立审查报告所提出的大部分建议进行了确认。此外,针对执行费用制度体系改革,《执行绿皮书》第五章进行了专门探讨。对现有的执行费用制度体系改革,认为应当确立明确的收费原则并以立法的形式加以规定,而政府也将致力于确保实施包括缴费事项在内的新的执行费用制度。

最后,对于执行程序中十分重要的信息和数据的获取制度,由于通过现有制度(最初依赖于债权人,而后依赖于债务人自己提供准确而真实的信息)所获取的债务人信息相当不足,建议通过引进基于法院数据的数据披露令(data disclosure order)予以完善。[1]

此外,2002 年 5 月 8 日发布《对 2001 年绿皮书的回应》,[2]公开了社会各界对《执行绿皮书》的反馈意见,同时发表了可供各类执行人员自愿

---

〔1〕 See Lord Chancellor's Department, *Towards Effective Enforcement: A Single Piece of Bailiff Law and A Regulatory Structure for Enforcement*, at http://webarchive.nationalarchives.gov.uk/+/http://www.dca.gov.uk/enforcement/enfrev01.pdf, February 28, 2022.

〔2〕 See Lord Chancellor's Department, *Green Paper Response*, at http://webarchive.nationalarchives.gov.uk/+/http://www.dca.gov.uk/enforcement/teeresp.htm, accessed February 28, 2022.

使用的行为手册《全国执行人员统一标准》。[1]

(4)《执行白皮书》的发布

2003 年 3 月 26 日，原司法大臣办公厅发布《有效执行：改进民事法院判决债务、商用场所租金追收办法和授权执达吏的单独监管体制白皮书》[2]（以下简称《执行白皮书》），建议颁布一部独立而统一的执行法律，运行新的执行机构管理体制，建立简单而合理的收费制度（fee structure）以及引进数据披露令程序，并且改革现有的欠租扣押财物制度、扣押入息令和押记令。

对于如何使英国安防行业管理局（Security Industry Authority, SIA）[3]在许可执行机构合法扣押财物、执行逮捕及通过部分数据披露令获取信息等方面发挥更广泛的作用，专家组给出了详细建议。除此之外，还包括专业协会和培训提供者在协助安防行业管理局提高整个部门的标准，并确定投诉制度、统一公共和私营执行部门的重要作用。

获取更好的信息是有效执行的关键，只有获得尽量多的信息，债权人才能选择最合适的执行措施。《执行白皮书》就这一问题提出了详细且缜密的建议，即法院应运用数据披露令明确各方应披露信息的法定义务，同时在寻求债权人的合法利益和适当地尊重个人的隐私权利之间寻求适当的平衡，不得违反 1984 年《数据保护法》的规定。

---

[1] See Lord Chancellor's Department, *National Standards for Enforcement Agents*, at http://webarchive. nationalarchives. gov. uk/ + /http://www. dca. gov. uk/enforcement/agents02. htm, accessed February 28, 2022.

[2] See Lord Chancellor's Department, *Effective Enforcement: Improved Methods of Recovery for Civil Court Debt and Commercial Rent and A Single Regulatory Regime for Warrant Enforcement Agents*, at http://webarchive. nationalarchives. gov. uk/ + /http://www. dca. gov. uk/enforcement/wp/index. htm, accessed February 28, 2022.

[3] 2003 年设立的安防行业管理局是英国独立的安防行业组织，主要负责管理和监督私营安防行业、制定相关私营安全服务行业标准，受 2001 年《私营安全企业法》（Private Security Industry Act）相关条款的约束，直接向英国内政部报告。到目前为止，英国安防行业管理局所实施的订约计划已经为专业的私人安全服务提供者编制了多项可行的行业标准，其对私人安全行业的管理和监督已经成为英国社会公共安全不可缺少的组成部分。参见《2010 年中国安全防范行业年鉴》，载 http://nj2010. 21csp. com. cn/Article/151. html；及 http://en. wikipedia. org/wiki/Security_Industry_Authority, accessed February 28, 2022。

《执行白皮书》对完善除合法控制财物(take legal control of goods)之外其他基于法院命令的执行措施提出了建议,认为执行扣押入息令时运用固定扣除制计算将减少一半的处理时间,会大大改善对债务人、债权人及雇主的保护现状。而在押记令程序中,大法官有权在必要情况下对出售押记财物程序设置限制。2001年《民事诉讼规则》第26次修订时已将执行审查第一阶段所提出的"将债权扣押令(garnishee orders)改名为第三方债务令(third party debt orders)"的建议以立法形式加以确认,并细化了第一阶段执行审查所提出建议,即当发出第三方债务令时,应当允许在联名账户中扣押属于债务人的资金。例如,如何界定联名账户、联名账户中所有权的划分,以及非债务人第三方的权利保护,见表3。

表3 英国民事执行改革第二阶段的主要内容

名称	时间	内容	咨询问题
《咨询文件5》	2001年5月	欠租扣押制度	共23个
《执行绿皮书》	2001年7月	向有效执行奋进:执达吏单独立法和执行监管体制	共44个
《专家组关于执行服务体制的报告》	2001年12月	执行服务体制	—
《有效执行:执行机构的全国统一标准》	2002年4月	执行机构的全国统一标准	—
《对咨询文件5的回应》	2002年5月	对咨询文件5中咨询问题的反馈	—
《对2001年绿皮书的回应》	2002年5月	对《执行绿皮书》中咨询问题的反馈	—
《专家组关于执行服务体制的第二份报告》	2002年8月	新的收费体制	—

续表

名称	时间	内容	咨询问题
《司法大臣专家组关于高等法院执行服务体制报告:迫切需要改变》	2002 年 11 月	高等法院执行服务体制	—
《偿还不能或不愿偿还:债权人与债务人对未偿还债务处理方式的审查》	2003 年	审查债权人与债务人对未偿还债务的处理方式	—
《执行白皮书》	2003 年 3 月	有效执行:改进民事法院判决债务和商用场所租金追收办法和授权执达吏的单独监管体制	—
《高等法院执行审查报告》	2003 年 7 月	对扣押财物令状和占有令状的执行审查	—

三、英国民事执行改革的立法成果

(一)《民事诉讼规则》中关于执行程序的修订

英国 1998 年《民事诉讼规则》于 1999 年 4 月 26 日实施,但由于民事执行审查及咨询尚在进行中,该法并没有对执行程序加以规定,而只是将原有的《最高法院规则》和《郡法院规则》中有关执行程序的规定分别作为附表一和附表二置于《民事诉讼规则》之后,因此在《民事诉讼规则》实施后,对于民事执行程序,仍然分别依照最高法院及郡法院程序运行,留待修订后统一实施。

由于《民事诉讼规则》并不是严格意义上的法典,作为开放式的立法体系,立法部门可以根据司法实践的需要随时对其进行修正和补充。这一点同样体现在民事执行领域,英国立法部门根据以上执行审查所获得的咨询意见将最高法院和郡法院的执行措施及执行程序进行了协调和统一，并随着这些规定在司法实践中遇到的诸多问题，进行了多次增补，[1]在此，将较为重要的修订进行列举。

1. 第 26 次修订

随着第一阶段执行审查的结束，通过对统一执行措施进行反复咨询和论证，英国民事执行法初步形成，并体现在对《民事诉讼规则》的修改之中。2001 年，第 26 次修订增补了第 70 章至第 73 章针对民事执行程序的内容，于 2002 年 3 月 25 日生效。[2] 同时，分别对第 70 章至第 73 章的规定制定了补充性的司法解释，随着这些内容付诸实施，从此取代了 1965 年《最高法院规则》和 1981 年《郡法院规则》中关于执行程序的规定，实现了民事执行法规的整合和统一，这些规定修改了部分民事执行措施（methods of enforcement）的术语和程序。具体而言：

第一，将《最高法院规则》第 45 号命令与《郡法院规则》第 25 号命令的相关条文整合统一为《民事诉讼规则》第 70 章，主要对民事执行中的一般规则进行规定；

第二，将《最高法院规则》第 48 号命令与《郡法院规则》第 25 号命令第 3 条和第 4 条中有关"命令债务人到庭接受询问"（oral examination）程序的规定整合统一为《民事诉讼规则》第 71 章，主要对新的"向债务人索取信息令"（orders to obtain information from judgment debtors）加以规定；

第三，将《最高法院规则》第 49 号命令与《郡法院规则》第 30 号命令"债权扣押令"的内容进行修改整合为《民事诉讼规则》第 72 章，改称为"第三方债务令"；

第四，将《最高法院规则》第 50 号命令与《郡法院规则》第 31 号命令整合统一为《民事诉讼规则》第 73 章，规定了押记令、停止令（stop orders）及停止通知书（stop notice）程序，为 1979 年《押记令法》（Charging Orders

---

〔1〕 截至 2022 年 4 月 1 日，英国对 1998 年《民事诉讼规则》已经进行了第 144 次修订，详见英国立法网（http://www.legislation.gov.uk/）及英国司法部网（http://www.justice.gov.uk/）。

〔2〕 See *The Civil Procedure* (*Amendment No.* 4) *Rules* 2001, at http://www.legislation.gov.uk/uksi/2001/2792/contents/made, accessed February 28, 2022.

Act 1979)增加了程序规定;

第五,将无法整合的条款作为《民事诉讼规则》的附录,包括《最高法院规则》第 45 章与《郡法院规则》第 25 号命令中的部分条款、《最高法院规则》第 46 号命令、第 47 号命令、第 52 号命令,以及《郡法院规则》第 26 号命令、第 27 号命令、第 28 号命令、第 29 号命令。

2. 第 29 次修订

增补第 69 章"法院委任接管人的权力"(Court's Power to Appoint a Receiver)、第 74 章"对英格兰和威尔士以外其他地区裁判的执行"(Enforcement of Judgments in Different Jurisdictions)、第 75 章"道路交通债务的执行"(Traffic Enforcement),以及在《诉讼指引》中增加相应内容。

3. 第 40 次修订

增补第 74 章第 5 节,规定为了确保英格兰和威尔士法院作出的判决符合《欧洲执行令》(European Enforcement Orders),以及在英格兰和威尔士承认和执行其他缔约国的判决也符合《欧洲执行令》。[1]

4. 第 47 次修订

增补第 78 章"欧洲偿还令和欧洲小额诉讼程序"。新增内容主要分为两部分,第一部分规定了"欧洲偿还令"(European Order for Payment)的申请、撤回和执行。[2] 其中,执行欧洲偿还令的规定包括执行申请所需的条件、法院拒绝执行的情形、被告申请暂缓或限制执行的程序,而其他关于执行的问题依照《民事诉讼规则》第 70 章至第 74 章的内容,执行欧洲偿还令的有关规定于 2008 年 12 月 12 日生效。而第二部分主要是欧洲小额诉讼程序(European Small Claims Procedure),跟执行有关的内容包括执行申请所需的条件、法院拒绝执行的情形、被告申请暂缓或限制执

〔1〕 See *The Civil Procedure* (*Amendment No.* 3) *Rules* 2005, at http://www.legislation.gov.uk/uksi/2005/2292/contents/made, accessed March 1, 2022.

〔2〕 See 1*st October* 2008 47*th* *Update*, at http://www.justice.gov.uk/courts/procedure-rules/civil/contents/frontmatter/notes47, accessed March 1, 2022.

行的程序,欧洲小额诉讼程序于2009年1月1日生效。[1]

5. 第69次修订

于2014年4月6日生效的对《民事诉讼规则》的第69次修订涉及方面较多,其中,对执行程序进行的修改主要包括:

第一,针对第70章"判决和命令的执行"和《诉讼指引》第70章。新规则70.2A取代《最高法院规则》第45号命令第8条规则。[2]《诉讼指引》(Practice Direction)也作出相应修改以体现高等法院和郡法院令状的新术语。

第二,针对第74章"对英格兰和威尔士以外其他地区裁判的执行"、第75章"道路交通债务的执行"和《诉讼指引》第75章、《郡法院规则》第27号命令"扣押入息令"以及《郡法院规则》第28号命令"法院执行传票"作出修改。

第三,针对《诉讼指引》第81章"藐视和监禁"。修改内容涉及2012年《法律援助、判决和刑事处罚法》(Legal Aid, Sentencing and Punishment of Offenders Act 2012),规定在藐视法庭案件中的资金由刑事法律援助提供。

第四,新增《民事诉讼规则》第83章和《诉讼指引》第83章"令状"。新的部分整合了《最高法院规则》和《郡法院规则》附表1和附表2中关于执行的内容,并将2007年《裁判所、法院和执行法》中对民事执行程序的修改付诸实施。

第五,新增《民事诉讼规则》第84章和《诉讼指引》第84章"控制动产"(Taking Control of Goods),将2007年《裁判所、法院与强制执行法》中有关控制动产程序的规定付诸实施。

第六,新增《民事诉讼规则》第85章"有关被控制和执行财物的诉

---

〔1〕 See *The Civil Procedure* (*Amendment*) *Rules* 2008, at http://www.legislation.gov.uk/uksi/2008/2178/contents/made, accessed March 1, 2022.

〔2〕《最高法院规则》第45号命令第8条规定了法庭可命令实施行为而不服从命令的一方承担费用。

讼”(Claims on Controlled Goods and Executed Goods)。新的部分整合了《最高法院规则》和《郡法院规则》中有关由于控制中的财物、受制于扣押财产令状的财物以及执行豁免财物所引起的确定竞合权利诉讼的规定,并因此删除了《最高法院规则》第117号命令和《郡法院规则》第33号命令。

第七,新增《民事诉讼规则》第86章“股东诉讼和申请”。新的部分整合了《最高法院规则》与《郡法院规则》中关于对债务或财物承担责任的人提出的竞争诉讼的规定。并因此删除了《最高法院规则》第117号命令和《郡法院规则》第33号命令。

6. 第70次修订

对《民事诉讼规则》的第70次修订主要针对2007年《裁判所、法院与强制执行法》第64条的实施,除了按照《裁判所、法院与强制执行法》第63条规定豁免之外,要求全部执行机构加以认证。并规定颁发执行机构证书的申请必须向位于北安普敦的郡法院商务中心(County Court Business Centre,CCBC)提交。[1] 申请受理以及之后处理任何对认证执行人员的投诉需要举行听证,听证将在指定的25个郡法院听证中心之中举行。除此之外,还修改了对投诉程序的规定:如果执法机构的行为被认为不再适合执行实践,法院可以将其证书注销或者暂停。

7. 第83次修订

2016年2月通过的第83次修订就执行程序中的押记令和扣押入息令进行了完善。其一,明确了押记令的申请集中由郡法院金钱索赔中心(County Court Money Claims Centre,CCMCC)处理,审查后对符合法定条件的签发临时押记令,自临时押记令送达之日起28日内,当事人有权提出异议,如果有反对意见提出,该案件将被送往郡法院听证中心。如果中心的法院官员认为不应作出临时令,则申请将会被递交给法官以决定是

[1] 郡法院商务中心(CCBC)主要负责处理由郡法院下属诉讼文书制作中心(The Claims Production Centre)签发诉状的案件,该案件一旦受到抗辩则被移送到享有管辖权的郡法院听证中心。At https://www.justice.gov.uk/courts/northampton-bulk-centre, accessed Febuary 5, 2022.

否作出临时令，也可以一并或直接将该申请转至听证中心。自2015年10月起，英国民事诉讼规则委员会积极推动实施“郡法院法律顾问（legal advisers）试点计划”，规定法律顾问（具有法律资格的法庭人员）在特定情况下有权作出终局押记令、解除临时押记令，或将有关事项提交法官处理。上述规定于《民事诉讼规则》第113次修订时写入《诉讼指引》并于2020年3月31日开始生效。

其二，增设第89章扣押入息令，同时废除《郡法院规则》第27号命令，修正案亦规定郡法院金钱索偿中心是处理扣押收入令申请的法定机构，但如果判决债务人没有答复，则后续程序将由郡法院听证中心负责（见表4）。

表4　1998年《民事诉讼规则》中执行程序的增补情况

修订次数	修订时间	生效时间	增补章节	增补及修改内容
第26次	2001年	2002年3月25日	CPR第70章至第73章	判决和命令的执行、获取信息令、第三方债务程序、押记令
第29次	2002年	2002年10月1日	CPR第75章	道路交通债务的执行
		2002年12月2日	CPR第69章	法院委任接管人的权力
		2002年12月2日	CPR第74章	对英格兰和威尔士以外其他地区裁判的执行
第40次	2005年	2005年10月1日	CPR第74章第5节	确保英国的判决符合《欧洲执行令》而作出的规定
第47次	2008年8月	2008年12月12日	CPR第78章	欧洲偿还令
		2009年1月1日	CPR第78章	欧洲小额诉讼程序
第69次	2014年2月	2014年4月6日	增加第86章等	股东诉讼与申请

续表

修订次数	修订时间	生效时间	增补章节	增补及修改内容
第70次	2014年3月	2014年4月6日	2007年《裁判所、法院与强制执行法》第64条	执行机构的认证和投诉程序
第76次	2014年11月	2015年1月10日	CPR第74章及《诉讼指引》第74章B	对英格兰和威尔士以外其他地区裁判的执行
第83次	2016年2月	2016年4月6日	CPR第73章、第89章	押记令、扣押入息令
第113次	2020年1月	2020年3月31日	《诉讼指引》第73章	赋予法律顾问作出终局押记令、解除临时押记令的权力

（二）2007年《裁判所、法院与强制执行法》的出台

2007年《裁判所、法院与强制执行法》（Tribunals Courts and Enforcement Act，TCEA）于2007年7月19日经英国女王批准正式成为法律，该法包含了大量关于英格兰和威尔士裁判所改革的内容，[1]并在第3章至第5章特别涉及了民事案件主要适用的执行措施，同时在第7章中规定了有关强制购买令（compulsory purchase orders）的执行。该法规定了简化执行措施的权力，以便构建更好、更快的执行程序，旨在通过删除不必要的程序限制法院的干预，减少债权人和债务人在执行判决过程中的成本和时间。

2007年《裁判所、法院与强制执行法》废除了1908年《欠租扣押财物法（修正案）》，新增"索回商业欠租制度"（commercial rent arrears recovery system，CRAR），不适用于居民住宅的欠租问题。同时，为提高判决、裁定执行的有效性，该法第4章"判决、裁定的执行"对扣押入息令、押记令制

[1] 作为英国宪制改革大背景下的具体产物，2007年《裁判所、法院与强制执行法》对行政裁判所的性质和定位、组成和结构、程序规则、裁决、上诉机制、裁决的监督和救济等都作了重大调整。

度进行了修订,并增加了获取债务人财产状况的方法,建立了要求金融机构和政府部门开示债务人财产状况的"信息令"和"信息要求"制度,还整合了不同债务扣押中的案外人异议制度。但是,《执行白皮书》中所提出的一系列旨在保护"弱势的债务人"(vulnerable debtors)以避免执达吏骚扰和恐吓的建议,并未包括在 2007 年《裁判所、法院与强制执行法》中。[1]

虽然《裁判所、法院与强制执行法》已经对执行程序进行了重大改革,然而,这些改革措施并未有效实施。就如何实施这些改革措施,英国提出了一系列计划。2011 年 3 月,英国发布了《郡法院纠纷解决:创造更加简洁、快速和均衡的体系——英格兰和威尔士民事司法改革咨询文件》公开向社会征求意见,重点在于贯彻实施有关 2007 年《裁判所、法院与强制执行法》第 4 章的规定,包括押记令、第三方债务令及扣押入息令三类执行措施。[2]

然而,该法案在通过后的一段时间内仍未付诸实施,亟须出台更进一步的规定形成实施框架以推进该法第 3 章及第 4 章的施行,英国一家私营执行公司的董事长克莱尔·桑德布鲁克(Claire Sandbrook)认为,"这些规定能否在 2012 年部分或全部得以实施,更多地取决于新的联合政府(coalition government)是否愿意在执行改革的相关事项上迎难而上"[3]。终于,该法有关执行的规定在 2014 年 4 月获得了实施,以此为契机,英国执行领域新的改革又拉开了帷幕。就这一改革施行情况的审查表明:2014 年 4 月至 2015 年 4 月,民事执行人员成功执行债务的总比例为 27%,高等法院执行员成功执行的比例为 33%,高于制度设计之初所作出

---

〔1〕 See John Baldwin & Ralph Cunnington, *The Abandonment of Civil Enforcement Reform*, 29 (2) Civil Justice Quarterly 165 (2010).

〔2〕 See Lord Chancellor and Secretary of State for Justice, *Solving Disputes in the County Courts: Creating A Simpler, Quicker and More Proportionate System: A Consultation on Reforming Civil Justice in England and Wales*, at https://www.gov.uk/government/publications/solving-disputes-in-the-county-courts, p. 54, accessed March 1, 2022.

〔3〕 Claire Sandbrook, *Enforcement of a Judgment*, 11th edition, Thomson Reuters (Legal) Limited, 2011, p. 1.

的预测。[1] 可以说,《裁判所、法院与强制执行法》的实施,改进了过去执行程序缺乏透明度和一致性的弊端,这体现为新的标准表格和信函为债务人提供了明确的指示,同时明晰了债务人的相关权利和投诉程序。

另外,英国也研究在此基础上进一步推进改革,研究执行程序是否可能发挥纯粹的行政职能,或者允许其他人(机构)以开放和负责任的方式提供执行服务。

(三)2013 年《动产控制条例》

执行人员在行使法律所赋予的强制执行权过程中对债务人的动产所实施的移动、扣押、变价出售等统称为"控制动产"的行为。对于英格兰和威尔士的执行人员控制动产行为的规定集中体现在 2007 年《裁判所、法院与强制执行法》第 3 章中,至 2013 年,英国又颁布了《动产控制条例》(The Taking Control of Goods Regulations),整合了判决债务、欠税、欠费和欠租扣押程序中的不同规定,包含从申请到债务人动产的扣押,再到扣押动产变价出售的整个程序,形成了统一的动产控制程序,这一文件于 2014 年 4 月 6 日付诸实施。

---

〔1〕 See Ministry of Justice, *One Year Review of Enforcement Agent Reforms Introduced by the Tribunals, Courts and Enforcement Act* 2007, at https://assets.publishing.service.gov.uk/government/uploads/system/uploads/attachment_data/file/695833/one-year-review-bailiff-reform-web.pdf, accessed December 10, 2021.

第二章　英国民事执行权的运行

权力的运行是权力的实现过程,也是权力主体掌握权力的目的,只有将权力运用于社会事务和现实生活才能发挥其应有的功能,任何权力都有其运行过程,民事执行权也不例外。民事执行权的运行过程是否科学化及规范化程度如何关系到民事执行权行使的效率、功能及产生的实际效用,本章通过考察英国民事执行权运行的常规面向,包括运行主体、运行模式、运行保障、运行效率及运行费用,旨在揭示英国民事执行权运行的价值追求所在。

第一节　英国民事执行权运行的价值和常规面向

一、英国民事执行权运行的价值追求

权力的价值是其存在和行使所应当追求的目标,具有应然性,而权力的功能是其所固有的功用或性能,具有实然性。因此,权力的价值不仅影响权力功能的设定,也影响权力功能的发挥。公正和效率是司法运行的永恒主题,除了在审判程序中应注重判决的公正和最高效率外,对于生效判决和裁定必须全面而准确地执行。在民事案件中,如果人们知道法院没有设置有效的措施去强制执行判决,那么判决义务人很少或没有诱因去履行法院判决,除非判决获得迅速和有效的执行,否则法院裁判的权威

和公众对司法制度的信心皆会遭到破坏。因此,民事执行程序的有效运行,对构建完善的民事司法制度而言至关重要。[1]

正义是民事执行权行使的基本价值之一,实体正义是民事执行权行使的根本目的,通过民事执行程序使民事权利获得最大限度的实现,这一过程要注意民事权利主体与民事义务主体双方的最佳平衡;[2]高效地实现民事执行也是民事执行权运行的基本价值,高效率地强制执行不仅意味着执行目的得以实现,更意味着执行目的以最优的方式实现,这就需要为民事执行权运行提供强制性的保障。

在民事执行权的运行过程中,执行机构应当以实体公正为根本目的,在遵循程序公正的同时,追求执行效率,实现执行正义与执行效率的有机统一,但是,公正和效率并非总能统一,有时会发生一定的矛盾和冲突。在这一前提下,民事执行权在运行中,公正和效率应各有侧重。虽然英国民事执行权在运行的过程中不断变革,但始终以兼顾平衡债权人、债务人及执行人员的利益为理念,试图在权力运行中实现正义与高效的双重目标,并将改革的理念扩展至制度的结构性层面及价值层面。

二、英国民事执行权运行的常规面向

相比民事审判权,为使诉讼当事人已被确认的权利能够及时实现,民事执行权的行使并不强调消极中立的裁决视角,而是更需要一种迅速且快捷的机制。英国民事执行权在运行时主要通过二元主体——法院与执行机构共同实现。在这一体制下,法院享有签发令状及监督执行重大事项的权力,执行机构则通过法院令状的授权获得实施执行行为的权力,而执行当事人享有在不服法官对执行重大事项的裁决时上诉的权利。这样

---

〔1〕 See Lord Chancellor and Secretary of State for Justice, *Solving Disputes in the County Courts: Creating A Simpler, Quicker and More Proportionate System: A Consultation on Reforming Civil Justice in England and Wales*, at https://www.gov.uk/government/publications/solving-disputes-in-the-county-courts, p. 52, accessed August 20, 2021.

〔2〕 See Nell Mac Cormick, *Legal Reasoning and Legal Theory*, Clarendon Press, 1978, p. 19.

的程序设置，实际上形成了以司法权制约行政权、以上诉程序制约司法权的监督制约机制，实现了完整意义上的审执分离。

首先，权力运行的模式能够直接或间接地反映出国家在民事执行上所秉持的理念和价值追求，基于民事诉讼传统模式的影响，英国民事执行权的运行不可避免地推行当事人主义模式，执行程序的选择权掌握在债权人手中，由债权人自主地选择执行措施，而这一模式却也极易使债权人处于更加不利的境地——执行程序推进缓慢，最终判决无法获得有效执行。但是，执行权在各单项执行措施实施时也并不总是消极的，近年来英国通过民事执行改革逐步弱化了执行程序的当事人主义因素，试图吸收职权主义的合理内核，以逐步消除民事执行权当事人主义模式所带来的弊端。

其次，强制性是民事执行权的基本属性，在民事执行权运行的过程中应当以国家强制力作为保障，这主要体现在民事执行程序中制裁措施的合理设置。为使针对债务人的制裁机制更加完善，英国一方面，基于债务人不能偿还债务的原因将其分为“偿还不能”（Can’t pay）的债务人与“不愿偿还”（Won’t pay）的债务人两种类型，并加以区别对待；另一方面，对“不愿偿还”的恶意债务人设置相应的威慑机制，以保障民事执行权的顺利运行。

再次，起始于20世纪末的英国民事执行程序改革一直以快速有效地实现执行目的为主要目标，直至2011年，英国开展新一轮的民事司法改革亦对提高民事执行效率提出了新的期许和要求。在民事执行权运行的效率方面，英国通过增强法院在民事执行中的主动性，转变了法院在民事执行程序中的职能；通过强化信息披露义务及完善债务人询问程序，畅通了执行信息获取的渠道，并且简化了法律术语及申请执行程序，这些措施均为民事执行权运行效率的提高提供了程序上的保障。

最后，英国民事执行权运行的费用是平衡执行法律关系中各方主体利益的另一个关键性问题，由于债权人、债务人及执行人员对自身利益的考虑不同，其对英国执行费用体制的诉求存在较大差异，特别是债务人与执行机构对费用标准、费用收取的透明度及费用制度被滥用的可能性方面产生了多重争议，不合理的费用制度甚至成为执行效率提高的梗阻。对此，英国陆续开展了一系列民事执行费用体制改革，通过设置执行费用"上限"、引入更加灵活的债务收集程序等措施来改善民事执行权运行过程中所产生的利益失衡。

第二节　英国民事执行权运行的二元主体

英国民事执行制度的发展有较长的历史，在全世界范围内开创了强制执行制度的许多先例，也正基于此，英国民事执行机构和人员的设置颇为复杂，缺少较为整齐和统一的外观。而执行机构设置的方式决定了民事执行权在运行过程中所采取的模式，英国民事执行权的运行主要采取混合模式，即由法院及执行机构二元主体共同行使。例如，在英国高等法院的民事执行程序中，由法官、法院官员及执行人员分工合作、共同推进：法官负责审查和裁判，如押记令、第三方债务令、扣押人息令、出售令等申请；法院官员负责司法行政事务，包括令状的签发；高等法院执行员负责令状及命令的执行。执行程序中，法官对债权人申请的审查可以制约法院官员及高等法院执行员的执行行为，同时，法官的司法裁决受上诉审查的制约。[1]

一、法院监督下的执行人员执行机制

英国民事执行权的运行主要通过法院监督下的执行人员执行机制来实现，具体而言，若债权人希望通过强制执行实现债权则需要向法院提出申请，并提交相关证据。根据申请人的申请，法院在进行相关方面的审查后认为符合条件的，并不直接向债务人发出履行义务的通知，而是由法院的办公机构向有关执行人员签发相应的执行令状，以此赋予执行人员实

〔1〕 参见张永红：《英国强制执行法》，复旦大学出版社 2014 年版，第 226 页。

施执行行为的权力,即以执行令状的形式授权执行人员行使“强制执行权”。虽然各种执行令状及执行令在签发后将交由高等法院执行人员、郡法院执达吏或私人执达吏加以执行,但执行程序中的一些重大问题均在法院的监督下进行。在民事执行程序中,英国法院对民事执行程序的监督主要体现在执行令状的签发、暂缓及中止执行程序、执行重大事项及纠纷的裁判方面。

(一)法院有权签发执行令状

执行令状的签发是具有司法行政性质的行为,只要由皇家法院与裁判所服务署(HM Courts & Tribunals Service)[1]的行政官员在审查后加盖法院公章即可完成签发,无须经过法官的司法裁判,[2]因此不属于由法官审查决定的司法程序,但这并不意味着法官在执行令状签发的程序中不发挥任何作用。事实上,除动产扣押令状的签发外,其他令状的签发都需事先取得法官作出的“签发许可”,申请人只有在申请时同时提交依据英国《最高法院规则》第46号命令第4条规定所取得的“签发许可”,[3]法院官员才会最终签发相应令状,这些执行令状包括:占有令状、交付令状及扣押藐视法庭财产令状。

另外,根据《最高法院规则》第46号命令第2条的规定,在以下五种情形下无论申请何种执行令状都必须取得法官的许可:第一,自作出判决或命令的日期起已过去6年或以上;第二,根据判决或命令有权申请执行或应受执行的各方当事人,因死亡或其他原因已发生变化;第三,判决或

---

〔1〕 皇家法院与裁判所服务署隶属于司法部,负责管理全国的法院和裁判所系统,制定并监督执行司法方面的政策及行业标准,并向议会提出修改法律的意见。其前身为“法院服务署”(Court Service),2005年4月1日进行重组,改称“皇家法院服务署”(Her Majesty's Court Service),2011年4月1日,法院服务署与裁判所服务署合并。See *HM Courts & Tribunals Service*, at http://www.justice.gov.uk/about/hmcts/, accessed July 25, 2021.

〔2〕 See *Brook*, *Civil Procedure*, Volume 1, White Book Service, London Sweet& Maxwell, 2005, p. 1725.

〔3〕 根据英国《高等法院规则》第46号命令第4条规定,申请人需要按照1998年《民事诉讼规则》第23章所规定的程序向法院提交申请,通常情况下法官只需书面审查,在遇到较为复杂的案件时,则需要经过送达、答辩及庭审程序,法官才能作出决定,对法官所作决定不服的,当事人享有上诉的权利。

命令所针对的是在作出判决或命令的日期后落入遗嘱执行人或遗产管理人手中的死者资产，而有人请求针对该等资产发出执行程序文件；第四，根据判决或命令，任何人如满足某些条件即有权获得救助，而该条件已经成就；第五，根据执行令状要求占有的财物正处于法院指定的接管人或临时扣押人手中。

更为重要的是，对债权人提出的有关押记令、第三方债务令、扣押入息令、出售令等基于法院裁定的执行措施的请求，英国法配之以“诉讼化”的审查程序，由法官或法院官员审查和裁定。对此，英国《民事诉讼规则》分别作出了较为详细的规定。

（二）法院有权裁定暂缓执行与中止执行

法院有权依据申请裁定暂缓执行，申请的主体可以是判决债务人，也可以是应受执行的其他人。根据《最高法院规则》第 47 号命令第 1 条的规定，法院认为存在特殊情况不宜强制执行判决或裁定，或者申请人由于任何因由不能支付债务的，可以作出裁定暂缓以扣押动产的方式强制执行。

对于已经进入执行程序的案件，债务人可以向法院申请中止执行，具体而言：若债权人同意中止执行并接受债务人提出的解决方案的，双方达成和解；若债权人同意中止执行但不同意债务人提出的解决方案的，则法院根据具体情况决定债务人每月应偿还的债务金额；若债权人不同意中止执行，则法院应当通知执行当事人双方到庭接受裁判，但债权人不到庭并不影响法官的裁决。[1]

（三）法院有权对执行程序重大事项进行监督

根据《最高法院规则》第 47 号命令第 6 条，对于申请依据 1883 年英国《破产法》第 15 条规定的以变价出售而非公开拍卖的方式执行所扣押财物的，是否允许应由法官决定。该条还规定，有权提出此类申请的人包括有关执行令状的申请人、该令状签发所针对的人或者发给该令状的执

[1] 参见张永红：《英国强制执行法》，复旦大学出版社 2014 年版，第 98 ~ 99 页。

行人员，而在法院举行审查此类申请的听证时，申请人必须向法庭提交执行人员的名单。

(四)法院有权裁决民事执行过程中的争议

民事执行程序中不可避免地会出现派生性纠纷，这些纠纷涉及实体和程序两个方面，对这些纠纷的处理也是民事执行法本来需要解决的课题。在英国，第三债务人对法律责任存在争议或执行案外人对被扣押的债项声称权利，则由法院负责裁决。

二、执行机构及其人员设置

英国现有的执行机构分别隶属于公共执行部门(public sector)和私营执行部门(private sector)，而私人部门的执行人员从事的绝大部分执行业务均来自公共部门的委托。[1] 在高等法院负责执行法院裁判的是高等法院执行员(high court enforcement officers，HCEOs)，是被指定执行高等法院命令的私人部门执行人员，是独立的“法律职业人”；而郡法院签发的执行令状及命令则由郡法院执达吏(county court bailiffs)负责执行，是受雇于英国皇家法院与裁判所服务署的公务员(civil servants)。政府公共机构若想执行，如税务、海关及地方政府，可以聘请自己的机构或者对外委托私人执达吏(private bailiffs)。治安法院(Magistrates' Courts)也会聘请自己的机构或对外委托私人执达吏，来收回公共性债务，如拖欠缴纳的市政税或刑事罚金(criminal fines)等。[2]

英国2007年颁布的《裁判所、法院与强制执行法》第3章将执达吏与执行员统称为执行人员(enforcement agents)。作为英国的执行机构，高等法院执行员、郡法院执达吏等执行人员享有民事执行权，有权以偿还拖

---

〔1〕 See Ministry of Justice, *National Standards for Enforcement Agents*, p. 2, at http://www.justice.gov.uk/downloads/courts/bailiffs-enforcement-officers/national-standards-enforcement-agents.pdf, accessed July 25, 2021.

〔2〕 See Mads Andenas, *Civil Enforcement in England and Wales*, 17 Eur. Bus. L. Rev. 619, 620 (2006).

欠个人或组织的债务为目的，控制、移动和出售某人的财产，在某些情况下，他们也被赋予强制他人迁出房屋或实施逮捕行为的权力。

（一）高等法院执行体制及其市场化改革

1. 高等法院执行员的前身——“郡长”执行体制

郡长（sheriff，high sheriff）是英国国王在地方上任命的最高长官，集行政、军事和司法职责于一身。可以说，郡长是英国国王任命的持续时间最久远的职位，其存在超过了1000年的历史。在司法上，郡长担负着执行皇家法院判决的责任，法院通过一系列执行令状指令郡长加以执行。例如，动产扣押令状赋予郡长通过动产扣押和变价出售的方式追收判决债务的权力；占有令状赋予郡长强制迁出房屋交付权利人占有的权力等。

随着1888年《地方政府法》（Local Government Act 1888）的颁布，民选地方议会取代郡长负责地方行政事务，郡长所保留的主要是传统且象征性的职责，或者只是从事社区事务和慈善事业（community causes and charities），[1]同时，他们所担负的执行高等法院判决的职责也渐渐让渡。根据1887年《郡长法》（Sheriffs Act 1887）第10条及第23条的规定，高等法院颁发的动产扣押令状、占有令状、交付令状等均由各郡的郡长负责执行。但在实践中，郡长本人并不参与执行，而是通过任命副郡长（under sheriff）及郡行政司法官员（sheriff's officers）的方式，将其享有的执行权授予二者行使，并雇用民间具有追债专长的执达吏具体负责民事执行的相关事务。副郡长和郡行政司法官员通常是事务律师和律所的合伙人，他们的行为由律师协会管理。因此，此时英国民事执行的运作模式类似于律师制度。

2. 高等法院执行体制的市场化改革

在运行了一个多世纪之后，上述体制的弊端逐渐显现出来，由于法律

〔1〕 从前，“郡长”（high sheriff）是英国各郡最重要的法定执行人员，但是随着时间的流逝，其大部分职责已经转移至其他部门或者被废除了，并且这些功能现在已经几乎完全是仪式性的或代表性的。See Mads Andenas, *Civil Enforcement in England and Wales*, 17 Eur. Bus. L. Rev. 619, 621 (2006).

规定与实际运作不相符合，实践中真正负责民事执行工作的副郡长与名义上被赋予执行权的郡长在权力和责任上存在脱节的情况——若副郡长在执行过程中存在失误则郡长却需因此承担法律责任。另外，由于执行人员的任免程序缺乏公开性，执行工作的地区垄断导致执行质量较差，又由于缺乏行业扩张和投资的动因，执行人员也越来越没有进取心。[1]

基于这一现状，2001 年 7 月，英国原司法大臣办公厅公布的旨在对民事执行体制进行改革的《执行绿皮书》指出，为确保执行行业的竞争性、创新性、专业性以及准入机制的公开性，应当强化执行人员的责任意识，为打击犯罪及消除社会隔阂，有必要建立民事执行工作市场化的运作体制（market-based strategy）。[2] 英国基尔大学的温迪·肯尼特博士（Dr Wendy Kennett）认为，“应当明确专业的执行机构（公务员和专业人员）之间在经济和社会发展中的定位和作用，以积极的态度面对政策的倡导和欧洲单一市场所提供的机会”。2003 年 3 月，英国原司法大臣办公厅公布的《执行白皮书》阐明了政府的政策立场及立法建议，明确提出尽快在民事执行中引入市场机制，打破区域垄断并增强行业的竞争，同时推进执行人员的职业化建设，为执行体制改革提供了蓝本。

随着 2003 年《法院法》（Courts Act 2003）的颁布，1887 年《郡长法》对高等法院执行人员所作出的规定已被取代，根据 2003 年《法院法》第 99 条的规定，废除任何法律法规中要求郡长执行高等法院发出的执行令状的规定，并在该法附录 7 中对高等法院执行员的任命资格及任命后对特定执行令状的执行程序进行了细化，形成了一整套高等法院执行员的行为规则。[3] 该法还允许高等法院执法员在整个英格兰和威尔士地区执行，取消了先前的地理限制。除了《法院法》对高等法院执行员体制进行了规

〔1〕 参见张永红：《英国法院执行体制的市场化改革》，载《法律适用》2009 年第 8 期。

〔2〕 See Lord Chancellor's Department, *Towards Effective Enforcement: A Single Piece of Bailiff Law and a Regulatory Structure for Enforcement*, p. 6, at http://webarchive. nationalarchives. gov. uk/ + /http://www. dca. gov. uk/enforcement/enfrev01. pdf, accessed July 26, 2021.

〔3〕 See *Courts Act* 2003, Section 99 & Schedule 7, at http://www. legislation. gov. uk/ukpga/2003/39/pdfs/ukpga_20030039_en. pdf, accessed July 16, 2021.

定之外,于2004年3月15日生效的《高等法院执行员条例》(High Court Enforcement Officers Regulations 2004)明确规定高等法院执行员在收到高等法院签发给其的执行令状和命令后即可获得民事强制执行权。自2004年4月1日起,高等法院的执行令状均由高等法院执行员加以执行。[1]

根据以上法律的授权,高等法院执行员受英国司法大臣任命或由其代表任命,在实践中,基本上由司法大臣授权的英国高等法院王座法庭的高级聆案官(senior master)来进行任命,被任命者主要从担任过副郡长或郡行政司法官员的人员中产生。在委任资格上需要符合严格标准,包括培训、资格、财政状况的廉洁程度(financial probity)及执业行为等。从此改变了过去郡长、副郡长及郡行政司法官员强制执行的垄断特权,所有高等法院执行员除了有义务负责大法官为他们指定的区域内法院判决的执行,还可以在英格兰和威尔士的任何地方执行高等法院的令状,并且新职业的准入也将是开放性的。[2] 此外,债权人可以自由选择任何高等法院执行员负责执行自己申请的执行令状,自2004年以来,高等法院执行服务市场已经存在大量竞争。债权人可以根据提供服务的质量选择一名高等法院执行员,如果债权人没有足够信息以作出选择的话,他们可以通过"NICE治安官数据库"[3]分配到一名高等法院执行员。

高等法院执行员协会(High Court Enforcement Officers' Association, HCEOA)是法定的执行行业协会,这一组织的前身是郡行政司法官员协会(Sheriffs Officers' Association),不但向英国政府传达本行业的现状和

---

〔1〕 See Lord Chancellor's Department, *The Directory of High Court Enforcement Officers for England and Wales*, p. 3, at http://webarchive. nationalarchives. gov. uk/ +/http://www. dca. gov. uk/enforcement/directory05-full. pdf, accessed March 18, 2021.

〔2〕 See Lord Chancellor's Department, *Towards Effective Enforcement: A Single Piece of Bailiff Law and a Regulatory Structure for Enforcement*, at http://webarchive. nationalarchives. gov. uk/ +/http://www. dca. gov. uk/enforcement/enfrev01. pdf, accessed July 16, 2021.

〔3〕 NICE数据库是高等法院执行员用来记录令状的数据系统。See Ministry of Justice, *Enforcement Fee Structure Review: Proposal for a New Enforcement Fee Structure and Analysis of the Issues and Options*, at https://consult. justice. gov. uk/digital-communications/transforming-bailiff-action/supporting_documents/enforcementfee%20structurereview. pdf, accessed September 1, 2021.

问题，协助政府完善和实施现有及计划制定的法律法规，还负责促进高等法院执行员行业培训及建立更高的监管标准，并提供相应的技术支持。根据该协会官方网站提供的数据，自 2004 年至 2020 年，通过英国高等法院执行员得以执行的令状数量、收到新的执行令状数量、获得全额执行的数量以及收回金钱的总额基本呈上升趋势，具体情况参见表 5。

表 5　2004～2020 年高等法院执行员执行情况汇总

年份	执行完毕的令状数量(份)	收到新的执行令状数量(份)	获得全额执行的数量(份)	收回金钱总额(英镑)
2020	78,657	84,629	23,233	91,809,599
2019	110,353	120,337	31,770	115,952,185
2018	101,338	104,022	30,808	113,930,811
2017	85,547	108,619	28,423	95,728,949
2016	85,522	83,177	25,911	85,422,152
2015	75,716	81,699	22,335	82,962,217
2014	69,728	71,498	17,793	77,788,084
2013	70,347	76,679	15,468	69,871,889
2012	80,663	69,953	16,177	54,879,698
2011	68,870	74,314	17,534	67,605,542
2010	72,170	71,308	20,612	64,253,832
2009	77,292	78,349	21,532	61,809,658
2008	68,405	70,557	18,183	64,454,694
2007	65,234	63,564	19,542	61,181,366
2006	62,256	61,019	18,694	59,791,485
2005	55,018	53,357	15,190	48,183,428
2004	36,282	49,556	11,149	34,953,407

资料来源：英国高等法院执行员协会（High Court Enforcement Officers Association，HCEOA），https://www.hceoa.org.uk/about-us/our-statistics，accessed February 18，2022。

虽然英国高等法院执行行业市场还需进一步成熟和完善，但竞争机制的引入对该行业已经产生了较为重大的影响，执行机构及人员之间的竞争已经存在明显的扩大趋势。因此，在竞争机制的驱动下，提高高等法院市场运作的效率便成为可能——来自竞争的压力可能会继续促进效率的提高，并降低现有高等法院执行活动的成本。

3. 高等法院执行员的执业形式

高等法院执行员执业时不需持有证书，但必须在高等法院执行员协会进行注册。原皇家法院服务署（Her Majesty's Court Service）曾于2007年1月发布了《英格兰和威尔士高等法院执行员名录（第9版）》（The Directory of High Court Enforcement Officers for England and Wales），记载了高等法院执行员的姓名、地址等信息，并持续进行更新。截至2016年8月，英国共有超过50名注册高等法院执行员，[1]非持证私营执行人员可以代表高等法院执行员从事执行业务，主要采取的执业形式包括个体经营、受雇于执行公司及开设执行公司等。其中，英国绝大部分的高等法院执行员受雇于大型的执行公司，只有少数以个体经营的方式执业。例如，曾多年占有英格兰和威尔士执行市场最大份额的私营执行公司——高等法院执行集团（High Court Enforcement Group），在英格兰和威尔士共设有5个办事机构，拥有多名高等法院执行员，其业务范围涉及法院判决的执行、商用处所欠租的追收、外国判决的执行等领域，费用收取上则依据法律规定的比例将执行到位的债权金额进行折算得出，最终由被执行人承担。[2] 再如，近年来，在高等法院执行市场中份额占有率增长最快的Penham Excel公司（Penham Excel High Court Enforcement），于2021年成

[1] See Ministry of Justice, *One Year Review of Enforcement Agent Reforms Introduced by the Tribunals, Courts and Enforcement Act* 2007, at https://assets.publishing.service.gov.uk/government/uploads/system/uploads/attachment_data/file/695833/one-year-review-bailiff-reform-web.pdf, accessed December 10, 2021.

[2] 参见高等法院执行集团（High Court Enforcement Group）网，at https://hcegroup.co.uk/, accessed December 10, 2021。

为执行高等法院令状数量最多的公司。[1]

从英国高等法院执行员的执业形式可以看出，一方面，通过市场化运作，执行申请人可以自由地选择高等法院执行员，因此在执行行业内部产生了激烈的竞争；另一方面，相较过去而言，"市场化"的运作体制执行效果好、效率高，越来越多的申请人希望运用这一方式实现判决的执行。

4. 高等法院执行员的职权范围

根据1999年对1991年英国《高等法院和郡法院管辖令》(High Court and County Court Jurisdiction Order 1991)第8条第(1)款的修订，[2]高等法院执行员执行管辖的范围分为两部分：第一，郡法院判决或裁定中标的为5000英镑及以上的案件；第二，金额在600英镑以上5000英镑以下且不是受1974年英国《消费信贷法》(Consumer Credit Act 1974)调整的合同案件，后者可以由当事人选择，既可以由高等法院执行员执行，也可以由郡法院执达吏负责执行。[3]

在地域管辖上，通过划分执行工作区的方式，[4]原则上由司法大臣或者由其授权的高等法院高级聆案官，根据实际需要指派多名执行员负责一个或多个执行工作区的执行事务，但高等法院执行员所承担的民事执行事务并不局限于所指定的执行管辖区内，而是可以在英国的其他地方设立办事处承接执行业务。债权人在申请执行时可以自由选择，被选中的高等法院执行员不得拒绝执行委托，如果判决债权人未做选择则由

---

〔1〕 See *Year in Review* 2021, at https://www.courtenforcementservices.co.uk/year-in-review-2021/, accessed March 10, 2022.

〔2〕 See *High Court and County Court Jurisdiction Order* 1991, section 8, at http://www.legislation.gov.uk/uksi/1991/724/article/8/made, accessed December 10, 2021.

〔3〕 1991年英国《高等法院和郡法院管辖令》规定的是标的金额在2000英镑以下的由郡法院执达吏执行，而该法1996年修正案[The High Court and County Courts Jurisdiction (Amendment) Order 1996]第3条将这一金额下调至1000英镑，该法1999年修正案[The High Court and County Courts Jurisdiction (Amendment) Order 1999]又下调至600英镑，高等法院执行员协会正在努力取消这一限制，使可以通过高等法院执行员执行的判决范围进一步扩大。

〔4〕 根据2011年《英格兰和威尔士高等法院执行员名录》，英国根据地区邮政编码的不同，一共划分为105个执行工作区。参见 *HM Courts& Tribunals Service*, *The Directory of High Court Enforcement Officers*, at http://www.justice.gov.uk/downloads/courts/enforcement-officers/enforcement-officers.pdf, accessed May 22, 2021。

有权在本执行工作区强制执行的高等法院执行员负责。[1]

（二）郡法院执行体制及其司法行政化运作模式

1. 郡法院执行体制及执行实践

郡法院执达吏是受雇于法院（和裁判所服务署）、遵守《公务员规则》（Civil Services Rules）有关录用、考核和监督规则的公务员，郡法院执达吏负责郡法院判决和裁定的执行。他们的职权范围具体为：执行由1974年《消费信贷法案》所规定的合同产生的案件、判决标的低于600英镑的案件，以及债权人向郡法院申请的金额在600英镑以上5000英镑以下的案件。有研究结果显示，郡法院执达吏倾向于处理低价值非商业性的债务。[2] 2000年至2019年，有关郡法院执行令状的签发情况参见表6。

表6　2000～2019年郡法院及治安法院民事案件裁判及执行情况

单位：份

年份	判决总数	签发令状总数	郡法院执达吏收回财产总数	民事执行命令申请总数	民事执行命令签发总数
2000	—	615,761	51,422	105,527	141,603
2001	—	548,480	51,428	109,475	162,657
2002	—	520,231	50,391	121,039	155,569
2003	—	496,250	45,490	124,538	143,356
2004	—	443,690	44,085	130,674	143,674
2005	—	479,051	49,609	167,875	157,307
2006	—	488,931	57,388	187,760	168,234
2007	—	460,305	58,578	222,349	191,699
2008	—	458,022	70,166	248,103	231,278
2009	982,464	378,834	62,556	207,862	205,082
2010	794,311	279,307	53,729	168,055	163,023
2011	748,586	263,547	59,331	146,597	154,026

〔1〕 See Brook, *Civil Procedure*, Volume 1, White Book Service, Sweet and Maxwell, 2005, p. 1843.

〔2〕 See Mads Andenas, *Civil Enforcement in England and Wales*, 17 Eur. Bus. L. Rev. 619, 622 (2006).

续表

年份	判决总数	签发令状总数	郡法院执达吏收回财产总数	民事执行命令申请总数	民事执行命令签发总数
2012	663, 457	227, 943	55, 490	146, 608	135, 965
2013	667, 168	219, 807	54, 766	136, 281	122, 554
2014	831, 541	221, 835	55, 280	131, 417	120, 754
2015	867, 665	253, 196	49, 621	131, 137	116, 591
2016	1, 055, 035	282, 120	46, 342	145, 557	92, 140
2017	1, 284, 364	357, 019	41, 327	122, 480	89, 863
2018	1, 291, 142	426, 879	38, 889	131, 137	77, 801
2019	1, 323, 750	367, 813	36, 862	145, 557	68, 695

单独就郡法院而言,自 2000 年至 2013 年,郡法院签发的执行令状数量总体呈下降趋势,从约 61.6 万份的高点降至约 22 万份的低点。例如,2010 年签发总数相比 2009 年下降了约 26.3%,而相比 2006 年更是下降了 54.6%。造成这一下降的原因一方面是案件总数的下降,另一方面是 2009 年 7 月 13 日起《民事诉讼费用法令(修正案)》[Civil Proceedings Fees (Amendment) Order 2009]生效,该法增加了对几类执行措施所需缴纳费用的规定。而自 2013 年以后,郡法院签发的执行令状数量逐渐呈增加的趋势,在 2018 年达到约 42.7 万份的峰值。这一增长趋势可能是由于 2014 年 7 月皇家法院服务署为签发动产扣押令状引入了安全数据传输系统(secure data transfer system),通过这一系统,当事人可以通过数字方式提起给付金钱的诉讼,并通过令状进行后续执行,使这一流程变得高效和便利,因此,相比其他类型的执行措施,当事人更倾向于采用执行令状的方式实现权利。[1]

除了对郡法院执行情况总体变化趋势的考察外,还需对具体执行措

[1] See Ministry of Justice, *Civil Justice Statistics Quarterly*, *England and Wales*, October to December 2019 (provisional), at https://assets.publishing.service.gov.uk/government/uploads/system/uploads/attachment_data/file/870184/civil-justice-statistics-quarterly-Oct-Dec.pdf, accessed December 10, 2021.

施的运行情况进行细致的了解,从而全面掌握郡法院执行实践的情况。郡法院执达吏在执行程序中可以采取多种措施,包括动产交付、不动产交付占有和金钱给付等。首先,动产交付和不动产占有各类执行措施的实施情况参见图1和图2。通过观察图1可以看出,其中适用最普遍的执行措施是动产扣押令状,执达吏有权代表法院扣押债务人所拥有的动产并将该动产变价出售以实现执行的目的,而动产扣押令状的签发数量下降也最为明显,2013年其签发总数探至谷底,相比2006年下降了73.9%。2014年开始逐步增长,这也与上文分析的执行令状签发数量变化的总体趋势相吻合。而收回不动产的占有令状签发总数的变化轨迹也同样如此,值得指出的是,占有令状签发数量一直低于动产扣押令状,而在2011年至2014年实现了反超。

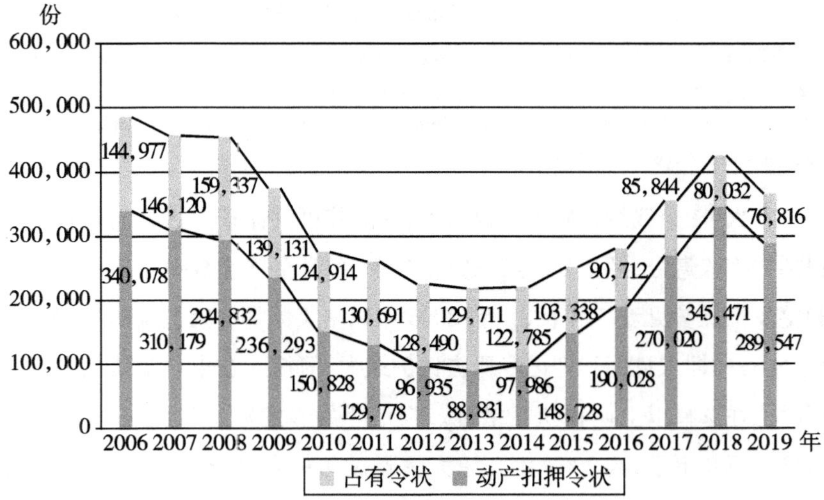

图1 2006~2019年郡法院占有令状、动产扣押令状签发情况

资料来源:相关数据来自英国司法部网,See Ministry of Justice, *Civil Justice Statistics Quarterly: January to March* 2020, at https://assets.publishing.service.gov.uk/government/uploads/system/uploads/attachment_data/file/890424/civil-Justice-stats-main-tables-Jan-Mar.xlsx, accessed August 15, 2021。

执行返还财产或特定财物的交付令状,自2008年开始呈现下降趋势,至2014年探底至370份,随后总体呈上升趋势。而授权执达吏对债务人实施逮捕至监狱或法院的拘押令状,其签发数量在 2006 年至 2019 年总体呈下降趋势,波动较小,其中 2019 年郡法院共签发拘押令状 343 份,相比 2006 年下降了 80.5%。

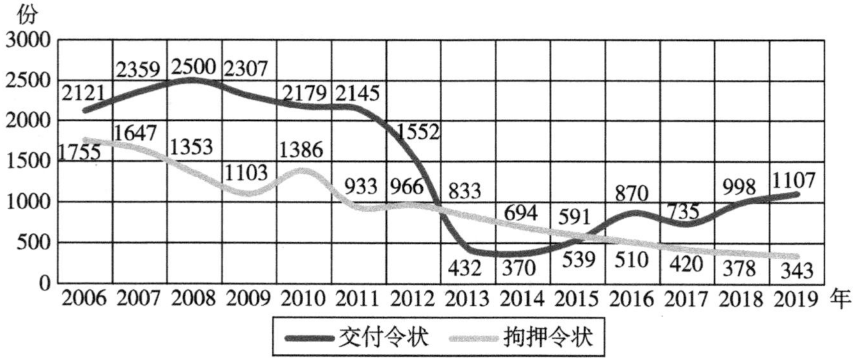

图 2　2006～2019 年郡法院交付、拘押令状签发情况

资料来源:相关数据来自英国司法部网,See Ministry of Justice, *Civil Justice Statistics Quarterly: January to March* 2020, at https://assets.publishing.service.gov.uk/government/uploads/system/uploads/attachment_data/file/890424/civil-Justice-stats-main-tables-Jan-Mar.xlsx, accessed August 15, 2021。

其次,在金钱给付判决的执行上,郡法院可供债权人选择的执行措施包括扣押入息令、押记令和第三方债务令,各类金钱债权执行措施的申请和签发情况参见表 7 和表 8。自 2006 年以来英国郡法院签发的各类执行命令中,扣押入息令和押记令所占比例最大,债权人在申请金钱债务的执行时往往选择以上两种执行措施。押记令的签发数量从 2006 年与扣押入息令不相上下,到 2007 年开始大幅超过扣押入息令,甚至签发数超过扣押入息令一倍多。2011 年提交的第三方债务令申请共 4137 份,相比 2010 年下降了 4%;当债务人无力还清所有债务(两个及以上)且债务总额不超过 5000 英镑时,债务人可以向郡法院申请管理令(administration order),法院签发后根据债务人经济状况决定还款期限,2011 年管理令的申请数量只占 2006 年的 14.8%;郡法院在 2011 年签发的债务人获取信息令比 2010 年减少了 0.5%左右。

表 7　2006～2011 年郡法院各类执行命令申请和签发情况

单位:份

年份	扣押入息令		第三方债务令		押记令		出售令	管理令		向债务人获取信息令
	申请数	签发数	申请数	签发数	申请数	签发数		申请数	签发数	
2006	85, 328	66, 477	6554	1828	92, 933	67, 090	—	2945	4377	28, 462
2007	82, 019	62, 125	6474	1813	131, 637	97, 026	—	2219	3587	27, 148
2008	73, 845	60, 588	7564	2041	164, 812	135, 702	—	1883	2686	30, 261
2009	72, 316	61, 336	7137	2176	127, 179	111, 311	—	1230	1894	29, 672
2010	54, 200	46, 684	4315	1500	108, 847	93, 619	507	694	1023	22, 811
2011	51, 737	47, 884	4137	1357	90, 286	81, 092	406	437	577	22, 693

自 2014 年以来,英格兰和威尔士每年申请和签发的与执行相关的命令数量总体呈下降趋势;2019 年郡法院签发的各类执行命令共约 6.9 万份,相比 2014 年下降了 43.1%。究其原因可能是与原告更倾向于使用权令状来获得金钱、财产或货物有关。[1] 押记令是除扣押动产令状外最受债权人青睐的强制执行措施,而第三方债务令可以说是适用最少的。

关于郡法院执达吏执行的有效性,参照表 9 可以看出,令状的送达地址是否正确影响郡法院执行到位情况的好坏。

---

〔1〕 See Ministry of Justice, *Civil Justice Statistics Quarterly*, *England and Wales*, October to December 2019 (provisional), at https://assets.publishing.service.gov.uk/government/uploads/system/uploads/attachment_data/file/870184/civil-justice-statistics-quarterly-Oct-Dec.pdf, accessed December 10, 2021.

表 8　2014 ~ 2019 年郡法院各类执行命令申请和签发情况

单位：份

年份	执行命令总数		扣押入息令		第三方债务令		押记令		管理令		向债务人获取信息令
	申请数	签发数	申请数	签发数	申请数	签发数	申请数	签发数	申请数	签发数	
2014	131, 137	120, 754	73, 641	52, 674	3865	1087	53, 407	44, 653	224	232	22, 108
2015	145, 557	116, 591	92, 688	50, 120	3330	1059	49, 350	46, 886	189	215	18, 311
2016	122, 480	92, 140	82, 318	42, 896	3081	985	36, 809	31, 719	272	159	16, 381
2017	126, 915	89, 863	88, 839	41, 475	3403	1080	34, 487	31, 846	186	179	15, 283
2018	114, 181	77, 801	82, 564	38, 362	3250	1004	28, 231	26, 180	136	193	12, 062
2019	94, 980	68, 695	61, 940	31, 744	3180	955	29, 744	26, 727	116	137	9132

表 9　2006 ~ 2011 年郡法院签发的动产扣押令状执行到位情况

年份	能正确送达令状所签发金额（英镑）	能正确送达令状执行到位金额（英镑）	全部签发令状的执行总额（英镑）	全部令状执行到位金额（英镑）	能正确送达令状的执行到位率（%）	全部令状执行到位率（%）
2006	47, 151, 671	42, 905, 286	211, 262, 049	46, 173, 497	91.0	21.9
2007	44, 191, 558	39, 570, 109	204, 649, 725	42, 592, 414	89.5	20.8
2008	40, 838, 478	34, 035, 170	210, 876, 807	36, 927, 906	83.3	17.5
2009	39, 453, 880	29, 746, 118	211, 417, 150	32, 833, 337	75.4	15.5
2010	26, 088, 195	20, 976, 495	103, 845, 889	22, 522, 289	80.4	21.7
2011	19, 140, 417	16, 083, 533	47, 266, 358	16, 594, 924	84.0	35.1

2. 郡法院执行体制运行的司法行政化

与"市场化"体制管理模式下的高等法院执行员不同，郡法院执达吏是英国皇家法院与裁判所服务署雇用的公务员，属于公共执行部门。郡法院执达吏主要履行司法行政职能，处理的事务包括司法文书的送达及强制执行，在法律和法院令状的授权之下享有民事执行权。

在管理机制上，郡法院执达吏与履行司法审判职能的法官相互独立：法官负责案件的审理并作出相关裁判，在执行程序中负责审查债权人的执行申请并签发执行令状；而执达吏基于法官签发的令状被赋予民事执行权，负责执行令状的实施，主要通过动产扣押和变价出售的方式追收判决债务及执行费用。除了管理机制与高等法院执行员有很大不同之外，郡法院执达吏所处理的执行业务还受法院地域管辖的限制，具有行业区域垄断的主要特征，并且债权人在申请执行时不可自由选择执达吏，这些均体现出英国郡法院执行体制在运行时带有浓厚的司法行政化色彩。

事实上，由于高等法院执行员市场化运行取得了良好成效，受到债权人的普遍欢迎，也因此有不少人提出应当对郡法院执行体制运行进行市场化改革，建议将这两种体制合并统一采用"市场化"的运行体制，但这一建议始终没有被采纳。[1]

（三）私人执达吏的执业资格及职权范围

与高等法院执行体制中郡长及郡行政司法官员起源于负责地方司法的国王官员不同，私人执达吏是由领主的代理人（Landlords' Agents）演变而来的。[2] 在中世纪晚期的英国，大的庄园领主雇佣代理人依照普通法上的欠租扣押财物制度追讨农民拖欠的租种土地的租金，这一权力在1689年《欠租扣押财物法》中也得到了确认。最初对于这些执达吏的唯一监管来自郡长和郡行政司法官员，由于缺乏对其的监管法规，至19世纪初，法院中抱怨私人执达吏在执行拖欠房租时对待穷人的态度十分恶

〔1〕 参见张永红：《英国法院执行体制的市场化改革》，载《法律适用》2009年第8期。

〔2〕 See Philip Evans, *Bailiff fees: Scotland's Blueprint for Reform*, 18C. J. Q343, 344 (1999).

劣，甚至盗窃看管财物的事件屡有发生，对其行为加以控制的呼声越来越高。自1883年起，英国开始进行立法尝试，规定私人执达吏在从事执行事务时必须持有郡法院颁发的相应的资质证书。1888年颁布的《欠租扣押财物法修正案》第7条还赋予了郡法院法官授予私人执达吏证书的权力，并且郡法院法官有权在有证据证明私人执达吏存在勒索或其他不当行为的情形下立刻取消其已被授予的资格。同时，无证执行欠租扣押财物的行为将被认定为侵权行为，无论是无证执达吏还是有权扣押的业主或执达吏的雇佣者都将被追究相应责任。[1] 随着以上法律的生效，私人执达吏的职业资格和职权范围也得到了明确，英国现存的私人执达吏共分为以下两类。

1. 持证私人执达吏

在英国，高等法院执行员和郡法院执达吏仅承担了国内执行令状总量的一小部分，而大多数执行事务是由承担公共部门债务执行的私人执达吏来完成的。虽然他们并不受雇于法院，但私人执达吏被视为法院的代表，其需要依照法院签发的资格证书实施执行行为。因此，法院可以通过此种方式对他们的行为进行一定程度的控制。

另外，与高等法院执行员执业体制相似，持证私人执达吏一般可以以个体经营的方式执业，也可以受雇于私营执行公司，完全遵循市场化运作的模式。根据英国持证执达吏登记部门的数据，2022年，英格兰和威尔士地区共有约2000名持证私人执达吏。

法律规定和法院令状赋予持证私人执达吏民事强制执行权，但其无权执行郡法院作出的判决和裁定，其职权范围具体包括：

第一，有权追收商用场所拖欠租金。2007年《裁判所、法院与强制执行法》明确废除了普通法上实行已久的私力救济——欠租扣押财物制度在居住场所的适用，只允许在追收商用场所欠租时，通过扣押承租人的财

[1] See John Cruse: *"Persons of no value": A History of Bailiffs and Bailiffing from 1500 to the Present*, Wildy, Simmonds and Hill Publishing, 2009, p. 267.

物并变价出售的方式清偿所拖欠的租金。根据1988年《欠租扣押财物规则》(The Distress for Rent Rules 1988)的规定,只有经郡法院颁发资格证书的持证执达吏才可以实施扣押,并在实施扣押前取得出租人的书面授权。

第二,在地方政府的授权下有权执行相关债务。经地方政府授权,持证私人执达吏可以追收公民逾期未缴纳的市政税、非家庭财产税及其他地方税、道路交通停车费罚款及其他债务。

第三,在治安法院的命令下有权执行治安法院签发的执行令状。主要是治安法院判处的罚款、道路交通罚款(road traffic penalties),[1]并有权依照拘押令状对拒不缴纳罚款者、违反缓刑规定者以及拒不缴纳税金者实施拘捕。

第四,在法律授权下执行儿童抚养费。根据1991年《儿童抚养法》(Child Support Act 1991)的规定,持证私人执达吏有权追收儿童抚养救助机构(child support agency)评定的抚养费。

2. 非持证私人执达吏

非持证私人执达吏(non-certificated private bailiffs)主要负责执行那些没有明文规定由郡法院执达吏、高等法院执行员及注册执达吏负责执行的债务。非注册执达吏的权力十分有限,不能独立地通过动产扣押和变价出售的方式追收债款,只能在持证私人执达吏在场指挥下才可以实施这类行为。也就是说,非持证执达吏只有在持证执达吏在场时才享有法律或法院令状所赋予的民事执行权。另外,他们的执业范围也极为有限:不能追收欠租扣押、道路交通债务、市政税或国外利率或执行由高等法院和郡法院的民事判决和裁定。

在执业资格上,成为一名非注册私人执达吏并无特定的资格要求,而私人执达吏往往隶属于私营执行公司,或者代表地方政府,或代表治安法

[1] 根据英国1991年《道路交通法》(Road Traffic Act 1991)的授权,持证私人执达吏有权追收道路交通罚款。

院收取罚款。非持证私人执达吏不受法律调整,因此,其行为不受审查。其受到当事人投诉的唯一可能性是一个非注册执达吏的行为违背其所代表的组织,或其雇主所属的行业协会。

三、英国执行人员监管体制及其改革

(一)英国执行人员监管体制的总体情况

始于20世纪末的英国民事执行改革,一直将执行人员监管作为咨询和审查的重点问题之一。发表于2003年3月的旨在消除执行工作中各类执行人员之间差别的《执行白皮书》建议,对新的执行人员进行监管,执行人员应由得到许可并合格的专业人士担任。在随后的几年中,民事执行程序的理论研究及实践处于过渡阶段,依然持续进行着实质性的改革。根据2003年《法院法》第99条及附录7的规定和2004年《高等法院执行员条例》(High Court Enforcement Officers Regulations 2004)的规定,高等法院执行员和执达吏被称为"执行人员",并提出了统一的监管、权力及费用体系。由英国安防行业管理局作为监管机构(SIA)许可所有执行人员并调查任何对他们的投诉。

2007年《裁判所、法院与强制执行法》中所提出的替代调整执行人员活动的主要手段,是一种达到不超过扩大现有的郡法院认证体系的临时措施。2007年《裁判所、法院与强制执行法》第63条列举了个人作为执行人员应满足的标准,其中包含要求他们必须持有相关证书(除非他们是法院官员或者"代理政府部门官员执行职责")。该法第54条规定了费用收取的条款、暂停和注销证书等。对此,英国司法部针对执行人员的监管进行了进一步的咨询,在2009年3月所作出的声明中,英国司法部政务次官圣布里奇特·普伦蒂斯(Bridget Prentice)重申了一点:"监管不仅将提高民事和刑事执行的效率和有效性,而且可以保护'弱势的债务人',这些债务人真的无法偿还债务,并可以缩小该制度可能滥用的范围。行业的监管体制将提高行业中的专业标准,同时给予公众对民事执行更大程度的信心。"[1]英国民事执行法通过明确持证私人执达吏的资格和培训、统一执行人员的执业标准，以及制作和公布执行人员名录这三个方面来实现对执行人员的监管。

1. 持证私人执达吏的资格及培训

私人执达吏应当向其主要执业地或居住地的法院提出资格申请，同时提交相关材料并缴纳申请费用。申请递交法院后需进行为期60日的公示，其间任何人认为申请人不应被授予私人执达吏资格可以向法官提出异议。法官对所提交的申请进行审查的主要方面包括：申请人是否是持有私人执达吏证书的适当人选，是否拥有足够的动产扣押法律法规知识，是否并未参与债务买卖业务等。法官认为符合审查标准则向申请人签发资格证书，该证书有效期为两年，到期必须交回签发法院，如需继续执业则需要重新加以申请，否则不能再继续从事民事执行事务，但不影响其此前所实施的执行行为。

执行人员所隶属的执行机构（如执行公司）必须为所有执行人员提供适当的培训，以确保他们在任何时候都了解并能够在相关法律规定的范围内实施执行行为，并且应当在执行人员开始工作以及随后的工作中按照一定的时间间隔组织此类培训，以确保执行人员的相关知识得以不断更新，并识别和避免潜在的危险情形发生。[2] 执行机构所组织的培训内容至少应包括：有关动产扣押的法律法规，执行行为法律及实践规则，如何在执行时减少冲突并保证生命安全和健康。[3]

2. 统一执行人员的执业标准

原英国司法大臣办公厅（现司法部）在咨询了与执行程序有关的海关

---

[1] John Baldwin & Ralph Cunnington, *The Abandonment of Civil Enforcement Reform*, 29(2) Civil Justice Quarterly 159, 165 (2010).

[2] See Ministry of Justice, *National Standards for Enforcement Agents*, p. 6, at http://www.justice.gov.uk/downloads/courts/bailiffs-enforcement-officers/national-standards-enforcement-agents.pdf, accessed August 10, 2021.

[3] See *Civil Enforcement Association*, *CIVEA Code of Conduct and Good Practice Guide*, October 2012, p. 3, at http://www.civea.co.uk/editorimages/CIVEA%20Code%20of%20Conduct%20and%20Good%20Practice%20Guide%20(10.10.12).pdf, accessed August 10, 2021.

税务机关、市民咨询局及相关执行行业从业人员协会等机构后，于 2002 年 5 月首次发表了对各类公立及私营部门的执行人员共同适用的《执行人员的国家统一标准》(National Standards for Enforcement Agents)。这一标准的适用虽然不具有强制性，为自愿性质的专业守则，但旨在为债权人监督执行人员是否符合执行行业专业标准提供手段和帮助。后来，英国政府持续更新以上文件，特别注重避免执达吏执行行为的滥用，该标准已经获得了英国民事执行协会及高等法院执行员协会等行业协会的认可。

根据 2012 年更新的《执行人员的国家统一标准》，执行人员必须严格为其委托者保密并遵守数据保护的相关法律法规及《信息自由法》的规定，当令状执行存在困难时，将该情形告知债权人以便提供更多正确信息。在强制执行时，执行人员应当时刻向债务人出示其相关身份证明，如徽章或身份证，以及证明其代表债权人的书面授权；只得以扣押或执行为目的使用法律所允许的武力，制作扣押物品清单及其他根据法律规定所需的文件并将文件交予债务人或留在相应处所；执行人员必须以专业、沉稳而庄重的方式履行自己的职责，其穿着和言谈必须恰当，并在执行过程中做到审慎且公平。[1]

在执行过程中，执行人员不得采取可能使债务人感觉尴尬或为难的方式，不论是故意或过失。除此之外，更严厉禁止对债务人执行时采取恐吓的方式，从而使债务人有理由认为自己会受到伤害或存在可能受到伤害的危险。如果当执行人员准备进入债务人住所时，发现其住所内的唯一家庭成员不满 18 周岁或看上去不满 18 周岁，则不得进入并应退出该住所，同时，以合理的方式向其询问债务人何时在家，而当其住所内的唯一家庭成员不满 12 周岁或看上去不满 12 周岁时，不得进行任何询问并应立即退出该住所。这体现出在执行过程中，执行人员不但应当对债务人加以适当保护，还应当避免可能由于行为不当而招致的指控。

---

〔1〕 See Ministry of Justice, *National Standards for Enforcement Agents*, at http://www.justice.gov.uk/downloads/courts/bailiffs-enforcement-officers/national-standards-enforcement-agents.pdf, accessed August 15, 2021.

另外,英国最大的行业机构——民事执行协会(Civil Enforcement Association,CIVEA)在2007年《裁判所、法院与强制执行法》颁布之后,对原执行实践指南进行了审查和完善,这些完善一方面超越了立法的相关规定,另一方面补充了政府发布的国家标准,旨在为本行业设置更高的标准。在其发布的《民事执行协会执行行为准则》(CIVEA Code of Practice for Enforcement)中,特别明确了执行机构(雇用执行人员的执行公司及公共部门)必须履行的定期培训执行人员、完整记录执行过程中的财产情况、保护相关数据等相关职责。[1]

英国2013年颁布的《动产控制条例》于2014年4月6日生效,为保证该规则顺利实施,英国司法部于2014年4月发布《动产控制:国家标准》(Taking Control of Goods: National Standards)。同样地,该文件是适用于所有执行人员的自愿性质的专业守则,重申了《执行人员的国家统一标准》的制定理念并进行了完善。[2]

负责促进高等法院执行员行业培训及建立更高监管标准的高等法院执行员协会,更新并发布了2021年版的《高等法院执行员最佳实践》(High Court Enforcement Officers-Best Practice),旨在建立和改进高等法院执行员执行的行业标准,提高行业的专业水平。[3]

3. 制作和公布执行人员名录

2007年1月,原皇家法院服务署发布了《英格兰和威尔士高等法院执行员名录(第9版)》,并持续进行更新。这一名录包含了在英格兰和威尔士已经依据2003年《法院法》第99条及附录7规定获得执行高等法院令状授权的执行人员目录,并附有高等法院执行人员所管辖的执行工作区

---

〔1〕 See *Civil Enforcement Association*, *CIVEA Code of Practice for Enforcement*, at https://www.civea.co.uk/assets/img/ss_CIVEA_Code_final.pdf, accessed March 15, 2022.

〔2〕 See Ministry of Justice, *Taking Control of Goods*: *National Standards*, at http://www.justice.gov.uk/downloads/courts/enforcement-officers/taking-control-of-goods-national-standards.pdf, accessed August 15, 2021.

〔3〕 See High Court Enforcement Officers Association, *High Court Enforcement Officers-Best Practice*, at https://www.hceoa.org.uk/images/content/pdf-docs/HCEOA_Best_Practice_2021.pdf, accessed March 15, 2022.

域、地址和联系方式等信息。

在执达吏的监管上,签发私人执达吏证书的法院必须制作持证执达吏的名录,并将该名录公示于法院的公共区域,以便于公众索取。另外,英国还建立持证执行人员(执达吏)注册平台[certificated enforcement agent (bailiff) register],该平台汇总了各法院提供的拥有民事执行权的持证执行人员的详细信息,以及所有申请持有和续期执行资质证书的人员资料,包括执达吏姓名、证书签发法院、证书授予日期及执业组织形式等。持证执行人员(执达吏)注册处为债权人及其他公民提供了查询平台:通过在注册处主页的搜索栏中输入持证执达吏的姓氏,便可以查询到该持证执达吏证书的详细信息。[1] 除此之外,拥有民事执行资质的持证执达吏应当以"合适而恰当"的方式进行执业,如果其他公民发现持证执行人员存在严重行为使得其不再是持有该资质的"适当"人选,可以借助注册处注册平台查询该执行人员证书的签发法院,并向该法院提交书面投诉。

(二)英国执行人员监管体制存在的问题及改革举措

在民事执行权实施主体的监管上,除了应对其执业资格建立必要的审查和许可制度、对其行为规范进行一定程度的统一外,还应当畅通执行当事人及案外人在执行人员违反行为准则时的救济途径,并建立合理的执行收费制度,这两方面恰恰是英国在进一步推进执行人员监管体制改革时所针对的重点。

1. 救济途径——投诉程序

事实上,英国没有对执行人员的实际行为进行监控和审查,也并没有对执行人员设置正式的投诉程序,执达吏的不当行为只是在执行当事人

---

[1] 通过持证执行人员(执达吏)注册处平台(网址:http://certificatedbailiffs.justice.gov.uk/CertificatedBailiffs/),执行当事人不但可以查询持证执达吏的相关信息,还为公众监督执达吏的执行行为及资质的合法性提供了途径。

向执行公司、相关行业协会或签发证书的法官投诉时受到约束。[1] 具体来说，对高等法院执行员的投诉可向高等法院执行员协会提出，对郡法院执达吏的投诉可向皇家法院与裁判所服务署提出，对持证私人执达吏的投诉可向雇用其执业的执行公司提出。由于所发布的执行人员执业标准并不具有强制性，又无设置对相关投诉审查后处理违法执行行为的制裁性手段，这一方面将很难防范执行人员的违法及不当执行行为，极易造成民事执行权的滥用；另一方面也很难使执行当事人及公众对民事执行行业满意，甚至对其丧失信任。

2007 年 1 月 30 日，由原宪法事务部与内政部联合公布了《执行人员监管体制咨询文件》(Regulation of Enforcement Agents Consultation Paper)对执行人员的监管体制进行公开的审查和咨询，以提高执行行业的职业化水平，增强民事执行的有效性。该文件提出了三种监管方案以供选择，第一，不改变现状；第二，建立新的监管机构——执行服务委员会(Enforcement Services Commission,ESC)，作为法定的非政府组织监管公共部门和私人部门的执行人员；第三，由英国安防行业管理局进行监管，这一方案曾经在 2003 年公布的《执行白皮书》中有过详细分析。经过一段时间的调查，英国司法部于 2008 年 3 月 18 日公布了《执行人员监管体制咨询反馈文件》，明确了建立独立法定监管机构的迫切需求，指出第三种监管方案相比其他选择得到了更多咨询者的支持。这是因为对于执行人员设置单独的监管机构成本过高，在没有其他可行的替代机构时政府的首选仍然是安防行业管理局，然而，该文件未就具体监管程序进行明确解释，而是提出继续进行相关调查研究工作。而 2007 年《裁判所、法院与强制执行法》的实施，为如何加强对执行人员的资格认定提供了进一步的过渡性解决方案。

---

[1] See Mads Andenas, *Civil Enforcement in England and Wales*, 17 Eur. Bus. L. Rev. 619, 622 (2006).

2. 执行费用

合理的执行费用始终是公众普遍关心的问题,一方面,执行人员希望建立合理的执行费用制度,随着高等法院执行员市场化改革,私人部门执行人员所收取的费用与执行结果息息相关;另一方面,由于缺乏让公众有信心的监管体制,执行当事人希望建立透明的执行费用制度。虽然2007年《裁判所、法院与强制执行法》整合了执行人员的收费标准,但尚未出台具体的实施细则。

执达吏的执行行为具有侵入性的属性,有效执行的必要条件是执达吏在执行过程中具备足够的自信并坚定地实施,实践中不乏存在一些执达吏为追求有效执行而可能实施较为激进的执行行为的例证。英国于2012年2月发布了《扭转执行行为咨询文件》(Transforming Bailiff Action),开始对执达吏行为及避免侵犯性执达吏(aggressive bailiffs)执行的咨询活动,旨在简化执行程序,完善执行人员监管体制并改善不必要或不适当的执行活动。

第三节　英国民事执行权的运行模式

民事诉讼模式反映了法院与当事人在诉讼中的相互关系,英国民事诉讼采用"当事人主义"模式,诉讼的启动、继续和发展主要依赖当事人,在庭审过程中采用对抗制,由当事人双方通过交叉询问的方式推动诉讼进程,法官居中裁判。与民事诉讼模式相适应,英国民事执行程序也采用"当事人主义"模式,当事人在取得胜诉判决后,何时执行、采取何种执行措施,均由当事人自主决定。当然,单纯追求当事人主义的执行程序也导致英国民事执行实践形成了一系列弊端:执行程序推进缓慢、执行人员延误执行,使大量判决未得到有效执行。考察英国民事执行权的运行模式,有助于明确英国民事执行程序自启动至终结过程如何向前推进,以及英国执行法院、执行机构及当事人在执行程序中的相互关系及责任分担问题,特别是执行法院与当事人之间就民事执行程序的推进应起到何种作用，英国的民事执行改革也对这一问题进行了重点咨询和审查，同时提出了相关建议。

一、英国民事诉讼模式及其改革

民事诉讼模式是基于当事人与法院在民事诉讼中的诉讼权限，对当事人和法院在民事诉讼中的不同地位和相互关系所进行的概括归类。这一模式在审判程序中集中体现为对抗制（adversary system），这一制度是自 13 世纪中期以来，随着实践中人们对社会、政治和文化的各种客观需要而产生、发展起来的，是英国民事诉讼的传统文化和基本特征。对抗制要求诉讼当事人扮演首要的、主导的且独立的角色，以便说服法庭作出对自己有利的判决或解决争议。

然而，纯粹的当事人主义诉讼模式不可能自发地保障接近正义，英国一直未停止对革新民事诉讼制度的探索。直至 20 世纪 90 年代初，诉讼拖延、诉讼费用高昂及诉讼结果的不确定性等弊病引起了社会公众的强烈不满，而这些民事司法弊端的产生与当事人主义诉讼模式脱不了干系。1995 年，沃尔夫勋爵在《接近正义：中期报告》中指出，"当事人主义可能鼓励一种对抗式的文化，以至于常常使诉讼程序退化为'战场'，而不是适用法律规则的场所"[1]。

在这一局面下，英国通过实施以"法律传统的改变、当事人主义诉讼模式的弱化、民事诉讼文化的转变"为主要内容的英国民事司法改革，开启了民事司法制度的现代化进程。改革主要通过加强法院对案件的管理、法官对民事诉讼审前程序进行干预等一系列举措加强了法院对民事诉讼的干预并强化了法官在民事诉讼中的职权，从而削弱了当事人主义存在的基础，但这种变革没有也不会从根本上动摇英国诉讼程序的传统根基。

---

〔1〕 徐昕：《英国民事诉讼与民事司法改革》，中国政法大学出版社 2002 年版，第 438 页。

二、民事执行权运行中的当事人主义及其弱化

在民事司法改革的“弱化当事人主义”理念的影响下,英国原司法大臣办公厅也对民事执行程序中法院的职能和作用有所审视和思考,当然,最直接的改革动因还是民事执行权自身在运行过程中所呈现的种种问题,这些问题及改革集中体现在民事执行启动程序和债务人信息获取程序两个方面。

(一)民事执行启动程序中的当事人主义及其弱化

英国民事执行程序启动需以当事人申请为前提,并且申请人可以根据案件的具体情况依法选择不同的执行方法,由法官或法院工作人员进行审查并最终作出是否签发执行命令的决定。也就是说,如果判决债务人不主动履行判决,承担要求债务人履行判决责任的是原告而不是法院,法院不会自动执行其判决,也不会帮助执行人决定如何执行。这一做法充分尊重和保障了执行当事人的处分权,体现了民事执行程序实现当事人私权的目的价值。

“沃尔夫改革”中改善诉讼拖延的主要措施之一就是增强法院的案件管理(case management)职能,规定法官制定时间表并尽早将案件进行分流,将提交到法院的案件分类引入不同的纠纷解决方法。在“沃尔夫改革”后续进行的民事执行改革中,相关咨询文件中提出应改变英国民事诉讼过于对抗化的现状,将控制民事诉讼中的部分责任从当事人转移至法院。但是,涉及影响民事执行程序能否继续推进的关键因素——决定应当采用何种强制方法的程序选择权,1999 年 5 月原司法大臣办公厅发布的《咨询文件 2》建议保留现有制度下债权人享有的对执行措施的控制和决定权。因为就如何执行判决这一问题,相较法院而言,债权人处于更为有利的地位,有时债权人获得的债务人财产状况的信息并没有向法院提供,他们具备相应的经验可以在各种情况出现时选择效果最好的执行措

施,债权人也因此比法院更能影响民事执行有效性的实现。[1] 咨询专家组提供了一种解决问题的可能方式,就是在特定案件的执行中,由法院来决定应当获取哪些信息和采取何种执行程序,但由于这种做法费用高昂,“只能使债权人感到法院不愿提供援助的沮丧,并不会在实践中给债权人带来好处”。

也有许多债权人提出,“如果被告不履行则判决本身将失去价值,如果知道法院将会提供相应的帮助来促进判决的履行,对债权人而言可能是一种安慰,在执行程序中,法院更为积极地履行其职能将会使债权人大大地松一口气”[2]。对此专家建议,除非需要取得债务人的同意,法院应当尽可能自动地持续推进执行程序,这一原则将适用于命令债务人到庭接受询问、第三方债务令、押记令、扣押入息令等程序。

(二)债务人信息获取中的当事人主义及其弱化

债务人可供执行财产的查明关系到民事执行程序最终能否成功,债权人只有在充足而全面的信息基础上才能选择最合适的执行措施,这同时也涉及债务人的相关利益。英国主要通过债务人自主申报财产、雇佣关系等情况的信息来实现债务人财产信息的获取,充分体现了强制执行程序中的当事人主义特征。

在民事执行改革开始以前,债权人获取债务人的财产信息主要通过《高等法院规则》和《郡法院规则》中规定的“命令债务人到庭接受询问”(oral examination)程序来实现。具体而言,首先由债权人向法院提出申请并缴纳相应费用,法院以书面形式告知债务人必须出庭接受询问及开庭日期,在送达方式上既可以由债权人亲自送达债务人,也可以采取一等邮寄(first-class post)的方式。询问程序由法院地区法官或其他官员主

---

〔1〕 See Lord Chancellor's Department, *Key Principles for A New System of Enforcement in the Civil Courts*, at http://webarchive.nationalarchives.gov.uk/+/http://www.dca.gov.uk/consult/general/enforce2.htm, Para 4.9, accessed August 17, 2021.

〔2〕 Lord Chancellor's Department, *Key Principles for A New System of Enforcement in the Civil Courts*, at http://webarchive.nationalarchives.gov.uk/+/http://www.dca.gov.uk/consult/general/enforce2.htm, Para 4.4, accessed August 17, 2021.

持,所询问的问题并不依照统一标准,债权人可以出席并询问,若债务人提供虚假信息将被判处监禁或罚款,但是法院几乎很少使用这一制裁手段。但若债务人经过两次通知仍不参加法院举行的听证、拒绝宣誓或提供证据,则法官可以签发拘押令状命令执行人员将债务人押送至监狱。

然而,上述程序在实践中所取得的效果并不理想,成为执行改革中饱受批评的制度之一。公众普遍认为,通过命令债务人到庭接受询问的程序能否获得准确信息主要依赖于债务人是否配合。由于法院签发拘押令状的前提条件是债务人不出庭参加询问的次数达到两次,实践中债务人滥用这一条件故意拖延的现象非常普遍;另外,由于这一程序缺少标准化的询问内容及交叉询问程序,难以形成统一的司法实践,所以即使债务人配合也无从保证信息的准确性。

面对"命令债务人到庭接受询问"程序在实践中运行的困境,英国民事执行改革重点对强化债务人提供信息的激励机制,使获取信息程序的设置更为合理:(1)发布《咨询文件2》提议法院通过政府机构和其他第三方获得对债务人更全面、准确的信息;(2)发布《咨询文件4》对从其他外部资源获取信息进行了讨论;(3)2001年英国立法机关对《民事诉讼规则》进行了第26次修订,增补第71章"获取信息令"(orders to cbtain information)及《诉讼指引》第12.1号;(4)发布《执行白皮书》提出了新的解决方案——"数据披露令"程序,该程序赋予法院向外部第三方机构发出数据披露令的权力,收到这一命令的有关机构负有披露信息的法定义务,这一建议最终落实于2007年《裁判所、法院与强制执行法》的规定中,即新制度"信息令"与"部门信息请求"的引入。

第四节　英国民事执行权的运行保障

强制性是民事执行权的内在属性,这是因为民事执行权是在国家强制力的保障下才得以顺利运行的,国家强制力的威慑促使判决债务人自觉履行法院的生效裁判。但是,由于长期以来,英国对恶意债务人未设置合理的制裁机制，使民事执行权的运行缺少相应的保障，对此，民事执行改革对执行制裁机制进行了完善。

一、民事执行权运行的强制性

民事执行权在运行过程中以强制性为特征。这一方面，是由于公权力的保障。民事执行是实现私权的程序，在公民的私权得以确认之后，义务人如不履行应有义务则权利人的私权受到侵犯，需要民事执行权以其公权力的属性强制义务人履行义务，以促进私权内容得以实现。

另一方面，在民事执行程序中，法律的强制性彻底外化为一种以特定主体为对象，以各种强制措施为内涵的现实强制力量，在民事执行权的诸多属性中更为根本的意义，不仅包含对债务人财产的强制及行为的强制，还表现为对债务人人身的强制。换句话说，民事执行权的运行通过提高被执行人的违法成本、制裁被执行人的不履行行为得以实现，促使人们在民事活动中充分考量违法成本而积极履行民事义务，以维护法制的权威。[1]

二、对恶意债务人的制裁机制

设置完善的不履行义务债务人制裁机制是民事执行体制良好运行的重要保障，这一机制的根本价值不在于对拖欠履行的债务人进行处罚和惩治，而是通过制裁机制产生的威慑作用，促使债务人自觉履行法院的裁决，从而树立司法权威。正是从这一意义上来说，即使制裁措施在实际中并没有加以运用，其仍是民事执行程序顺利进行的重要保障。[2] 事实上，在英国历史上早有将债务人拘禁于伦敦监狱的实践，直到19世纪中叶，仍有许多债务人仅因为欠债不得不在监狱里度过相当长的时间，[3]

---

〔1〕 参见童兆洪：《论我国民事执行权理论体系的构建》，载氏：《民事执行的法理思辨》，人民法院出版社2006年版，第2页。

〔2〕 参见李浩主编：《强制执行法》，厦门大学出版社2004年版，第409页。

〔3〕 参见［美］阿瑟·库恩：《英美法原理》，陈朝璧译，法律出版社2002年版，第93页。

英国最终于 1869 年取消了仅因为债务人不能清偿债务而将其监禁的做法。[1]

在英国民事执行改革过程中，为使针对债务人的制裁机制更加完善，一方面，基于债务人不能偿还债务的原因将其分为“偿还不能”(can’t pay)的债务人与“不愿偿还”(won’t pay)的债务人两种类型，并加以区别对待；另一方面，对“不愿偿还”的恶意债务人设置相应的威慑机制，以保障民事执行权的顺利运行。

(一)区分“偿还不能”的债务人和“不愿偿还”的债务人

在民事执行改革之初，英国原司法大臣办公厅所发表的咨询文件就提出不应将“偿还不能”的债务人与“不愿偿还”的债务人给予相同对待，应从宽对待真正有困难的债务人，而严厉处罚那些故意逃避履行责任的债务人，以实现债权人利益与保护确无清偿能力债务人的双重价值目标。

因为从债权人利益的角度来说，债权人对那些确实无力偿还债务的债务人申请强制执行，会牵扯其过多的时间和精力，同样也易造成司法资源的浪费；而从债务人利益的角度来看，在实践中，绝大多数债务人无法清偿债务是由于其收入有所减少或长期处在低收入水平，在这一情形下，无力偿还的债务人不应遭受过度执行的伤害，应保护处于困难的债务人的权利。然而，少数具有偿债能力的债务人没有意愿或只有很少意愿偿还债务，所以应当将其严厉对待。事实上，不同的债权人在区分这两类债务人的能力上存在很大差异。

1. 区分二者的标准和因素

受原司法大臣办公厅的委托，英国布里斯托尔大学个人金融研究中心的伊莱恩·肯普森(Elaine Kempson)教授与尼古拉·多米尼(Nicola Dominy)研究员对这一问题进行了研究，并于 2003 年共同发表了《偿还不能还是不愿偿还——债权人和债务人看待未偿债务的审查报告》，特别探讨了英国第一阶段执行改革所提出的一些问题。例如，明确债务人偿

[1] 参见杨与龄编著：《强制执行法论》，中国政法大学出版社 2002 年版，第 16 页。

还不能的原因及特征，如何使不同类型的执行人员辨别和处理“偿还不能”的债务人和“不愿偿还”的债务人。通过对债权人和债务人的深度访谈和类型化研究，他们提出，区分这两者需要综合考虑两个因素，即债务人的偿还能力（ability to pay）和偿还意愿（commitment to pay）。[1]

依据偿还能力可以将债务人分为三类：第一类是在拖欠债务时即有足够金钱偿还，直至债权人申请强制执行时仍保持这一状态；第二类债务人处在另一个极端，在他们拖欠债务以及其债权人寻求收回欠款时均无金钱偿还；介于两者之间的是第三类，具体来说是债务人在借款时有能力偿还债务，但由于自身财务状况发生变化而导致其在债权人申请强制执行时无力偿还债务。

肯普森与多米尼还指出，债务人的偿还意愿则十分复杂并呈现出多样化，有三类债务人是否能偿还债务主要取决于其是否有钱清偿债务：(1)低收入人群遇到意想不到的开支；(2)收入突然大幅下降使其无法兑现清偿承诺；(3)以及心理健康问题严重削弱了其管理财产的能力，这是典型的“不能支付”的债务人。[2]

与此相反，有四类债务人几乎没有偿还债务的意愿：第一类是依据自己原则不肯偿还的债务人，他们认为从债权人处可获得的价值很少；第二类是负有部分或全部清偿义务的前合伙人；第三类是“老赖”债务人，这些通常是经常出现在郡法院判决中拖欠偿还的债务人，有些债务人经常故意等到最后的偿还期限，而有些人有能力却避免全部偿还债务；第四类是躲避责任的债务人，他们往往拖欠几万英镑的信用卡账及其他形式的无

---

〔1〕 See Nicola Dominy & Elaine Kempson, *Can't Pay or Won't Pay? A Review of Creditor and Debtor Approaches to the Non-payment of Bills*, at http://www.bristol.ac.uk/media-library/sites/geography/migrated/documents/pfrc0308.pdf, accessed August 25, 2021.

〔2〕 See Nicola Dominy & Elaine Kempson, *Can't Pay or Won't Pay? A Review of Creditor and Debtor Approaches to the Non-payment of Bills*, at http://www.bristol.ac.uk/media-library/sites/geography/migrated/documents/pfrc0308.pdf, accessed August 25, 2021.

抵押贷款却指责借钱给他们的信贷公司,认为自己不应承担任何欠债责任。[1]

2. 辨别两类债务人的责任承担规则

人们普遍认为,通过诉讼途径收回债务适用于针对上述四类几乎没有偿还债务意愿的债务人,而不适用于针对没有偿还能力却有偿还意愿的债务人。然而,在实践中辨别这两类债务人的责任应当由哪一方来承担呢?显然这一责任必须由债权人而不是法院来承担,实践中采取整体分析方法(holistic approach)综合考虑债务人的相关信息来收回拖欠债务的债权人已经达成某种共识,即遵守行业中对待经济困难的债务人的规范做法,是否符合规定则由独立机构进行监督。另外,决定向法院申请强制执行的债权人应当在"诉前议定书"(pre-action protocols)[2]中明确其已遵守了行业惯例和指南中对此类情形的处理规定。而对于债权人而言,最明智的解决方案似乎是一旦债务人的财务状况有所改善,债权人就应向其追索债务。

除了尽力区分"偿还不能"和"不愿偿还"两类债务人外,《咨询文件2》也指出,法律很难为债权人制定统一的债务人区分标准,也无法针对两类债务人分别设置强制执行体制,因此,应当尽可能使执行程序可以容纳多样化的决定并在实施执行措施时为债务人提供适当的保护。[3] 因此,后续改革中增设了保护债务人的各项措施。例如,《民事诉讼规则》第72章所规定的第三方债务令程序中,专门为生活困难的债务人作出了特别

---

〔1〕 See Nicola Dominy & Elaine Kempson, *Can't Pay or Won't Pay? A Review of Creditor and Debtor Approaches to the Non-payment of Bills*, at http://www. bristol. ac. uk/media-library/sites/geography/migrated/documents/pfrc0308. pdf, accessed August 25, 2021.

〔2〕 为完善民事诉讼审前程序,沃尔夫勋爵在《接近正义:最终报告》中明确提出了诉前议定书的概念,认为在某些领域案件的审前程序中,应当制作便于当事人信息沟通的诉前议定书,并列明当事人在面临诉讼时应当采取的较为明智的做法,当事人无正当理由不能违反该议定书。该建议得到了《民事诉讼规则》的采纳和确认,同时赋予法官对当事人是否遵守诉前议定书进行监管的权力。

〔3〕 See Lord Chancellor's Department, *Key Principles for A New System of Enforcement in the Civil Courts*, at http://webarchive. nationalarchives. gov. uk/ +/http://www. dca. gov. uk/consult/general/enforce2. htm, accessed August 25, 2021.

规定，以保障债务人及其家人的基本生活。

（二）完善执行威慑机制

以上对债务人的分类目的在于设立双轨体制以平衡债权人及债务人的利益保护，对于“不愿偿债”的恶意债务人应当设置与该行为程度相当的制裁或威慑机制。在改革之前，英国民事执行制裁机制主要的实施对象是在命令债务人到庭接受询问程序和执行传票程序中未到庭的债务人以及在扣押入息令程序听证时未到庭的债务人雇主，制裁措施主要包括拘押和罚款两类。在民事执行改革的咨询过程中，专家组将当时的执行制裁机制存在的问题总结为两点：一方面，专家组认为拘押债务人过于严厉，而罚款又会使真正无力偿债的债务人之财务状况更加窘迫，因此提出建议设置一些新的处罚措施，建立一套更加合理的制裁制度；另一方面，英国法表现出对于使用“藐视法庭”制裁恶意债务人的犹豫态度。例如，在对债务人到庭接受询问程序中，债务人只有两次不到庭才会被处以监禁，所以实践中几乎所有的债务人并不会对第一次传唤加以重视。[1]

对此，应当将监禁制度作为处理不配合法院提供相关信息的债务人的最后手段，同时简化监禁程序。在执行改革咨询的过程中，曾有意见提出应增设制裁方式分别适用于自然人和法人。其中，适用于自然人的制裁措施，如暂停护照、暂扣驾驶执照、限制其未来的信贷行为、禁止处置资产和罚款；适用于法人的制裁措施例如，取消对不履行裁判义务法人的税收优惠、增加税收数额、取消或限制公司董事资格以及赋权法院解散公司等。但是在《咨询文件2》中，专家组认为以上措施在实践操作中均存在一些障碍。例如，公民不遵守法院的裁判与其持护照出境的权利之间并没有太大的关联，以暂扣护照的方式来制裁阻碍民事执行权运行的债务人并不可取。[2]

---

〔1〕 See Lord Chancellor's Department, *Enforcement Review Report of the First Phase of the Enforcement Review*, *Executive Summary*, section 3 Chpater 4, at http://webarchive.nationalarchives.gov.uk/+/http://www.dca.gov.uk/enforcement/firstphasefr.htm, accessed August 18, 2021.

〔2〕 参见李浩主编：《强制执行法》，厦门大学出版社2004年版，第410页。

因此,英国民事执行改革并没有增加新的制裁措施,依然将罚款和拘押作为不履行裁判债务人的处罚措施。虽然拘押不应当是现代民主社会中民事执行权运行的特征,但是其威慑作用较强且对民事执行权运行的保障功能无可取代,因此继续成为英国民事执行程序中对藐视法庭者的主要制裁方式。

《民事诉讼规则》的第 26 次修订将《最高法院规则》与《郡法院规则》中对执行程序的规定整合和统一为第 70 章至第 73 章,是英国民事执行改革的重要成果之一。其中,第 71 章“获取债务人信息令”规定了对于不按照指定时间出庭或者在询问过程中拒绝宣誓、拒绝回答问题或其他不遵守出庭命令的债务人,由法院人员或法官向高等法院法官或巡回法官作出书面报告。如果高等法院法官或巡回法官确信债权人已经履行送达义务且债务人尚未清偿债务的,将按照《民事诉讼规则》第 71 章第 8 条第(2)款发出暂缓拘押令(suspended committal order)。若债务人能按照暂缓拘押令指定的时间出庭并履行相关义务,则撤销暂缓拘押令,而若债务人不遵守暂缓拘押令并仍然拒绝出庭接受询问,法院将发出逮捕令状(warrant of arrest),命令执行人员将债务人拘捕至法庭接受询问;如果债务人第三次拒绝出庭接受询问、在询问过程中拒绝回答问题或拒绝宣誓,根据《诉讼指引》第 71 章第 8.6 段规定,法官有权立即签发拘押令状,由执行人员将债务人拘押至监狱。[1]

第五节 英国民事执行权的运行效率

从上文可知,民事执行权的运行应以提高效率为首要目标,在英国当事人主义的民事执行模式下,当事人享有对执行措施的选择权,但却因为无法获取足够真实的涉及债务人财产及雇佣关系的信息而难以有效实

[1] See Claire Sandbrook, *Enforcement of a Judgment*, 11th edition, Thomson Reuters (Legal) Limited, 2011, p. 88.

施,而法院在应否转变职能积极主动地推进执行程序这一问题上也进行着艰难选择。当然,即使执行权的行使能够获得积极主动的推进,也会因为难以找到债务人的财产甚至债务人本人而实际无法快速地推进执行程序。以上多种因素影响着民事执行权运行的效率,因此,如何提高民事执行效率成为英国民事执行改革的永恒话题。

一、英国民事执行权运行效率的现状

(一)存在的问题

自20世纪90年代开始的英国民事执行改革取得了一定成效,从表9“2006~2011年郡法院签发的动产扣押令状执行到位情况”可以看出,郡法院令状的执行率得到了较大提升。英国学者约翰·鲍德温(John Baldwin)曾指出:虽然“在执行程序的效率方面呈现的是一幅灰暗的图景,但是(抽样的)164个原告(其中119个在郡法院,45个在高等法院)根据他们的经历所提供的信息表明,分别有68.8%的郡法院原告和73.7%的高等法院原告表示对执行程序较为满意。一般而言,判决的金额越大,偿还的可能性就越低”[1]。

而高等法院判决的执行率虽然也有所提高但幅度较小,这应该与高等法院和郡法院在管辖权上的差异有关,这说明执行制度的调整与变革是必要的,旧的执行体制确实存在较多妨碍执行效率的问题。[2]

(二)妨碍执行效率可能的原因

1. 纯粹的当事人主义执行模式阻碍了执行效率的提高

在当事人主义的执行模式下,债权人要想推进民事执行程序向前运行,则必须一次又一次地提出申请,甚至在遇到紧急情况应当立即执行时也必须以债权人的申请在先,这样的执行程序不仅考验债权人的耐心,更

[1] John Baldwin, *Evaluating the Effectiveness of Enforcement Procedures in Undefended Claims in the Civil Court* (Executive Summary), at http://webarchive.nationalarchives.gov.uk/+/http://www.dca.gov.uk/research/2003/3-03es.htm, accessed August 18, 2021.

[2] 参见严仁群:《民事执行权论》,法律出版社2007年版,第164页。

考验其通过强制执行程序实现债权的决心。事实上,纯粹意义上的当事人主义执行模式为债权的快速实现设置了一道又一道屏障。

2. 收集信息困难造成执行效率低下

相比其他执行措施而言,英国强制执行程序中大量运用的执行措施是动产扣押令状,这一方面归因于这一措施的百年传统,另一方面得益于债权人申请签发动产扣押令状时,仅需提供判决债务人的姓名和地址两项信息。相比之下,其他执行措施在申请时则所需提供更多相关信息。例如,扣押入息令需要得知判决债务人的收入、支出和其雇主的详细信息。由于当前英国的执行制度必须依靠债权人从判决债务人处获取信息,因此,判决债权人不选择最容易执行到位的执行措施而是选择所需信息少即可申请的执行措施也就不足为奇。可以说,如果债权人可以轻易获取更多的信息,那么他会更倾向于选择一种有效的执行措施。[1]

20 世纪末,英国已经开始对现有执行制度进行完整的评审,原司法大臣办公厅于 2003 年发布的《执行白皮书》建议赋予法院向有关独立第三方机构发出数据披露令的权力,命令其向法院披露债务人财务状况的相关信息。作为民事执行改革的重要成果,《民事诉讼规则》第 71 章规定了获取信息令程序,以改善债权人获取信息不足及不实的困境,而这一程序是耗费时间和花费昂贵的,同时,包含冻结禁令的披露令(disclosure orders)可以获取信息,但只适合在较大的案件中。

3. 法律术语及申请执行手续烦琐复杂、模糊不清

由于民事执行改革前,英国《高等法院规则》中有关民事执行程序的条文中使用了不少令人费解的拉丁语,这不仅使初次涉及执行事务的当事人难以理解,在反馈执行改革审查的咨询问题时,甚至连长期从事执行工作的专业人员也对规则的混乱抱怨不已。因此,法律术语及申请执行手续烦琐复杂、模糊不清在一定程度上也造成了执行程序的拖延。

---

〔1〕 See Mads Andenas, *Civil Enforcement in England and Wales*, 17 Eur. Bus. L. Rev. 619, 639 (2006).

二、2011 年民事司法改革对执行效率的影响

面对民事执行效率较低的现状,2011 年 3 月,英国发布了《郡法院纠纷解决:创造更加简洁、快速和均衡的体系——英格兰和威尔士民事司法改革咨询文件》(Solving Disputes in The County Courts: Creating A Simpler, Quicker and More Proportionate System: A Consultation on Reforming Civil Justice in England and Wales,以下简称《郡法院纠纷解决咨询文件》),共提出 72 个咨询问题,公开向社会征求意见,并于 2012 年 2 月对相关意见进行了系统化论述,发表了反馈文件。此次司法改革是继"沃尔夫改革"之后,英国第一次对民事司法系统进行的重大改革,其中,提高民事执行效率是此次改革的重要方面。

(一)2011 年英国民事司法改革概述

《郡法院纠纷解决咨询文件》强调民事司法制度是文明社会的基石,关系经济发展、公民个人权利的保护以及政府职责的履行。在 20 世纪 90 年代进行改革之后,民事审判管理和程序再次变得过于复杂、成本高昂且效率低下:法院并不能总是提供快速有效的服务满足当事人的需求,而相反却增加了各方的成本负担,使当事人所获得的保护过分昂贵。而在民事判决的执行方面,债务人逃避履行义务时的执行程序缓慢且烦琐,不但要求债权人支付高昂的费用,并且等待数月依然无法获得任何成功执行的保证。英国政府认为,建立现代化执行体制时机已经来到,为促进法院裁判的执行获得更多的机会。[1]

此次司法改革提出了英国民事诉讼体制的新愿景:首先,以均衡为原则,通过最合适的方式解决纠纷,诉讼程序及诉讼费用应当与纠纷的复杂程度相适应;其次,明确当事人个人责任,公民应当对解决自己的纠纷负

[1] See Lord Chancellor and Secretary of State for Justice, *Solving Disputes in the County Courts: Creating A Simpler, Quicker and More Proportionate System: A Consultation on Reforming Civil Justice in England cnd Wales*, at https://www.gov.uk/government/publications/solving-disputes-in-the-county-courts, p. 5, accessed August 20, 2021.

责,而法院则应致力于裁决特别复杂的纠纷或法律问题;再次,简化民事诉讼程序,应当建立公民或企业友好型的诉讼程序,并侧重于提供及时的司法服务;最后,增强民事诉讼程序的透明度,确保公民了解各类纠纷解决方式的明确信息,以便尽早作出明智的决定从而选择最合适的纠纷解决服务。[1]

在以上原则的指导下,《郡法院纠纷解决咨询文件》专门就民事执行程序的改革提出了新的要求,在调查公众对进一步民事执行改革需求的基础上,建立更简洁、更有效的执行体制,以使公民重拾对司法制度的信心,树立法院裁判的权威。同时,实现 2007 年《裁判所、法院与强制执行法》中已经获得议会确认的民事执行改革成果,包括出售令、押记令、扣押人息令以及获取信息请求令等程序。另外,还应当改革第三方债务令程序使其更简洁、更有效。

(二)提高民事执行效率的主要举措

《郡法院纠纷解决咨询文件》提出执行改革措施的目标是以均衡的方式促进商业发展,同时为消费者和"弱势的债务人"(主要是"偿还不能"的债务人)提供适当的保障,而更重要的是,避免在审查程序和司法听证中进行不必要的重复,从而提高执行效率,尽可能使民事判决债权人的实体权利通过与时俱进和现代化的执行程序获得更快实现。该文件第 4 章针对议会已经批准通过的 2007 年《裁判所、法院与强制执行法》第 4 章规定的实施问题提出了一些建议,从而进一步完善押记令和第三方债务令程序,促使这些机制的功能得以更为有效地发挥,旨在建立更简洁和有效的执行体制。

1. 改革押记令制度

债权人可以请求法院签发押记令扣押债务人所有的不动产或者有价

---

[1] See Lord Chancellor and Secretary of State for Justice, *Solving Disputes in the County Courts: Creating A Simpler, Quicker and More Proportionate System: A Consultation on Reforming Civil Justice in England and Wales*, at https://www.gov.uk/government/publications/solving-disputes-in-the-county-courts, p. 12, accessed August 20, 2021.

证券等财产。押记令签发并生效后,当事人可以申请出售令将所押记财产进行变卖。由于在现有制度下,如果判决债务人以分期付款的方式偿还债务,法院不得在债务人未拖欠分期付款的情况下签发押记令,但这一做法在某些情况下可能对债权人不利。2007 年《裁判所、法院与强制执行法》第 93 条取消了这一限定,规定无论债务人是否拖欠分期付款,债权人均有权通过押记令程序获得救济,但债权人不能在债务人按期付款的情况下申请出售令变卖押记财产。

除此之外,2010 年 2 月,针对押记令程序中的出售令制度还进行了公开咨询,提议政府应当运用 2007 年《裁判所、法院与强制执行法》第 4 章所确认的权力对 1979 年《押记令法》进行修改。具体而言,在债权人就 1974 年《消费者信贷法》协议产生的无担保债务申请出售令时,增加规定设置最低限额,但是这一提议却没有得到大多数被咨询者的赞同。然而,在 2010 年 5 月政府发布联合协议禁止法院对低于 25,000 英镑的无担保债务签发出售令,因此,对这一问题的评审也包含在此次咨询中,目的在于确定可适用出售令的基本数额及不同层次的数额标准。

2. 改革扣押入息令制度

扣押入息令通过要求债务人的雇佣者直接从债务人收入中扣减一定数额金钱的方式实现债权,但由于目前郡法院计算扣减率主要基于债务人提供的就业信息,而这一信息往往并不可靠。对此,2007 年《裁判所、法院与强制执行法》第 91 条规定了在扣押入息令中计算扣减金额的新方法,即固定扣除制,从而减少对债务人提供信息的依赖,在整体上加快扣押入息令执行的效率。

除此之外,由于债务人经常通过更换工作并隐瞒新雇主信息的方式逃避债务履行,扣押入息令常常难以发挥其应有的功能。为应对这一问题,2007 年英国《裁判所、法院与强制执行法》第 92 条规定允许高等法院、郡法院和治安法院及有关官员以执行扣押入息令为目的,在英国国家税务和海关总署(HM Customs and Excise)查询债务人新雇主的姓名及地址信息。通过这一途径可以避免债权人因为债务人雇佣关系的变更而重新申请启动执行程序,使债务得以快速履行。

3. 改革第三方债务令制度

第三方债务令是通过冻结并扣划债务人账户存款的方式实现判决执行的措施,债权人向法院申请并经审查后认为符合条件的,法院向银行或者第三方发布临时令,由银行或第三方冻结判决确认的金额,而在法院发出第三方债务终局令将冻结款项划拨给债权人之前,债务人不能从该账户中提取或者处置被冻结的款项。但是,如果银行在收到法院命令时发现债务人的账户中并无存款,应通知法院,则第三方债务临时令将失效。由于目前的规定并没有明确银行有通知法院债务人是否转移款项或账户的义务,也没有义务告知法院债务人将钱款或者账户转移至何处。因此,债务人极易通过网上银行等方式将钱款转移至其他账户中以逃避债务的履行。

针对以上问题,《郡法院纠纷解决咨询文件》主要从减少程序重复适用的角度出发,提出了改革建议,一方面认为应规定第三方债务临时令在经过一定的期间后自然转为第三方债务终局令;另一方面应将法院有权冻结的账户范围从仅限于以债务人本人名字登记的银行账户,扩大至包括联名账户在内的所有账户。具体而言,联名账户中的50%视为债务人的财产,剩余50%视为属于联合账户其他所有人的财产,如果其他所有人实际持有的份额超过50%,则有权向法院提出异议。

三、转变职能:增强法院在执行程序中的主动性

按照原来的执行体制,债权人完全控制着执行程序,他们收集必要的信息,选择并决定申请何种执行措施,法院只是被动地进行债权人选定的强制执行程序。在新规则的框架下,债权人仍然保留选择某一种执行方式的权利,但选定之后的程序则由法院自动操作。这一变革为个人债权人提供了方便,更为重要的是将大大提高执行的效率。

在2011年3月发布的《郡法院纠纷解决咨询文件》中,英国也考虑采取一系列措施改进强制执行技术——例如,使债务人更难通过将资金存

入不同账户的方式阻止资金冻结。这些改革措施旨在确保法院可以应对那些不愿偿债的债务人,同时确保那些确实不能偿债的人获得应有的保护。

四、信息获取：信息披露与债务人到庭接受询问程序

获取债务人、债务人可供执行的财产以及债务人雇佣关系的信息是现代民事执行顺利实施的关键,无法有效获取上述信息也是造成“执行难”这一世界性难题的主要原因。2003 年,欧盟明确建议各成员方“通过查询登记机构其他来源的资料,迅速、有效地收取债务人财产的信息”[1],这实际上要求成员方在执行程序中向债权人信息获取承担起一定的责任。这是因为,如果仅依赖于债权人履行获取信息的义务,当面对那些刻意逃避履行债务或隐匿财产的债务人,债权人难以在较短时间内获得足够的信息,只会迫使更多的债权人转而求助于私力救济手段,无法促进强制执行程序应有功能的发挥。

早在 20 世纪末,英国已经开始对现有执行制度进行完整的评审,对于执行程序中获取债务人财产等信息的改革则起始于原司法大臣办公厅于 2003 年发布的《执行白皮书》。该文件建议赋予法院向有关独立第三方机构发出数据披露令的权力,命令该机构向法院披露债务人财务状况的相关信息,这表明政府有意寻求合适的方法来提高获取该类信息的质量。2011 年英国民事司法改革对执行程序信息获取制度的完善提出了更进一步的建议,《郡法院纠纷解决咨询文件》计划设置新的获取信息程序——“提供信息命令及请求”(information orders and requests),使法院可以更快地获得有关债务人身份和资产状况的信息。由于咨询之时债权人只能请求法院命令债务人到庭提供信息,法律并未规定债权人可以从法院获得有关促进执行的建议,也并未规定相应程序,也不能要求法院提供自第三方处获得的更多信息,这就为债务人逃避提供有关信息甚至逃

---

〔1〕 Council of Europe, *Recommendation REC* (2003) 17 *of the Committee of Ministers to Member States on Enforc) Ement*, at http://www. coe. int/T/E/Legal_Affairs/Legal_co-operation/Legal_professionals, accessed August 22, 2021.

避偿还债务提供了可乘之机。为解决这一问题,2007 年《裁判所、法院与强制执行法》规定判决债权人可以向高等法院或者郡法院提出信息提供申请。法院在收到申请后,可以向政府提出请求。政府收到法院的请求后,可以提供其认为能够满足执行需要的信息。值得注意的是,政府部门是被请求提供信息,而不是被命令提供信息。除此之外,法院也可以发出信息令,要求个人或者第三方提供信息,以协助执行。具体而言,改革措施包括从判决债务人处获得信息令和从第三方及政府处获取债务人信息两个方面。

(一)从判决债务人处获得信息令

英国民事执行改革最早提出的关于完善信息获取制度的具体措施是 2002 年付诸实施的《民事诉讼规则》第 71 章的规定,以"向债务人索取信息令"程序代替过去的"命令债务人到庭接受询问"程序,这一程序不仅可以适用于金钱判决的执行,还可以适用于执行特定物的返还。

判决债权人可以通过申请该命令要求债务人到庭提供其财产状况,判决债务人需回答法院提供的特定程式文件中的问题,法院针对自然人债务人或法人债务人分别配置了两种表格(EX140 和 EX141),内容涵盖了所有可以想到的能够协助执行判决所需的债务人信息。[1] 具体而言,该程序包括提出申请、签发命令和举行听证三个环节。

1. 提出申请

根据《民事诉讼规则》第 71 章第 2 条的规定,债权人在取得法院判决后提出"获取信息令"申请,请求判决债务人出庭提供相关信息,申请时需要依照相应《诉讼指引》的规定填写申请表。

2. 签发命令

在实践中,此类申请由法院官员处理,如果符合条件可以直接签发"获取信息令",该命令中应当包含以下警示内容:"你必须遵守本命令,

---

〔1〕 See Claire Sandbrook, *Enforcement of a Judgment*, 11th edition, Thomson Reuters (Legal) Limited, 2011, p. 80.

否则可能被判处藐视法庭罪而被拘禁于监狱。”法院官员如在签发中存在疑问，应根据《民事诉讼规则》第 3 章的规定移送法官处理。

3. 举行听证

签发后的“获取信息令”一般由申请人在举行听证 14 日前送达债务人，债务人在接到法院签发的“获取信息令”须按照所载明的时间参加听证。除了法官另行指定外，听证将在债务人所居住或从事经营辖区内的郡法院进行，一般由法院工作人员主持，按照程式文件调查债务人的基本情况和财产状况，申请人或其代理人可以参加并对债务人进行询问。如法官认为确有必要，可以亲自主持听证，此时申请人必须出庭。

债务人拒不到庭、拒不宣誓、拒不回答相关问题或拒不履行法庭命令的，案件将被移至上级法官（高等法院法官或巡回法官）处理。上级法官将作出暂缓拘押令并在该命令中注明重新举行听证的日期，如债务人按命令接受询问则拘押令不再执行；相反，若债务人仍拒不到庭，法官将签发拘捕令状（warrant of arrest），命令法警将债务人拘捕至法院，如经询问原因后法官认为有必要将债务人拘禁于监狱的，将签发拘押令状（warrant of committal）。

（二）从第三方及政府处获取债务人信息

尽管《民事诉讼规则》对拒不提供财产信息的判决债务人设置了监禁等制裁性措施，但此类情形仍常有发生，除可以从债务人处获得相关信息之外，银行等第三方机构及政府有关部门也可能持有有关债务人财产状况的信息。为保障债权人可以及时获取此类信息，2007 年《裁判所、法院与强制执行法》第 95 条至第 105 条规定了判决债权人向法院提出申请要求法院向政府部门获取债务人的相关信息，如姓名、住址、出生日期、保险号等，也可以要求法院向银行等相关机构获取债务人的银行账户及存款情况，以帮助其确定执行判决债务应当采取的最佳方式。另外《裁判所、法院与强制执行法》规定法院基于处理债权人申请的需要，有权从政府部门或命令要求的人员处获得相关信息。[1]

2007 年《裁判所、法院与强制执行法》引入了两种新的机制可以直接从第三方机构获取债务人信息,即"信息令"(information order)与"部门信息请求"(departmental information request)。前者适用于法院命令银行等金融机构提供判决债务人的相关财产信息;后者则主要是针对持有判决债务人相关信息的政府或公共部门所发出的请求,而这两类程序仅适用于法院判决债务的强制执行。具体程序为启动、审查与签发、披露及使用四个阶段。

1. 程序的启动

根据 2007 年《裁判所、法院与强制执行法》第 95 条的规定,债权人可以向郡法院或高等法院提出申请,要求法院提供相关信息以帮助其选择较为适当的执行措施。法院在处理债权人的这一申请时,认为有必要通过发出"信息令"或"部门信息请求"来获得这部分信息时,将会发出相应命令。债权人提出申请的前提是债务人拒不提供其在第三方机构的账户信息或者是债权人对债务人所提供信息是否有价值存在疑问。

2. "信息令"或"部门信息请求"的签发

在收到债权人申请后,法院可以向有关政府部门提出部门信息请求,或签发用来协助债权人获取信息申请的信息令。根据《裁判所、法院与强制执行法》第 96 条第(4)款的规定,当法院决定发出"信息令"或"部门信息请求"时必须通知判决债务人,[2] 告知债务人法院拟作出的信息请求

〔1〕 See Lord Chancellor and Secretary of State for Justice, *Solving Disputes in the County Courts: Creating A Simpler, Quicker and More Proportionate System: A Consultation on Reforming Civil Justice in England and Wales*, at https://www.gov.uk/government/publications/solving-disputes-in-the-county-courts, p. 62, accessed August 20, 2021.

〔2〕 See Tribunals, *Courts and Enforcement Act* 2007, section 96, at http://www.legislation.gov.uk/ukpga/2007/15/section/96, accessed September 10, 2021.

或命令，允许债务人对此提出异议。[1]

“信息令”签发的主要依据是该法第98条的规定，法院有权要求第三方提供有关债务人的特定信息，银行、建房互助协会等第三方机构都是该命令签发的对象。这一命令有助于债权人决定是否申请第三方债务令程序，如果获取了债务人在第三方机构中的账户信息，则将大大提升通过第三方债务令成功执行的可能性。当法院向第三方机构签发“信息令”后，第三方机构应当披露相关信息，但当存在下列正当理由时除外：第一，信息提供者并未持有该信息；第二，由于无法确定信息令中判决债务人的身份，信息提供者无法确定其是否持有该信息；第三，信息的披露将使信息提供者付出不合理的努力或费用。[2]

不同于向第三方机构发出的“信息令”，法院只能向政府部门发出获取信息的请求，2007年《裁判所、法院与强制执行法》第97条明确规定了法院向政府部门请求获取信息的程序。这一请求最容易涉及的部门是英国的税务及海关部门，可以获取的信息类型包括债务人就业、年薪、缴纳税金的水平和其他可以因其纳税所能披露的信息。该法第99条规定，政府部门在收到请求时，认为该请求有必要且可以加以披露的应当向法院披露。

3. 披露信息的范围

《裁判所、法院与强制执行法》第101条规定了可以由法院通过获取信息令或部门信息请求获得的信息包括：第一，能够作出进一步的有关债务人的部门信息请求或命令（例如，进一步披露债务人的信息，以便命令的对象能更加容易地从记录中辨认债务人，如出生日期）；第二，向债权人提供相关信息，使其选择合适的执行措施来收回判决债务；第三，法院需

---

〔1〕 See Lord Chancellor and Secretary of State for Justice, *Solving Disputes in the County Courts: Creating A Simpler, Quicker and More Proportionate System: A Consultation on Reforming Civil Justice in England and Wales*, at https://www.gov.uk/government/publications/solving-disputes-in-the-county-courts, p. 62, accessed August 20, 2021.

〔2〕 See Tribunals, *Courts and Enforcement Act* 2007, section 100, at http://www.legislation.gov.uk/ukpga/2007/15/section/100, accessed September 10, 2021.

要依据债权人收回判决债务的申请才能作出信息令或部门信息申请（如法院发出与债务人有关的扣押入息令），并且基于强制执行的目的在法院之间披露相关信息。

4. 披露信息的使用

由英国《裁判所、法院与强制执行法》第 101 条第（4）款的规定可知，相关法院应当以帮助债权人决定采取合适行动为目的，合理地使用所取得的债务人信息，并应当履行相关保密义务。如果债权人向其他法院申请强制执行判决，则取得信息的法院应当向其他法院披露所取得的债务人信息。

对于未经授权而使用或披露通过"信息令"或"部门信息请求"所取得的债务人信息的，根据《裁判所、法院与强制执行法》第 100 条的规定，该行为构成犯罪，将会面临监禁或罚款的处罚。

五、程序保障：法律术语及申请执行程序的简化

《民事诉讼规则》中新增加的有关执行程序的规定，在术语的运用上发生了很大变化——一改过去晦涩难懂的法律术语，采用易于理解的通俗英语来表达。例如，以"third party debt orders"代替过去规定中使用的"garnishee order"一词来表述第三方债务令程序，这一术语能够更加清晰表达此程序的特点，从而避免了可能产生的误解和混乱。

另外，在执行程序的申请方面，采用更加简洁的标准格式申请通知书代替以往的申请表格，同时不再使用证人陈述书（witness statement）或宣誓书（affidavit）等复杂且费用高昂的方式，而是以申请人提交申请时签署的申请通知书中的事实陈述（statement of truth）取代。法院免费向当事人提供介绍民事执行程序的手册及申请通知书，并特别对执行程序相关费用的收取进行了规定，使当事人更容易了解强制性程序的运作及所需费用。[1]

---

〔1〕 参见齐树洁主编：《英国民事司法制度》，厦门大学出版社 2011 年版，第 379 页。

目前,持有胜诉判决的债权人必须重新回到法院申请强制执行,需要法院重新批准启动执行程序。这不仅损害了法院裁判的权威,更使判决和裁定的执行对于债权人和债务人而言,成为持续时间长且费用昂贵的程序。在法院裁判作出之前,应当确保债务人明确其有义务陈述其偿债能力,而不是在执行程序阶段。

2011 年英国民事司法改革,以"创造更加简洁、快速和均衡的体系"为基本目标,针对民事执行制度的改革主要围绕着废除烦冗手续及简化程序展开,特别是简化第三方债务令及押记令程序。有意见认为,是否可能授权持有法院裁判的债权人直接向第三方申请而不是以特定的方式向法院申请获得进一步执行的授权,这样可以从根本上简化和缩短执行程序,并节省相关费用,减少法院不必要的处理和司法干预。[1] 但同样存在一个问题,如果没有了法院的授权,处于弱势地位的债务人可能受到损害,对此,应当设置相应的保护措施。

第六节　英国民事执行权的运行费用

民事诉讼费用制度的建立和完善是决定一国民事司法能否实现程序经济、减轻当事人讼累的重要因素,特别是在"当事人主义"诉讼模式下的英国,由于诉讼费用高昂和程序拖延造成了司法资源的大量浪费,成为民事司法制度发展的桎梏。20 世纪 90 年代开始的"沃尔夫改革"对英国民事诉讼费用的完善主要集中在三个方面:降低诉讼费用、增强诉讼费用的可预测性及使诉讼费用与案件性质相适应。特别是《接近正义:最终报告》赋予法院决定诉讼费用问题的权力,以更为灵活地控制诉讼程序,而此后,英国并没有停止完善民事诉讼费用制度的步伐。2010 年 1 月,英国

〔1〕 See Lord Chancellor and Secretary of State for Justice, *Solving Disputes in the County Courts: Creating A Simpler, Quicker and More Proportionate System: A Consultation on Reforming Civil Justice in England and Wales*, p. 64, at https://www.gov.uk/government/publications/solving-disputes-in-the-county-courts, accessed September 22, 2021.

司法大臣杰克逊发布《民事诉讼费用报告》,将民事诉讼费用的改革又一次提上日程。随后在2011年3月,英国大法官兼司法大臣和议会议员肯尼斯·克拉克(Kenneth Clarke),向政府提出民事诉讼经费改革的建议书,提出以“败诉并非必须交付诉讼费用”为中心开展民事诉讼费用的新一轮改革。[1]

在诉讼费用制度的框架之下,英国民事执行程序中的费用收取也不断进行着调整和优化。可以说,相比在诉讼程序中,费用制度的变化在民事执行程序中产生的效果更为明显,英国郡法院的执行实践就充分证明了这一点:由于2009年新的《民事诉讼费用法令》生效,执行措施的申请费用有所增加,使执行措施的申请数量呈现不同程度的下降趋势。因此,为保证民事执行权的顺利运行,必须建立合理的执行费用体制。

一、英国民事执行费用制度法律体系

英国民事执行权运行费用的法律体系主要由普通法上所确立的执行费用收取原则及制定法上的相应规则共同构成。通常执行人员因完成执行事务所发生的费用有三种途径获取:(1)由债务人承担;(2)从通过出售令程序出售所扣押财物的款项中获得;(3)由债权人支付。[2]

(一)普通法上的执行费用收取原则

英国普通法上对民事执行权运行费用的规制主要有两项重要原则——实际产生且必要原则以及均衡性原则。[3]

1. 实际产生且必要原则

实际产生且必要原则是指,只有执行人员必须且实际采取的执行措

---

〔1〕 有关此次民事诉讼费用改革的详细内容,参见李峣:《英国民事诉讼费用的最新改革》,载《人民法院报》2012年12月14日,第8版。

〔2〕 See Rbosnon v. Biggar [1907] 1 KB 690.

〔3〕 John Kruse, Power of *Distress: A Guide to Remedies Unreformed by the Tribunals, Courts and Enforcement Act* 2007, Wildy Simmonds & Hill Publishing, 2009, p. 129.

施才应当收取费用。[1] 因此,执达吏每次收取由于行使强制执行权所产生的费用,都需要向债务人发出费用收取的通知。

2. 均衡性原则

均衡性原则要求在执行合法债权与保护债务人之间达到合理的平衡,同时必须符合保护人权法律所体现的价值和精神。当到期债务与产生的费用之间,或执行行为与所需费用之间的比例发生任何显著失衡时,执行费用制度将受到质疑。

在确定收费是否合理和相称时,法院主要考虑的标准包括四个方面:

第一,执行债务的数额与费用的比例必须均衡,不允许执行所收取的费用过分大于到期债务。

第二,依据为实现执行所进行的实际工作,如果执行人员同时执行几项执行令状却只扣押了债务人的一项财物,则只能按照一次扣押支付费用。相反,如果执行人员同时执行几项执行令状时扣押了债务人的不同财物,即使所有被执行的财物均位于同一处所,执行人员也可以基于执行每一项执行令状而收取费用。

第三,根据执行人员因执行所产生的费用。

第四,费用产生的期间也受到严格限制,当执行人员实施扣押所持续的期间不合理时,不允许其收取相关费用,但是如果债务人和债权人同意则可以允许扣押较长一段时间,并基于此收取较高的费用,如长达 15 个月的期间。[2]

(二)制定法上的执行费用规则

制定法上所规定的民事执行权运行的费用主要包括两部分:第一部分是向法院申请签发动产扣押令状、押记令等执行措施,以及请求执行人员实施执行所需向法院缴纳的费用;第二部分是执行人员,特别是私营执行人员所收取的费用。

---

〔1〕 See Holmes v. Sparks & Nicholas(1852) 12 CB 242; Cohen v. Das Rivas(1891) 64 LT 661.

〔2〕 Re Beeston [1899] 1 QB 626; Re Hurley (1893) 1 WR 653.

1.法院收取费用的标准

法院执行费用的收取针对高等法院和郡法院进行了分层设置。

高等法院执行程序中所收取费用的标准规定于2008年英国《民事诉讼费用法令》附录1第7条中。包括以下五种情形:第一,盖印于动产扣押令状、占有令状及交付令状,应缴纳50英镑,当占有令状及交付令状所包含的债务金额有所增加,不需进一步支付费用;第二,申请请求判决债务人或其他人出席法庭,提供与执行高等法院裁判有关的信息,应缴纳50英镑;第三,申请第三方债务令、通过衡平法上的执行方式委托一位接管人,或申请押记令的,应缴纳100英镑;第四,申请判决传票,应缴纳100英镑;第五,请求或申请登记法院的判决或裁定,或申请许可仲裁裁决,或申请可以在国外使用的法院判决或裁定的证明书或核证副本,应缴纳50英镑。

郡法院执行程序中所收取费用的标准体现在2009年7月生效的《民事诉讼费用法令(修正案)》第8.1条的规定中。具体包括以下七种情形:

第一,申请执行郡法院裁判或通过郡法院强制执行动产执行令状的(强制执行罚款除外)、郡法院处理中心(County Court Bulk Centre)[1]所受理的之外的案件,增长至100英镑,而郡法院中心的案件增长至70英镑;

第二,基于无法执行的通知,而请求尝试通过新的地址进一步执行动产扣押令状,应缴纳25英镑;

第三,申请请求判决债务人或其他人出席法庭,提供与执行郡法院裁判有关的信息,由应缴纳的45英镑增长至50英镑;

第四,申请第三方债务令、通过衡平法上的执行方式委托一位接管人,或申请押记令的,由应缴纳的55英镑增长至100英镑;

第五,申请判决传票,由应缴纳的95英镑增长至100英镑;

---

〔1〕 郡法院处理中心(County Court Bulk Centre,CCBC),是根据《民事诉讼规则》第7.10条规定而设立的英格兰和威尔士郡法院,不同于其他郡法院开庭解决纠纷的方式,主要通过电子媒体来处理纠纷,如果需要开庭则将案件移送至其他郡法院。

第六，签发占有令状或交付令状，应缴纳 95 英镑，当占有令状及交付令状所包含的债务金额有所增加不需进一步支付费用；

第七，申请扣押入息令（除合并扣押入息令外）以确保判决债务的执行，由应缴纳 65 英镑增长至 100 英镑，命令所针对的每一位债务人都需支付，而当扣押入息令是在判决传票程序所举行的听证中签发的，则无须支付申请费用。

2. 执行人员费用收取的标准

郡法院执达吏等公共执行部门的执行人员是国家公务员，在执行费用的收取上一般按照国家规定统一进行，也即债权人在向法院申请执行令状时需缴纳一定费用，除此之外并不收取额外的执行费用，因此基本上不存在问题和争议。然而，虽然相关法定规范（statutory instruments）〔1〕同样对私人部门执行人员向债务人收取费用的问题进行了规定，但民事执行所涉及的收债事项众多，根据不同的执行事务形成了各自独立的费用标准，这些法律法规参见表 10。

表 10　英国对不同类型债务执行费用的相关法定规范情况

单位：年

债务类型	法律法规	颁布时间	修改时间
郡法院判决	《民事诉讼费用法令》	2008	2009
高等法院动产扣押令状	《高等法院执行员规则》	2004	—
市政税	《市政税（管理和执行）条例》	1992	—
商用场所租金	《欠租扣押财物法规则》	1988	1999、2000、2001、2003、2009、2011

〔1〕 英国于 1946 年颁布了《法定规范法》（Statutory Instruments Act 1946），该法主要调整行政法规和重要的行政规章，对制定程序、法规公布和议会监督也作了一些规定，但并未规范所有的授权立法。

续表

债务类型	法律法规	颁布时间	修改时间
儿童抚养费	《儿童抚养(征收和执行)条例》	1992	2000、2009
关税与国内消费税	《关税、消费和其他间接税扣押规则》	1997	—
非家庭财产税	《非家庭财产税率(征收和执行)(本地列表)条例》	1989	1992、1993、1998、2003、2004、2009、2010、2014
道路交通费	《道路交通费用执行(持证执达吏)规则》	1993	1998、2003
社会保障金	授权官员扣押(费用、成本和索价)规则	1999	2004
土地印花税	《土地印花税(管理)规则》	2003	2004、2005、2006、2011
	《征收人扣押(费用、成本和索价)(印花税罚金)规则》	1999	—
税收(所得税、资本利得税及公司税)	《征收人扣押(费用、成本和索价)规则》	1994	1995、1999

虽然制定法针对许多债务类型的执行费用标准均设置了相应的许可,但是很少涉及执达吏执行普通法上扣押时的费用收取问题。例如,治安法院判处的罚款及罚金的执行主要通过合同方式,将英格兰和威尔士的不同地区授权给几个执行机构负责,费用标准由执行机构各自制定。

过去,英国民事执行的费用制度是依据执行程序的三个阶段来制定的,分别是征收(levy)、扣押(impound)和变价出售(removing goods for sale)。由于执行程序有可能因为债务人的偿债行为而随时终止,在设置执行程序的费用标准时允许根据不同的债务类型分别规定。因此,每一种债务的执行都存在十分细致的规定，以高等法院动产扣押令状的执行为例，可以窥见英国执行费用制度的细微和复杂之处。

依据2004年《高等法院执行员规则》附录3的规定，依据不同的执行行为，高等法院执行员在执行高等法院签发的动产扣押执行令状时所收取的费用可以分为多个计费类别（见表11），具体而言：

第一，若执行到位则对已到位金额按比例收取，即100英镑以下的部分，按照5%收取，超过100英镑的部分按照2.5%的比率收取。

第二，执行员为实施执行行为往返于办公地点与执行地点的交通费用，每英里收取29.25便士，总计不超过50英镑，适当的情况下所有动产的搬运应一次完成。

第三，扣押债务人动产，每前往一处地方扣押，收取2英镑的费用。

第四，在执行过程中遇到争议时进行调查、询问及通知工作，可以收取每笔不超过2英镑的费用，若因此合理而实际地产生了邮费、电话费、传真费及电子邮件等通信费用，可以收取每笔不超过2英镑的费用。

第五，持有、搬运或存储动产的，实际看管被扣押的动产的，每人每天收取3英镑，采取巡视占有协议的方式则每天收取0.25英镑，而搬运扣押的动产、存储动产以及看管被扣押动物的情况下则按照实际的合理支出收取。

第六，通过公开拍卖的方式出售动产成功售出的，在拍卖商处售出则第一个100英镑按15%的比例、接下来的900英镑按12.5%的比例、超过1000英镑的按照10%的比例收取，在债务人处售出则按7.5%的比例收取。但如果未能成功售出，已经为公开拍卖而进行了准备工作的，被扣押的动产已搬运至拍卖商的处所的，按动产价值的10%收取；被扣押的动产未搬运至拍卖商的处所的，按动产价值的5%收取。

第七，通过私人合同的方式出售扣押动产，出售金额100英镑以下的部分按7.5%比例收取，出售金额900英镑以上的部分按6.25%收取，出售金额超过1000英镑的，按5%的比例收取。

表 11 高等法院动产扣押令状执行费用标准

<table>
<tr><th>法律规定</th><th colspan="2">具体执行行为</th><th>费用标准</th></tr>
<tr><td rowspan="2">《高等法院执行规则》第 13 条第 A1 款</td><td colspan="2">执行到位的 100 英镑及以下的部分</td><td>5%</td></tr>
<tr><td colspan="2">执行到位的 100 英镑以上的部分</td><td>2.5%</td></tr>
<tr><td>《高等法院执行规则》第 13 条第 A2 款</td><td colspan="2">往返于执行员办公地点与执行地点的交通费</td><td>每英里 29.25 便士,总计不超过 50 英镑</td></tr>
<tr><td>《高等法院执行规则》第 13 条第 A3 款</td><td colspan="2">扣押债务人动产</td><td>每处地方收取 2 英镑</td></tr>
<tr><td rowspan="2">《高等法院执行规则》第 13 条第 A4 款</td><td rowspan="2">对租金或扣押动所存在争议的处理</td><td>询问、调查和通知</td><td>每笔不超过 2 英镑</td></tr>
<tr><td>产生的实际并合理的费用</td><td>每笔不超过 2 英镑</td></tr>
<tr><td rowspan="3">《高等法院执行规则》第 13 条第 A5 款</td><td rowspan="3">持有、搬运或存储动产的</td><td>实际看管</td><td>每人每天 3 英镑</td></tr>
<tr><td>采取巡视占有协议的方式</td><td>每天 0.25 英镑</td></tr>
<tr><td>搬运扣押的动产、存储动产以及看管被扣押动物</td><td>实际的合理支出</td></tr>
</table>

续表

<table>
<tr><th>法律规定</th><th colspan="3">具体执行行为</th><th>费用标准</th></tr>
<tr><td rowspan="6">《高等法院执行规则》第 13 条第 A6 款</td><td rowspan="4">通过公开拍卖的方式出售扣押动产所支付拍卖商的佣金</td><td rowspan="3">如果被扣押的动产售出于拍卖商的处所</td><td>出售金额 100 英镑以下的部分</td><td>15%</td></tr>
<tr><td>出售金额 900 英镑以上的部分</td><td>12.5%</td></tr>
<tr><td>超过 1000 英镑的</td><td>10%</td></tr>
<tr><td>如果被扣押的动产售出于债务人的处所</td><td>收取出售金额的</td><td>7.5%</td></tr>
<tr><td rowspan="2">拍卖并未实际发生,但产生了拍卖准备工作的费用</td><td colspan="2">如果被扣押的动产已搬运至拍卖商的处所,收取动产价值的</td><td>10%</td></tr>
<tr><td colspan="2">如果被扣押的动产未搬运至拍卖商的处所,收取动产价值的</td><td>5%</td></tr>
<tr><td rowspan="3">《高等法院执行规则》第 13 条第 A7 款</td><td rowspan="3">通过私人合同出售扣押动产</td><td colspan="2">出售金额 100 英镑以下的部分</td><td>7.5%</td></tr>
<tr><td colspan="2">出售金额 900 英镑以上的部分</td><td>6.25%</td></tr>
<tr><td colspan="2">出售金额 1000 英镑以上的</td><td>5%</td></tr>
</table>

由此可见,英国执行法律中对执行费用的规定可谓错综复杂,同时英国对各项债务的执行收费标准也有所修改。例如,2003 年《欠租扣押财物法(修正案)》[Distress for Rent (Amendment) Rules 2003]再一次提高了私人执达吏的有关收费标准:(1)实施扣押的费用,标的为 100 英镑以下的案件从收取 12.50 英镑增长至 21.65 英镑,超过 100 英镑的案件按照相应比率收取费用(见表 12);(2)看管费用,由看管人看管扣押财物的,从每天 4.50 英镑增长至 7.80 英镑,而采取巡视占有方式的,看管费从原

来的45便士增长至80便士。

表12 欠租扣押财物执行扣押费用标准

标的金额M	M≤100英镑	100英镑<M≤200英镑	200英镑<M≤600英镑	600英镑<M≤2100英镑	2100英镑<M≤10,100英镑	M>10,100英镑
扣押比率	固定值21.65英镑	12.5%	4%	2.5%	1%	0.25%

二、英国民事执行费用体制存在的缺陷和产生的问题

毫无疑问，债务人希望在强制执行中支付合理的费用以保护自己的权益，执行人员则期望获得与其所从事的事务相适应的酬劳，由普通法与制定法上的规定共同构成的英国执行费用法律体系，在实践中出现了阻碍民事执行权运行的情形，也因此产生了一系列问题。

（一）存在的缺陷

由于债权人、债务人及执行人员对自身利益的考虑不同，其对现有的收费体制的评价也存在较大差异，总的来说，英国执行费用体制存在的缺陷主要集中在费用标准、费用收取、制度滥用和激励机制四个方面。

第一，费用标准不统一。对于执行费用标准的批评主要来自两个方面：一方面，债务人认为执行费用过高，特别是相对于其所拖欠的债务金额而言；另一方面，执行机构则认为，现有体制所规定的法定收费标准太低，特别是执行人员所从事的很多管理性质的事务并不收取费用，只有在案件最终执行到位时收取较高的费用才能弥补执行人员在大多数案件中无法成功执行所付出的努力，这十分必要，否则他们将无法维持执行行业的可营利性。而从英国司法部于2008年8月至2009年10月开展的执行费用制度审查的结果可以看到，有76%的受访者认为实践中执行人员基于其实际从事的执行事务与获得的收入并不对等。

第二，费用收取不透明。债务人及执行机构均认为基于债务类型所

构成的对执行费用制度的措辞严谨,导致执行机构在收取执行费用时经常受到债务人的质疑,因为债务人感觉自己受到了不公平的待遇。在2008年8月至2009年10月英国司法部组织的执行费用制度审查中,有61%的受访者认为现有执行费用体制的透明度低于中等水平。

第三,执行费用制度存在被滥用的可能。从对英国司法部2008年8月开展的执行费用专项审查的反馈中可以得知,执行费用制度的滥用主要表现为三种形式:(1)有67%的受访者认为存在"幽灵访问"(phantom visits)的情形,即执达吏仅前往债务人所在处所执行一次,却按多次执行收取费用,事实上多次执行可能根本不存在。(2)还有50%的受访者认为费用收取不恰当。例如,由于现有收费制度允许多次执行,有的执行人员甚至明知债务人不在家,还在同一天多次访问债务人住所,因此产生的费用也要由债务人承担。(3)另有27%的人认为费用制度的滥用还体现在执行机构任意收取所谓的"合理成本"费用。在实践中,执行机构要求支付的"合理成本"费用其实并未实际产生,但由于担心不支付这笔费用会带来不利后果,债务人往往都会向执行机构支付。[1]

第四,激励机制不恰当。在英国执行费用体制下,执行人员的行为受到了不恰当的激励。例如,为能够快速实现执行目的,在实践中无论执行活动对实现债权是否存在必要,执行人员往往通过实施或承诺实施连续性的执行行为实现强制执行;为促进债权实现,其中许多额外的成本可以通过收取"合理费用"获得;另外,不接受将还款计划(如分期付款)作为全额偿还的替代方式,因为现金回流和费用回收时间的滞后对于执行机构而言是缺乏吸引力的。[2]

---

〔1〕 See Ministry of Justice, *Enforcement Fee Structure Review: Proposal for a New Enforcement Fee Structure and Analysis of the Issues and Options*, at https://consult.justice.gov.uk/digital-communications/transforming-bailiff-action/supporting_documents/enforcementfee%20structurereview.pdf, accessed September 1, 2021.

〔2〕 See Ministry of Justice, *Enforcement Fee Structure Review: Proposal for a New Enforcement Fee Structure and Analysis of the Issues and Options*, at https://consult.justice.gov.uk/digital-communications/transforming-bailiff-action/supporting_documents/enforcementfee%20structurereview.pdf, accessed September 1, 2021.

(二)产生的问题

这些不同的费用标准令执行人员及债务人都感到模糊不清，给他们造成了不必要的负担，同样也由此产生了其他问题。

1. 收费制度不合理导致投诉增多

对执行人员最常见的投诉是他们收取费用的问题，由于目前执行人员的收费制度十分复杂，每一项实施民事执行权的行为都可能带来不同幅度的收费，除一些法律规定明确了执行特别事项(如涉及道路交通违例事项)的收费标准外，其他制定法只是规定了强制执行公司与客户之间的合同方面的问题。因此，给不法执行人员提供了可乘之机，其滥用收费标准的情形屡见不鲜，债务人与执行机构之间产生了许多争议，收费制度不合理导致了矛盾的增多。

当事人对执行费用有异议的申请需要法院审查，计费依据颇富争议。例如，在追收商用场所拖欠租金时，由于拖欠的租金数额与所扣押的租客财物价值不对等的情形普遍存在，那么费用应当按照债务的数额计算还是按照扣押物品的价值计算才比较合理？实践中的处理方法是，只要法律上允许，不管执行人员有无实际实施执行行为，都可以收取费用。例如，在未实际扣押的情况下，收取交通费等。除此之外，由于现行法律没有对执行人员前往欠租处所的次数进行限制，实践中，有些执行人员为了增加收费多次上门，甚至明知租客不在该处所，也并未实施任何扣押行为，债务人对此颇为不满。

2. 收费制度不合理妨碍执行效率的提高

最早英国民事执行程序费用收取所遵循的原则是如果判决债务人延迟偿还债务则由其承担。但这一制度存在的问题是判决债权人从公共和私营执行部门获取民事执行服务，并不需完全支付费用。因此，判决债权人并不关心执行服务的成本问题。此外，这一制度对判决债权人也并不有利，因为判决债务人支付的费用越多，债权人所能收回的债务金额则越少。因此，扣押入息令在很多情况下更有利于判决债务人和债权人，而在通常情况下适用最多的执行措施是扣押财产。

三、英国民事执行费用制度的改革

(一)民事执行费用制度的改革进程

随着英国民事执行改革的不断深入,针对执行费用制度的咨询和完善也逐步进行,开展了一系列对执行费用制度的咨询审查活动并提出了相关建议,这一改革持续了相当长的一段时间,其中里程碑式的审查活动及相关咨询文件包括《执行绿皮书》《新执行费用制度建议和分析报告》《执行白皮书》。

2001 年 7 月,原司法大臣办公厅发布的《执行绿皮书》第五章对英国原有执行费用制度进行了审查和咨询,政府将以明确和可接受的方式制定新的执行收费标准,但这一文件并没有对完善现有的执行费用制度提出详细的建议。这是由于在对执行费用制度进行改革之前首先需要对监管体制和监管权力取得更广泛的意见和建议。

《执行绿皮书》公布之后,来自公共和私营执行部门的代表于 2001 年 12 月自愿组成了咨询小组,对提供执行服务的市场进行评估并发布了《执行服务提供报告》(Report of the Advisory Group on Enforcement Service Delivery),该报告认为"预付费方式"是规范执行费用标准及避免执行人员乱收费的最有效途径。2002 年 8 月,咨询小组发布了第二份专项报告,提出了有关执行费用原则和体制的建议,被收入了《执行白皮书》有关执行费用制度部分的内容当中。

2003 年,作为对《执行绿皮书》相关咨询问题的回应,原英国司法大臣办公厅发布《执行白皮书》指出,制定更公平合理的执行费用制度是促进民事执行程序简洁而有效的重要因素,同时也是保护真正有偿还困难的债务人的根本途径。《执行白皮书》提出在重要立法修改之前不建议改变现有的费用制度,但必须确保目前的收费水平是顺应市场要求的,并且提议由英国安防行业管理局对所有执行人员加以监管,向司法大臣提出有关费用制度的详细建议,同时分析并研究如何在民事执行市场内实施收费制度。

《执行白皮书》指出,“新的费用制度必须遵守透明、一致且均衡的原则,尽量减少不必要的执行行为”,因此针对所有执行人员提出了执行相应令状时应当遵守的收费原则,适用的执行对象包括高等法院及郡法院签发的执行令状、道路交通罚款、治安法院判处的罚款及罚金、地方和国家税收、商用场所拖欠的租金、赡养费和子女抚养费。这些原则主要有:(1)公平而合理地对公共和私营执行部门执行人员所做的工作进行奖励;(2)要响应其运作时的市场条件;(3)鼓励债务人及时缴纳费用;(4)设置保障措施以防止不当行为和乱收费;(5)对确无经济来源支付执行费用的债务人给予特别关注;(6)受监管部门的支持和监督;(7)在单独的执行立法中体现出其法律地位。

在上述原则基础上,《执行白皮书》还提出了未来的执行费用体制应依循的组成顺序:预付费用、在执行过程中的具体活动和事件产生的固定费用,以及在执行过程中的具体活动和事件产生的可变费用。

另外,2006 年 11 月英国政府对《裁判所、法院与强制执行法》进行了评估,评估内容集中于该法案对个人和组织造成风险的可能性,并特别涉及他们的健康和安全、财务状况以及环境。最终,该法案于 2007 年 7 月 19 日获得批准并在附录 12 中对执行费用进行了规定。但这一立法并没有停止执行费用改革的步伐,自 2008 年 8 月起至 2009 年 10 月,英国司法部组织了新一轮的执行费用制度审查,委托经济学家亚历山大(Alexander Dehayen)对执行费用制度进行了专项咨询,并于 2009 年 11 月发表了《新执行费用制度建议和分析报告》,该报告试图通过咨询和审查以确定在英国民事执行程序中采用可适用于所有债务类型的单一费用体制的可能性,旨在减少实践操作中不同执行事务收费制度的差异,通过运用较为明晰的方式提出合理和恰当的费用标准,设计了新的执行费用体制。[1]

---

〔1〕 See Ministry of Justice, *Enforcement Fee Structure Review: Proposal for a New Enforcement Fee Structure and Analysis of the Issues and Options*, at https://consult.justice.gov.uk/digital-communications/transforming-bailiff-action/supporting_documents/enforcementfee%20structure review.pdf, accessed September 1, 2021.

2014 年 4 月 6 日,新的程序和执行费用标准已付诸实施。

(二)执行费用专项改革的具体内容

执行费用制度改革应当解决现有体制所存在的问题,建立以合理、公平而透明为强烈表征的新费用体制,同时以公平的方式寻求各方主体利益的平衡,这意味着任何新的费用体制必须代表着这些利益之间的妥协,因为试图建立一个获得各方一致欢迎的执行费用体制几乎是不可能实现的。随着改革的推进,聚焦于执行费用制度结构性层面的措施逐步被提出,这些法律制度包括:2004 年《高等法院执行员规则》附录 3 中对执行员的收费做了详细的规定,动产扣押令状的执行费,按照执行到位的金额分段计费,100 英镑以内按 5% 收取,100 英镑以上的部分按照金额的 2.5% 收取;2007 年《裁判所、法院与强制执行法》整合了执行收费标准,该法附录 12 规定执行费用就执行相关服务的成本收取,同时规定了何时及如何向债务人追讨这一费用;2014 年《动产控制(收费)条例》[Taking Control of Goods (Fees) Regulations 2014]于 2014 年 4 月 6 日生效,该法主要是对 2007 年《裁判所、法院与强制执行法》第 90 条和附录 12 对民事执行权运行费用所作的规定进行了细化,增强了可操作性。

英国司法部并未邀请执行行业人员参与制定新的执行费用标准,而是直接雇用具有专业素养的经济学家在对提供执行服务的成本详细审查和分析之后加以制定。[1] 具体而言包括以下内容:

第一,设置执行费用"上限",避免"幽灵访问"。新的执行费用制度对可以收取的费用设置了"上限",这一规定避免了潜在的过高收费,有助于解决"幽灵访问"的指控并减少纠纷,费用的计算基于固定的、容易识别的阶段,而不是原有的无数模棱两可的计划表。并且,债务人将确定无疑地知道如果他们不主动履行义务将支付相关费用,而过去对债务人来说事先确定执行的费用几乎不存在可能性。

---

〔1〕 See Paul Caddy, *Bailiff Reform-Fees*, at http://www.civea.co.uk/news-37.htm, accessed September 1, 2021.

第二,引入更加灵活的债务收集程序。新的执行费用制度引入了更为灵活的收集程序,以激励债务人和执行人员在尽可能早的阶段实现强制执行的目的。新的执行费用体制将执行程序分为三个阶段,即合规阶段(compliance stage)、执行阶段(高等法院令状的执行又分为第一执行阶段和第二执行阶段),以及出售或处置阶段(sale or disposal stage)。在合规阶段,执行人员将"强制执行通知书"送达判决债务人本人,告知其在7日内(不包括周末和其他节假日)偿还到期的全部债务,相当比例的债务人已无须经过上门访问阶段,只需在这一阶段支付75英镑的固定费用加相应税额。[1] 那些"不愿支付"、未能履行合规阶段相应义务、也未能在交付执行之前与债权人商讨有关事项的债务人,将成为执行阶段收取费用的对象,而执行程序的后两个费用收取阶段则按照"固定费用 + 比率"的形式收取,具体规定参见表13和表14。

表13　高等法院执行令状以外的执行费用

费用收取阶段	执行事项	固定费用(英镑)	执行标的金额超过1500英镑的费用比率
合规阶段	发出"强制执行通知书",要求债务人在七日(不包括星期日及银行假日)内清偿债务,债务人在此期间不主动履行债务则进入执行阶段	75	0
执行阶段	访问债务人的住所或商业场所以控制货物,包括识别、评估和控制其财产的所有活动	235	7.5%
出售或处置阶段	变卖或出售前一阶段被查控的财产	110	7.5%

[1] See *Taking Control of Goods (Fees) Regulations* 2014, *Schedule Fees Recoverable under Regulation* 4, at http://www.legislation.gov.uk/uksi/2014/1/contents/made, accessed September 3, 2021.

表 14 高等法院执行令状的执行费用

费用收取阶段	固定费用（英镑）	执行标的金额超过 1000 英镑的费用比率
合规阶段	75	0
第一执行阶段	190	7.5%
第二执行阶段	495	0
出售或处置阶段	525	7.5%

第三章 英国民事执行权的控制

任何权力的行使都不可避免地存在滥用的可能，民事执行权的行使也不例外，如果不对民事执行权进行必要的控制，必然会对执行当事人及案外第三人的合法权益造成威胁，更遑论保证执行权的有效运行。这一问题在英国的民事执行领域表现得尤为突出，甚至可以说是较为严峻的。2007 年，英国市民咨询局(Citizens Advice Bureau)[1]称，执达吏所涉及的 500 起案件让人担心，其中大约 2/3 的案件最终判决执达吏被指控的恐吓罪名成立，这些被判犯罪的执达吏中的 40% 假称其有权入屋执行，25% 恐吓债务人而构成犯罪，而 42% 收取了过多执行费用。[2] 在公权力日益傲慢且迷信强制力量的前提下，执行暴力将以更快的速度登场。英国原有执达吏行为治理模式的保守与僵化，使民事执行权的控制机制疲软无力。当民事强制执行的合法性外壳日益破碎，执达吏所行使的执行实施权的单纯强制力本质便日益裸露，并失去了制约。面对这一局面，近年来，英国通过民事执行改革推行了一系列措施，希望通过完善相应的控制机制，

---

〔1〕 英国市民咨询局是由 400 多名成员单位组成的慈善组织，是英国最大的咨询服务提供者及志愿者组织，主要向社会公众提供免费、中立而保密的咨询服务，还通过面对面、电话及网上咨询等活动，发现相关法律法规及政策在实践中存在的问题，为完善社会政策和改进工作实践提供建议。

〔2〕 参见《执达吏可能破门入屋追债》，载 http://www.bbc.co.uk/china/lifeintheuk/story/2007/03/070305_bailiffs.shtml。

防止民事执行权的滥用并实现民事执行权的规范运行。

第一节 英国执行权控制遵循的原则和模式

一、公权对私权的保障

对于私权的保护,原则上限制私力救济的适用,取而代之的是由国家公权力予以救济。在英国民事执行改革中,就私力救济性质的欠租扣押制度的存废问题进行了专门审查,也引起了社会的广泛关注和讨论,经过多年论证,最终在2007年颁布的《裁判所、法院与强制执行法》中规定有关欠租扣押财物制度的法律法规的部分条文不再实施,从而明确废除了普通法上适用于住所的欠租扣押财物制度,仅将这一私力救济方式继续适用于商用场所欠租的追收。因此,源自普通法并保留几百年的私力救济形式的欠租扣押财物制度以新的形式存留了下来。与确定私权的民事审判程序相比,民事执行程序是实现私权的程序,在私权确定后,义务人如不履行义务,权利人在私权被侵害或不能满足之时,基于自己的意思向国家提出保护请求,执行机关基于申请依照法定职责运用其公权力,强制义务人履行义务,以实现私权的内容。

同时,当事人在民事执行程序中的私权处分行为主要包括对实体权利的处分和对程序权利的处分,这两个方面的处分行为均属私权性质。在执行过程中,在国家强制力授权下的执行行为存在侵害执行当事人或第三人合法权益的可能,英国的民事执行程序赋予了执行当事人、利害关系人及案外人在其私权遭到侵害时的救济途径。可以说,作为私权救济的最后一道程序,民事强制执行是法律权威得以维护的重要形式。

公权服务于私权社会,是保障和促进私权的工具。当公民或组织通过正当途径不能行使或不能充分行使私权时,则需要拥有公权力的国家来调整私权社会的关系并解决私权社会的矛盾。民事强制执行权的运行以国家强制力为后盾,这种权力本身不是固有的,而是源于社会成员个体为了实现社会的整体利益在一定范围内对自己的权利作出的让渡,作为具有公权属性的民事执行,在以国家名义对被执行人所拥有的财产采取强制执行措施时,必须注意对私权的保护。

二、以利益衡量为方法

英国功利主义哲学思想的代表人物边沁,对自然法学和社会契约论进行了批判,以功利原理重构了法学。边沁的功利主义思想强调的利益追求不单是指对物质利益的追逐与享受,还包括精神和情感利益的获得与满足。这一思想以个人为出发点,但其归宿却不是个人而是社会,认为最高准则是追求最大多数人的最大幸福,然而在本质上其仍为利己主义者,因为他极力反对牺牲个人利益,认为失去个人利益,社会利益也无法存在。

德国法学家耶林(Rudolph von Jhering),深受边沁的功利主义法学的影响,认为法律的目的是达到个人目的与社会目的之间的平衡,成为19世纪新功利主义(目的)法学的创始人,其关于法律的目的在于谋求社会利益的思想,在20世纪初由利益法学派引入司法领域。利益法学对概念法学的各种不足进行了批判并主张采用利益衡量的解释方法,这一方法主要适用于利益的相互冲突与现有解决规则缺失的情形。法是立法者为解决相互冲突的各种利益而制定的原则,法官在适用法律时,必须首先确定什么是立法者所要保护的利益,因此,利益衡量方法将法官上升为社会公共利益和个人利益冲突的协调者和仲裁者,法官通过利益衡量,判断何者的利益更为重要,以最大可能地增进社会的整体利益。

然而,这一方法不仅在审判实践中普遍存在,在民事执行程序中也应当获得遵循。由于英国民事执行权在运行过程中关涉到不同类型的参与主体,除申请执行的债权人、被强制执行的债务人、高等法院执行员、执达吏、法院外,还有评估拍卖、变卖机构,扣押物的买受人以及案外第三人等,各主体之间的利益关系纵横交错、颇为复杂。因此,英国通过推行民事执行改革,适当协调民事执行程序所涵摄的不同参与主体在公法或私法上的利益关系,力图在追求执行效率的同时兼顾执行参与人的程序保障。英国对于民事执行程序所涉及主体利益关系的协调主要表现在以下两个方面。

一方面,注重执行机构所维系的强制执行权的权威性与其他利益主体私人利益之间的关系。就申请执行的债权人而言,民事执行权的有效运行保障其权利的实现,是国家意志的落实和对守法行为的肯定;对被执行人而言,民事执行程序通过促使被执行人充分考量拒不执行的违法成本而积极履行民事义务,从正反两个方面维护了民事执行权的权威性和执行行为的公信力。

另一方面,除维护强制执行权应有的权威性外,还必须保障民事执行权运行中各执行关涉主体之间的私人利益关系。基于尊重和保障人权的需要,除应当保障债权人正当权益的实现外,还应当公平地保护债务人的基本权利,维护案外第三人的合法权益。这就要求为民事执行权设置相应的控制机制,以实现对申请执行人、被执行人以及案外第三人的平衡保护。基于这一目的,民事执行权在运行过程中必须平衡下列矛盾:第一,既要使判决得以实现,又要保护弱势一方的利益;第二,既要阻止过分激进的执行行为,又要确保判决顺利执行;第三,既要尊重保护被执行人管理自己经济事务的权利,又要关心处理其过度负债的问题;第四,既要保护公民个人隐私权等权利,又要强调获取债务人信息的重要性。

通过利益衡量方法的运用,还可以规范执行权力,是实现有效执行的有益保障。执行工作并非机械地执行法院的令状和命令,还必须对法律规则背后的利益进行评估,亦需要对可执行的事项或利益进行衡量与判断,这些都在客观上为利益衡量方法的运用提供了可能。

三、英国民事执行权的控制模式

在具体的控制模式上,英国主要通过在欧洲联盟法的整体框架之下建立以权力制约民事执行权,以执行当事人和案外第三人的权利制约民事执行权,以科学、严密的程序制约民事执行权的形式,形成对民事执行权的三重控制机制,以改变权力过度集中、滥用执行权行为和监督制约不力的局面。当然，在强调分权与制约的同时，还应辅之以权力之间的配合与协调，以满足执行效率的需要。

（一）以权力制约权力

对权力制约作出最典型表达的是英国哲学家洛克，他以“权力约束权力”“用强力对付强力”“用野心对抗野心”等来阐述制约，通过权力对权力的对抗实现权力之间的制衡，任何权力想滥用都会受到其他权力的制约和对抗，因此，分权与制衡是权力规范运行的基本手段和重要保障。英国的民事执行权分为执行实施权、执行裁决权，分别由特定的人员和组织行使，构建了民事执行权内部的权力边界。

（二）以权利制约权力

“在现代法治国家，为防止权力滥用和权力腐败，任何国家权力的设定和运行都必须受到法律的约束。法律主要通过两种模式对权力进行控制：一是用分权的方法，以一种国家权力去制衡另一种国家权力；二是以为公民、法人和其他组织设定权利的方式，用权利去制约权力。”[1]就权利与权力的关系而言，权利的设定意味着法律划定了国家权力不得随意进入的空间。英国普通法上的执行豁免规则延续至今，在《世界人权宣言》及《保护人权与基本自由公约》（以下简称《欧洲人权公约》）的整体框架之下，英国对执行当事人及案外人设置了内容较为全面的实体人权。

（三）以程序制约权力

为债权人、债务人及案外第三人设置较为完备的执行救济程序是程序性人权保护的要求，同时可以实现以“程序制约权力”，执行救济程序的功能是将执行程序中的矛盾和争议外化，进而通过对相关主体权利的保护，启动执行程序的内部矫正机制以遏制和消化执行权力的违法问题。对于执行救济程序的完善，英国司法部不遗余力地努力着。例如，在2011年英国民事司法改革所发布的《郡法院纠纷解决咨询文件》中提到，在2010年5月，联合政府承诺作出以下规定：“我们将提供更多保护以免执

---

〔1〕 徐显明：《论“法治”的构成要件》，载《法学研究》1996年第5期。

达吏执行不合理的押记令,确保法院有权坚持返还占有始终是最后手段,并禁止对少于25,000英镑的无担保债务签发出售令。”

（四）欧洲联盟法的制约

在欧洲一体化的影响下,英国的法律结构和内容都发生相当大的变化,作为其中一部分的民事执行法也有了新的内涵和外延,英国民事执行制度的制定法从两个方面受到欧盟法的影响:一是在脱欧前基于成员方之间的协商签署民商事案件判决执行的公约,通过国内立法的行使转化实施公约的内容;二是在国内直接适用欧洲联盟理事会制定颁布的有关强制执行民事判决的条例。

第二节 以权力制约权力:英国民事执行权的分权制约机制

孟德斯鸠在《论法的精神》一书中提道:“自古以来的经验表明,所有拥有权力的人,都倾向于滥用权力,而且不用到极限决不罢休……为了防止滥用权力,必须通过事物的统筹协调,以权力制止权力。”[1]权力制约原则要求在各权力系统之间均衡地分配权力,使之既互相独立和分离,又互相对应且制衡,保持一种权力之间彼此相互牵制的均衡态势,任何权力想滥用都会受到其他权力的制约和对抗。英国民事执行权在运行过程中也遵循分权制约的原则,以防止民事执行权力过度集中,使权力的运行受到相应的控制,从而保证民事执行权公正、高效地运行。

一、英国民事执行体制上的“审执分离”

虽然民事执行权与审判权具有许多共通性和密切联系,但民事执行程序在目的与价值取向上明显具有区别于审判程序的特征:民事执行权的行使目的在于及时、不间断地实现生效法律文书中所确认的债权,在价

〔1〕［法］孟德斯鸠:《论法的精神》,许明龙译,商务印书馆2012年版,第185页。

值取向上注重效率；而民事审判权的行使是以消极中立的裁决视角公平地解决双方的纷争、确认当事人的民事权利，在价值取向上以追求程序公正和实体公正为其基本使命。

由于民事执行权属不同于民事审判权的一项独立权力，并不要求中立地行使权力，而审判权在行使时要求法官必须处于中立地位，如果将这两种运行规律截然相反的权力置于同一个部门，将不可避免地造成司法权的行政化。为保证法官独立，英国实行司法审判与司法行政事务分别管理的模式，法官承担审判职责，行使审判权，而司法行政权现由司法部统一行使，实行上下垂直领导，而英国司法部下属的行政机构——皇家法院与裁判所服务署（HM Courts & Tribunals Service）负责法院的其他事务并为法官提供行政支持及执行工作，行使司法行政事务的管理权，该部门的工作人员属于英国政府的公务人员。[1] 也基于此，英国民事执行权与民事审判权相分离是体制上的、实质性的分离，这是以英国司法"大部制"改革为背景、在英国执行机构的发展基础上构建而成的。

（一）宏观层面的"审执分离"

司法大臣是英国政府历史最悠久的职位，1885 年创立了由其所统辖的部门"司法大臣办公室"（Lord Chancellor's Office），最初为司法大臣的私人幕僚，仅履行少部分行政职能。1915 年，克劳德·舒斯特尔（Claud Schuster）担任司法大臣办公室常务副大臣后对该部门进行了改革，加强了该部门对法院系统的管理职能。直到 1971 年《法院法》（Court Act 1971）规定了英国现代法院制度，并明确了司法大臣办公厅对法院直接管理的权力，使其权力达到了顶峰。2003 年 6 月 12 日，英国成立宪制事务部代替了司法大臣办公厅的职能，2004 年 2 月，英国政府在上议院引入《宪制改革草案》，草案经过多次审议和修订，最终于 2005 年 3 月 24 日获得英女王御准，正式成为 2005 年《宪制改革法》（Constitutional Reform Act

---

〔1〕 See HM Courts & Tribunals Service, at http://www.justice.gov.uk/about/hmcts, accessed September 20, 2021.

2005)，结束了司法大臣集法官、上议院议长和内阁部长于一身的时代，将法院的司法行政事务交给独立于法院和司法行政部门的专门机关负责管理。2007 年 5 月 9 日，宪法事务部与内政部负责英格兰和威尔士的刑事司法政策、判决政策、假释、监狱和防止重新犯罪的部分合并为英国司法部。随着 2009 年 10 月 1 日英国《最高法院规则》的生效，意味着英国历史上第一个正式的最高法院开始启用，长期以来最高司法裁判权附属于立法机构的模式已经终结。

（二）微观层面的"审执分离"

在英国，最初从事王室法院民事判决执行事务的是集政治、军事及司法权能于一身的郡行政长官——郡长。在法官代表英国国王作出判决后，通过令状指令郡长负责执行，郡长则雇用民间具有追债专长的执达吏具体负责日常的执行事务。至 19 世纪，英国司法改革将普通法院与大法官法院合并，建立了高等法院接管原普通法院和大法官法院的初审司法权和来自下级法院的上诉司法权，1887 年《郡长法》确立了民选地方议会负责地方行政事务，郡长仅作为荣誉性职位存留下来，但该法明确将高等法院的动产扣押令状等令状的执行职责交由郡长承担。[1] 实践中，郡长则将强制执行工作授权副郡长和郡行政司法官员负责，但这一执行模式产生了行业垄断，导致执行效率不高。直至 2004 年《高等法院执行员规则》的生效，规定郡长、副郡长及郡行政司法官员不再拥有执行高等法院执行令状的权力，而是由私营执行部门的高等法院执行员在市场竞争机制下负责执行事务，其执业资格由司法大臣或授权的高等法院法官授予。

而郡法院判决执行制度的发展晚于高等法院，郡法院设立于 1846 年，根据《郡法院法》的规定主要受理小额民事诉讼案件，判决的执行及法律文书的送达主要由司法常务官(registrar)负责，司法常务官一般雇用执达吏具体实施执行，并向其支付相应的报酬。1984 年《郡法院法》

---

[1] 英国 1887 年《郡长法》第 8 条规定了郡长拥有执行动产扣押令状的权力，第 10 条规定了郡长执行动产扣押令状的责任。See *Sheriffs Act* 1887, at http://www.legislation.gov.uk/ukpga/Vict/50-51/55/contents, accessed September 20, 2021.

(County Courts Act 1984)第85条第(2)款规定，当判决当事人一方请求执行判决时，司法常务官应当签发一份与高等法院菲发令状相同性质的郡法院动产扣押令状(warrant of execution)，以获得授权扣押郡法院辖区内判决债务人的所有动产，在将该动产变价出卖后偿还判决或裁定中所确定的债务以及执行所产生的费用。这一权力通常被授予执达吏实施，郡法院执达吏是皇家法院与裁判所服务署的公务员，其录用、考核和监督均依照英国《公务员规则》进行。

英国另一类执行人员是私人执达吏，早期通过债权人的委托追索债务，现在拥有执业资格的持证执达吏有权从事私力救济性质的商用场所拖欠租金的执行以及地方政府追收欠税、治安法院为追收罚款所签发的执行令状的执行。私人执达吏的执业资格由法院授予，若执行当事人认为持证执达吏执业资格的授予并不适当，可以向签发法院投诉；若执行当事人对持证执达吏执行治安法院执行令状的行为存在异议，可以向皇家法院与裁判所服务署投诉。

1971年《法院法》第27条规定，在司法大臣办公厅下设立统一的法院服务机构，专门负责法院的人财物、司法管理和执行工作。在2006年，原法院服务署制定《司法工作发展战略》，为确保公民对法院的尊重和信心提出了加强民事执行的保障工作，“建立既涉及刑事领域又涉及民事领域强制执行的全国性的执行机制，严格管理罚金账户，追查不履行义务者，加大对执行机构的人力、物力的支持”[1]。虽然一部分动产扣押令状已经由皇家法院与裁判所服务署以合同形式外包给持证执达吏执行，但强制执行的责任仍由皇家法院与裁判所服务署负担。英国所采取的司法审判与司法行政事务分离管理的模式，使法官与执行人员的分工明确，实现了法官主导下的社会化或者市场化的执行体制。因此，英国的民事执行权与审判权实现了实质上的分离，也即法院和司法行政部门分别行使

〔1〕 蒋惠岭、林娜编译：《英国司法工作发展战略》，载《人民法院报》2012年9月28日，第7～8版。

审判权和执行权。

二、英国民事执行权的分配范式

英国民事执行法将民事强制执行行为与执行裁决行为完全加以区别，并且将一部分执行实施权分配给执行人员行使，法官通过对特定执行措施申请进行裁决来行使另外部分的执行实施权，形成了由法官主导，执行人员以法院官员签发的令状为执行依据，并向法官报告执行情况的执行体制。在这一体制下，执行实施权由执行人员和法官针对执行申请人选择的执行措施行使，执行裁决权则由巡回法官统一行使。

（一）民事执行实施权

相比法国的民事执行法中仅赋予执达员（huissier）实施民事执行措施的权力，英国的执行实施权的行使较为复杂：一方面，2007 年《裁判所、法院与强制执行法》第 67 条规定，将 1984 年《郡法院法》第 85 条第（2）款规定的原司法常务官（现为郡地区法官）签发动产执行令状并强制执行的授权，改为由司法大臣授权或司法大臣的代表授权的人享有，在实践中通常为法院官员负责；另一方面，法院判决的执行可以通过动产扣押令状等执行令状方式实现，执行令状由法院办公室负责签发，一般无须法官干涉，[1]高等法院执行员和郡法院执达吏享有通过扣押动产等执行措施实现判决债权人权益的权力。因此可以说，执行动产扣押令状的权力由执行人员单独享有，即被 2007 年《裁判所、法院与强制执行法》称为“强制执行权”，但是在其他财产权利的执行上，如土地、房屋、债务人工资收入等，执行人员被完全排除在执行程序之外，而是须经过债权人申请、法院审查的程序实现。[2]

---

〔1〕 执行令状一般由法院官员负责签发，但是在判决作出已超过 6 年、一方当事人死亡致使当事人变更、法院发出的动产扣押令已经生效或者由于部分合伙人的债务而执行合伙企业的财产的情况下，签发执行令状需要经过法院的许可。

〔2〕 See Wendy Kennett, *The Enforcement of Judgments in Europe*, Oxford University Press, 2000, p. 90 – 91.

1. 执行人员享有的强制执行权

高等法院执行人员、郡法院执达吏（法院）、私人执达吏经过法律或法院官员签发令状的授权享有强制执行权，但其行使权力范围仅限于单纯的执行事务性工作，进行民事执行时以执行令状为中心。具体包括动产控制权、扣押动产处分权、交付占有权、动产交付权和商用场所欠租追收实施权。

（1）动产控制权

在普通法发展历史上，执行人员在强制执行（titres exécutoires）程序中的主要任务是扣押和出售动产。[1] 因此，英国法院事务管理局及其执行员行使的执行权仅是动产的扣押、强迁和强制交付等行政性的权力。也即，只有高等法院与郡法院签发的动产扣押令状的强制执行是属于司法行政部门负责的执行业务，而这一程序具备纯粹的行政属性，无须司法裁决。虽然动产扣押令状只适用于法院判决所确定的债务且有可供执行的动产的情形，但这一执行措施依然是在英国民事案件中运用最多的，均由执行人员负责执行。[2] 相比其他执行措施而言，强制执行中大量动产扣押令状的运用，也许可以部分归因于这一方法的百年传统。

高等法院执行员、郡法院执达吏有权通过扣押属于判决债务人的相应价值的动产来获得未偿债务和执行费用，如果判决债务人不偿还欠款则货物以公开拍卖的形式出售。执行人员首先享有扣押实施权，其可以扣押判决债务人的任何财物，包括机动车、金钱、本票和证券，除了判决债务人个人就业、商业或职业所必要的财物，以及判决债务人和其家人基本生活的必需品。判决债务人有责任明确提出免受扣押的财物。若财物位于第三方处所，高等法院执行员或执达吏是否可以合法进入，完全取决于案件的情况。对此，基本规则是如果将财物带至第三方处所是为了避免

〔1〕 See Wendy Kennett, *The Enforcement of Judgments in Europe*, Oxford University Press, 2000, p. 83.

〔2〕 See Claire Sandbrook, *Enforcement of a Judgment*, 11th edition, Thomson Reuters (Legal) Limited, 2011, p. 71 – 72.

合法执行且请求进入已经被拒绝，则高等法院执行员或郡法院执达吏可以进入第三方处所。

根据 1980 年《治安法院法》(Magistrates' Courts Act 1980)第 76 条第(1)款的规定，持证私人执达吏经执行治安法院签发的扣押令状(warrant of distress)授权，可以通过扣押动产方式追收治安法院的罚款。

(2)扣押动产处分权

除了享有扣押实施权外，执行人员还享有扣押动产处分权：在扣押债务人所有的动产后，执行人员有权根据具体情况采取公开拍卖的方式，或者向法院申请通过签订私人合同、参加投标、广告及法院认为适当的其他方式变价出售该动产。根据 2013 年《动产控制条例》第 38 条规定，执行人员应当至少在控制动产出售前 7 日向债务人发出通知，所发通知必须包含规则规定的内容。

(3)高等法院执行员、郡法院执达吏的交付占有权

判决债权人在申请执行法院判决时可以选择采取占有令状的执行措施，即请求法院签发不动产占有令状(writ/warrant of possession)，以赋予高等法院执行员或郡法院执达吏权力强制债务人迁出房屋或退出土地，使申请执行人获得占有，并给付相应的执行费用。

(4)高等法院执行员、郡法院执达吏的动产交付权

判决债权人向法院申请通过动产交付令状(writ/warrant of delivery)的方式执行法院判决，高等法院执行员及郡法院执达吏在接到法院签发的交付令状后有权强制判决债务人返还原物。

(5)私人执达吏的商用场所欠租追收实施权

虽然 2007 年《裁判所、法院与强制执行法》明确废除了普通法上的欠租扣押财物制度，但是该法设立了适用于商用物业的类似于欠租扣押财物制度的索回商业欠租制度(commercial rent arrears recovery system, CRAR)。根据《裁判所、法院与强制执行法》第 72 条的规定，商用场所出租人有权依照该法附录 12 规定的“动产控制程序”向承租人追收拖欠的租金，该法赋予出租人的这一权力称为商用场所欠租追收权。除了在

2007 年《裁判所、法院与强制执行法》第 2 章外,2013 年《动产控制条例》第 7 章也规定了索回商业欠租程序。

然而,出租人本人不得实施商用场所欠租追收权。根据 2013 年《动产控制条例》第 51 条的规定:"出租人根据 2007 年《裁判所、法院与强制执行法》第 73 条第(8)项的规定授权他人代表自己实施商用场所欠租追收权的,(a)只能授权于执行人员,(b)采用书面形式并由出租人签字,并提供以下资料:(Ⅰ)授权的日期;(Ⅱ)出租人的姓名和联系方式;(Ⅲ)被授权人的姓名和联系方式;(Ⅳ)被授权人可以辨认其代表出租人行使权力的商用场所的足够信息;(Ⅴ)拖欠租金的金额;以及(Ⅵ)拖欠租金的期间。"

只有依照 1988 年《欠租扣押财物规则》规定的颁证程序、取得郡法院认可的持证私人执达吏才有权实施这一权力,除非出租人本人为取得资格的持证执达吏。也即在英国,享有商用场所欠租追收权的出租人,一般通过书面形式授权持证执达吏代表其行使这一权力。

2. 法院的执行实施权

在英国,除动产扣押执行令状的执行由执行人员负责实施外,还设置了通过"诉讼化"的方式(court-based methods)逐步推进的执行措施,包括"第三方债务令"、"押记令"、"扣押入息令"、"指定接管人"、"拘捕令"及"查封令状"(writ of sequestration),主要通过债权人申请、法官或法院官员进行审查的模式进行。然而,法官的这一权力不同于执行人员的执行实施权,法官有权对通过"诉讼化"的方式所实施的执行措施进行审查并作出决定。在郡法院,地区法官(district judge)主要负责实施执行实施权,其职能具体包括扣押入息令、押记令、第三方债务令及拘押令的审理和签发。

(1)第三方债务令的签发权

2001 年《民事诉讼规则》增补的第 72 章《诉讼指引》对第三方债务令进行了规定,自 2002 年 3 月起生效。该法第 72 章取代了有关债权扣押令的旧规则,规定了更清晰和更简单的程序,第三方债务令在判决债权人希望由欠判决债务人钱的第三方支付时使用。在大多数情况下,第三方是持有判决债务人银行账户的银行或建房互助协会。

根据该法第72章的规定，享有第三方债务令申请管辖权的法院是作出判决的法院，并且第三方债务人必须在英国司法管辖范围内，否则法院不会发出相应命令。若申请复核法定条件，法院有权发出“第三方债务临时令”（Interim TPDOs），临时令会确定一个听证日期以决定是否发出“第三方债务终局令”（Final TPDOs），在听证过程中，法院享有自由裁量权决定是否发出第三方债务终局令。

第三方债务临时令的主要作用是在第三方持有判决债务人金钱并进行处分时，防止第三方作出任何可能使金钱数额低于债权数额（包括申请费用在内）的支付。如果判决债务人确实困难，如债务人不能缴纳他的房租或购买食品，判决债务人可以申请困难支付令（hardship payment order），但这一制度只适用于债务人是自然人且第三方为银行或建房互助协会的情形。按照《民事诉讼规则》第72章第7条的规定，允许债务人一次或多次从账户中提取金钱用以支付日常开支。这充分体现了法院在审查第三方债务令申请时对判决债务人和债权人之间的权利进行的衡量。

（2）强制押记权

1979年《押记令法》赋予法院强制对债务人所有的土地、房屋、有价证券以及存于法院的储存金进行押记的权力，押记令是一种间接的执行措施，当法院发出押记令后，判决债权人可以申请出售令将已作押记的财产出售，以清偿判决债项、利息及执行费用。在某些例外情况下，申请押记令可以不另行通知，但必须由作出判决的法院发出。

英国民事执行改革对押记令程序进行了完善，并在《民事诉讼规则》第73章中规定了这一程序。根据该法规定，作出判决的高等法院或郡法院享有对押记令申请的管辖权，事实上，押记令通常由郡法院作出，高等法院对此的管辖权较为有限。[1]

当债权人的申请符合相应条件，法院将发出临时押记令（interim

---

〔1〕 See Mads Andenas, *Civil Enforcement in England and Wales*, 17 Eur. Bus. L. Rev. 619, 629 (2006).

charing order),其间所涉及的主体都应履行相应的义务:若涉及土地的押记,债权人必须向土地注册处登记历史押记令;债务人不得处置被押记的财产;而其他收到临时押记令的个人和团体不得将有价证券转让或支付该证券有关的任何股息、利息或赎回金。

法院在临时押记令确定的日期举行听证,依自由裁量权决定是否发出终局押记令,法院必须考虑所有相关的情况和所涉各方的利益,包括债务人的个人处境、债务人家庭成员的利益、是否会对其他无担保债权人的利益造成损害以及是否有其他更合适的执行措施等,以决定是否发出终局押记令。如果债务金额很小,申请对有实际价值的资产的押记令通常不被准许,若判决债务是分期偿还的,押记令可以保障全部债务的实现,而不仅仅是拖欠的分期付款。

在审查决定是否发出出售令时,法官还须遵循平衡债务人家庭与债权人利益诉求的规则,即法官在判决债权人的利益与债务人家庭利益之间进行平衡。一方面,法官会考虑判决债权人对通过出售强制执行押记令的合理期望;另一方面,考虑财产所有权的归属情况:(1)若财产是由判决债务人单独享有的,则法院将可能签发出售令;(2)若判决确认的债务可以在合理时间内通过其他方式偿还,或因变卖其财产将会给债务人带来与判决债项金额及债务人财务状况不相称的任何困难,法院可以决定不发出或推迟发出出售令,如果是因子女抚养困难而推迟发出出售令的,出售令的执行将暂缓至判决债务人的子女达到一定年龄。

(3)扣押入息令的签发权

扣押入息令是在判决债务人持续地处于雇佣关系中并且有足够的收入时,有效实现债权的执行措施。裁定判决债务人的雇主定期扣减判决债务人的工资,并将扣除的资金支付给法院官员,直到债务全部清偿为止。

1971年《扣押入息法》对享有扣押入息令申请管辖权的法院进行了规定:扣押入息令大多由郡法院发出,郡法院可以发出扣押入息令以保障高等法院及郡法院执行赡养费令、判决所确定的债务及破产保护令所规定款项的执行，而高等法院只能签发扣押入息令以确保高等法院发出的支付赡养费令得以执行。

扣押入息令的签发由法院官员或地方法官作出，根据《郡法院规则》第27章第7条第(1)项规定，如果法院官员在收到判决债务人的答复后拥有足够的信息，其可以签发扣押入息令。如果扣押入息令由法院官员签发，判决债权人或判决债务人可以在14日内请求法院举行听证以重新审查并提出理由。在听证过程中，地区法院法官有权维持发出的扣押入息令或撤销或重新发出其认为更为合适的扣押入息令。如果法院官员认为不应发出扣押入息令，他应当将申请移送给地区法院法官。如果后者认为信息充足，则其将准许申请。否则，地区法院法官必须指定举行听证的日期。因此，扣押入息令的作出机关关键在于是否有"足够的信息"，这将视情况而定，但完全由地区法院官员或地区法院法官决定。[1]

(二)执行裁决权及对其的控制

根据2007年《裁判所、法院与强制执行法》附录12第60条的规定，第三人有权基于对执行财物所有权的异议向法院申请启动第三人申索动产程序。由于在郡法院的司法实践中，地区法官负责对第三方债务令、扣押入息令、押记令等执行措施的申请进行审查及签发，为防止权力滥用，将执行裁决权赋予郡法院巡回法官，由其对案外人所提出的异议加以审理，如果案外第三人对郡法院巡回法官的判决不服，则可以上诉到民事上诉法院。

虽然民事执行裁决权的行使与民事审判权存在相似之处，但由于执行裁决事项与民事执行程序有密切的关联性，其与普通民事案件的审判程序存在明显差异。衡平法所确立的竞合权利诉讼与制定法所确立的第三人申索动产程序实为英国处理执行程序中实体权利争议的救济制度，其具有独立价值。首先，二者提起的方式不尽相同，当第三人对扣押的财

---

〔1〕 See Mads Andenas, *Civil Enforcement in England and Wales*, 17 Eur. Bus. L. Rev. 619, 631 (2006).

物主张权利，而债权人收到通知后又坚持继续扣押时，为摆脱这样的两难境地，执行人员可以停止执行扣押并向法院提出申请，申请提出后，债权人的主体地位被突出，而执行人员的主体地位则相应弱化。其次，第三人申索动产程序提起的时间限制在执行程序开始至执行终结，第三人对已经执行的或即将被执行的债务、金钱或动产均可主张权利。再次，法官的职权更大，法官最终有权对该程序中出现的所有问题作出裁判。[1] 最后，即使第三人对执行人员提出异议，或者对执行人员乃至债权人提起侵权诉讼或准备提起侵权之诉，执行人员都可以向法院提出确定竞合权利诉讼，使第三人不能真正绕过确定竞合权利诉讼程序。

三、对民事执行实施权的控制

由于英国执行裁决权在控制上主要通过上诉审查实现，与执行实施权的控制呈现出完全不同的模式，本书则重点考察后者的控制机制。英国对执行人员享有的执行实施权进行控制主要是通过私营执行人员的资格授予、规范执行人员行为、完善执行救济的途径来实现的。

（一）执行人员执业资格受到法官的控制

英国执行人员执业资格的授予分为以下情况：高等法院执行员的资格由司法大臣或其授权的高等法院法官授予，持证私人执达吏的执业证书则由郡法院法官负责签发，郡法院执达吏本身即为皇家法院与裁判所服务署的公务员，其聘用受公务员法规的调整。

1. 高等法院执行员向司法大臣及其授权法官负责

根据2004年生效的《高等法院执行员规则》，成为高等法院执行员需要向司法大臣或其授权的高等法院法官提交书面申请，申请书须包含姓名、住址、出生日期、是否曾受过刑事处罚等个人信息以及一份由本人签署的证明书面申请为真实内容的声明，同时须注明请求从事执行事务的

---

〔1〕 See *Civil Procedure Rules* 2008, *Schedule* 1 *RSC Order* 17 *Interpleader*, *Rule* 11, at http://www.legislation.gov.uk/uksi/1998/3132/schedule/1/made, accessed September 28, 2021.

工作区，并提交相应的证明文件。需要说明的是，申请成为高等法院执行员的个人须持有依据1974年《消费信贷法》的规定而取得的“消费信贷执照”。这是由于英国《消费信贷法》规定，向消费者提供信用消费或信贷服务的公司必须持有英国公平交易局（Office of Fair Trading）签发的“消费信贷”执照，否则构成犯罪，将被处以罚款或监禁。而高等法院执行员或执行公司按照一定比例收取执行费用，实质上是一种“先提供服务、后收取费用”的经营方式，类似于提供赊购服务或信用消费服务，所以从事执行工作的高等法院执行员必须持证经营，在债务执行工作中须遵守公平交易局的规定。除此之外，公平交易局还制定了《关于追讨债务的指导性意见》（Debt Collection Guidance）以规范执行。[1]

在决定授权申请人高等法院执行员的资格后，执行员只能在其申请的执行工作区内从事执行事务，如果司法大臣认为有必要确保每个执行工作区都配备足够的高等法院执行员，则允许高等法院执行员在任何地区从事执行事务。虽然高等法院执行员在授予资格后可以独立地实施执行行为，是独立的执行主体，但是其在从事执行工作时需向司法大臣及其授权法官负责。

2. 私人执达吏向郡法院法官负责

最初，私人执达吏申请相应证书是为了有资格接受出租人委托扣押财物以追收欠租，因为英国在1888年《欠租扣押财物法（修正案）》（Law Of Distress Amendment Act 1888）中，明确要求只有持有郡法院法官签发的证书才可以以执达吏的身份通过扣押承租人财物的方式追收欠租。随后，私人执达吏从事的其他债务追收业务也逐渐对持证资格有了要求。例如，1991年《道路交通法》（Road Traffic Act 1991）第78条规定，拖欠缴纳依据该法第2部分应当缴纳的道路交通费用的，应当由持证执达吏负责追收，除持证执达吏之外的任何人若实施该行为将被认定为侵权，该条第（6）款明确指出这里的持证执达吏是指由郡法院法官或特定情况下由

〔1〕 参见张永红：《英国强制执行法》，复旦大学出版社2014年版，第232页。

司法大臣、地区法官授予由其签署的执业证书的执达吏,[1]在1993年生效的《道路交通债务(持证执达吏)条例》[The Enforcement of Road Traffic Debts (Certificated Bailiffs) Regulations 1993]中更加细化了以上规定。

首次对持证执达吏的证书申请、证书样式、证书的授予、证书的有效期、证书的注销等内容进行详细规定的是1988年《欠租扣押财物规则》,相关规定在经过多次修改后形成了完整的体系。

私人执达吏若想持有执行执业资格证书,应当向其居住地或主要执业地所在的法院提出申请,同时提交相关材料并缴纳申请费用。申请递交法院后需进行公示,公示期为60日,其间任何人认为申请人不应被授予私人执达吏资格的可以向法官提出异议。法官对所提交的申请进行审查的主要方面包括:(1)申请人是否是持有私人执达吏证书的适当人选;(2)是否有完善的动产扣押法律法规;(3)是否并未参与债务买卖业务等。法官认为符合审查标准则向申请人签发资格证书,该证书的有效期为两年,到期必须交回签发法院,如需继续执业则需要重新加以申请,否则不能再继续从事民事执行事务,但并不影响其此前所实施的执行行为。

除了授予执行资格证书外,法院还有权依申请对证书内所载执达吏的基本情况进行变更,并且在执达吏证书遗失后可以向法院申请补办。更重要的是,法院拥有处理执达吏持证资格异议的权力,无论是执行当事人、执行人员的雇佣者还是执行行业协会都有权提出异议,法院在处理时只需考虑执行人员是适合继续持有资格证书,还是应当暂缓该证书的使用。[2]

(二)就执行人员的执行行为展开咨询审查

目前,英国民事执行法关于动产扣押及变价受偿的规定较为复杂、模

---

[1] See Section 78, *Road Traffic Act* 1991, http://www.legislation.gov.uk/ukpga/1991/40/section/78, accessed September 28, 2021.

[2] See Ministry of Justice, *Transforming Bailiff Action: How We Will Provide More Protection against Aggressive Bailiffs and Encourage more Flexibility in Bailiff Collections*, at https://consult.justice.gov.uk/digital-communications/transforming-bailiff-action, accessed September 25, 2021.

糊和混乱，包含了大量议会立法、行政法规以及大量使用古英语的普通法，这一点从上文便可得知。除此之外，根据不同类型债务的追收，将执行人员分为不同种类的执达吏和执行员的做法，导致执达吏和执行员极易滥用其拥有的合法权力。2007 年《裁判所、法院与强制执行法》第 3 章将英国现有的动产扣押和变价出售扣押物的规则进行了统一，同时取代了现有法律中对欠租扣押财物制度的规定，一方面废除了普通法上沿用了几百年的住所欠租扣押财物制度；另一方面完善了商用场所欠租扣押财物制度的规则，但在该法颁布后一段时间内，这部分规定并未付诸实施。该法附录 12"动产控制程序"重点对执行人员控制及变价出售动产的整个程序进行了规定，包括通知的送达、控制动产、进入权、扣押动产的看管、扣押动产的变价出售以及收益的分配程序。

由于执达吏的行为具有侵入性（intrusive）的本质属性，若想有效执行，执达吏必须表现得自信而坚定，而坊间证据表明，部分执达吏一味地追求执行的有效性而在执行过程中表现出一定的侵犯性。为了实现有效执行与保护执行当事人免于执达吏不法行为侵害的平衡，建立公平、透明且可持续的收费体制与为执行人员提供合理报酬之间的平衡，减少行业过度管理与确保有效保护弱势群体的平衡，2012 年 2 月 17 日至 5 月 14 日，英国司法部针对执达吏行为开展了专项咨询审查活动，发表了题为《转变执达吏行为——面对侵犯性执达吏如何提供更多的保护以及增强执达吏收债的灵活性》的咨询文件，[1]这一文件列举了转变执达吏行为、保护公民防止受到侵犯性执达吏侵害的建议，希望通过简化和明确执行程序，完善执行人员的问责机制，避免不必要或不适当的执行行为发生。

此次咨询共收到来自包括公共执行部门、私营执行部门、债权人、公共和司法机构成员的反馈意见 254 份，可以说对象是较为广泛的。针对这些意见，司法部又发表了此次咨询的反馈文件，涉及对咨询背景、反馈

---

〔1〕 See Ministry of Justice, *Transforming Bailiff Action: How We Will Provide More Protection against Aggressive Bailiffs and Encourage More Flexibility in Bailiff Collections*, at https://consult.justice.gov.uk/digital-communications/transforming-bailiff-action, accessed September 25, 2021.

意见的概述,对咨询文件所提出问题的详细答复以及进一步将采取的措施。

1. 侵犯性执行行为的类型化

不可接受的被认定为侵犯性执行的行为包括:第一,失实陈述其拥有的合法权力,包括使用武力威胁、不适当地进入债务人相关处所、威胁要扣押其无权扣押的动产、扣押与其所执行的债务金额不相称的动产;第二,收取过高的执行费用,包括"幽灵访问"却收取费用、未实施执行行为却收取费用;第三,威胁行为,不必要地使用武力、推搡他人以进入门内,威胁监禁他人。

对此,政府认为可以采取杜绝执达吏侵犯行为的保障措施主要有三个方面:第一,针对执达吏失实陈述其拥有的合法权力,应实施2007年《裁判所、法院与强制执行法》中的相关规定,并确保执行各方主体明确其享有的权力和应当履行的义务;第二,针对执达吏收取过高的执行费用,应当建立清晰和透明的费用体制,依据2007年《裁判所、法院与强制执行法》明确执达吏可以收取的费用,确保执行各方主体可以很容易地理解执行费用制度;第三,针对执达吏实施威胁行为,则可以通过培训执达吏及完善投诉程序来加以防范。

2. 完善执行行为投诉处理程序

英国有关执行人员投诉处理主体的规定较为复杂,并且各方主体对投诉处理机构的责任承担问题还存在争议。

(1)执行人员投诉的处理主体

英国政府认为,对于大多数针对私营执行部门执行人员的投诉,应当首先尝试由执行人员或其雇佣者来解决,又由于大多数英国的执行人员隶属于民事执行协会或高等法院执行员协会,作为这些机构的成员必须遵守各自协会所制定的实务守则,在执行公司处理之后,在必要情况下再提交至行业协会依据其规定的投诉程序进行处理。对此,英国民事执行协会与高等法院执行员协会共同研讨制定统一的投诉处理程序,使其适用于整个执行行业,并可以适用于网络平台。

这两个行业协会的成员涵盖了英国大部分的执行人员，而不属于协会成员的小部分执行人员主要是小型执行公司或者个体经营者，他们通过与大型执行公司签订分包合同从事执行业务。因此，针对这些执行人员的投诉由与其签订合同给他们分包业务的公司负责处理。

对于持证私人执达吏，由于其从事的执行事务主要来自地方政府部门或皇家法院与裁判所服务署的委托，因此还受到执行事务委托者的监督。其中从事追收拖欠缴纳地方政府所征收的市政税、非家庭财产税以及道路交通欠费的持证私人执达吏，由于其执行权力的来源是地方政府的委托，因此，在执行过程中出现的投诉应当由委托的地方政府负责处理。对于另一类债务——治安法院罚款的强制执行权，来自皇家法院与裁判所服务署的授权，所以，该治安法院罚款执行程序中的任何投诉应当向皇家法院与裁判所服务署提出。

事实上，2007 年《裁判所、法院与强制执行法》已经为债务人提供了法定救济途径，但在此次审查时该规定并未付诸实施，专家组建议应当实施该法附录 12 第 66 条规定的债务人在执行人员实施控制动产行为时违反特定程序或在行使强制执行权时存在瑕疵的救济程序。在这一程序中，债务人应当向有关法院提出申请，当执行人员行使高等法院执行令状授予的强制执行权存在瑕疵时债务人应向高等法院提出，当行使郡法院执行令状授权存在瑕疵时则应向郡法院提出，其余情形可以向高等法院或郡法院提出。法院有权命令执行人员及其他相关人员返还债务人的财产或赔偿债务人因此遭受的损失。

(2)对投诉处理程序的审查计划

大部分执行部门和债权人认为现有投诉程序的设置已经较为完善，无须政府进一步干预，这一点也得到了英国地方政府巡视官员的赞同，但是，他们认为政府部门受理针对执行人员的投诉将会影响自身管辖权的行使。咨询部门则认为现有程序并不充分，有时甚至不能发挥应有效用：即使通过执行公司或行业协会处理有关投诉对规范执行人员行为起到了一定作用，但由于其与执行人员的关联关系，使其很难客观地对待和处理执行程序中产生的不满,故而应当由独立的主体处理相关投诉并设置独立程序。对于这一问题,此次咨询活动组成的专家组认为所有利益相关者与地方政府应当共同进行详细商讨,为债务人设置合理的救济途径,应当特别关注债务人权利受损时如何能够及时补救的问题。[1]

除此之外,英国政府还承诺为债务人提供更多的保护措施以确保其免于受到执达吏侵犯行为的侵害,并且在相关审查文件中重申了这一精神,在确保债务顺利执行的同时加强对债务人的保护以确保其免受"流氓"执达吏的侵害。具体而言,政府将提交议会讨论有关 2007 年《裁判所、法院与强制执行法》第 3 章的完善,制定有关该法第 3 章的配套实施细则,包括收费体制、完善执达吏认证程序以及法院规则,最终成立由所有利益相关者团体代表组成的工作小组,这一机构所担负的主要职责为研讨突出问题并开展规则实施后的审查工作。[2]

(三)完善执达吏动产控制行为的标准

2012 年,司法部更新了《执行人员的国家统一标准》,增加了对执达吏恐吓和威胁行为的规制,以防止执达吏滥用其权力,并完善相关投诉程序。这一更新进一步推进了执达吏监管体制改革的步伐。时任英国司法部法务大臣的乔纳森·嘉诺格里(Jonathan Djanogly)在宣布这一标准时,提出了创建新的执达吏监管体制的建议,即应当明确执达吏行使进入权的时间和方式,何时以及如何进入债务人的住所或商用场所;明确免受执行的动产类型以及执达吏可以收取执行费用的范围。[3]

---

〔1〕 See Ministry of Justice, *The Government Response*, *Transforming Bailiff Action*: *How We Will Provide More Protection against Aggressive Bailiffs and Encourage More Flexibility in Bailiff Collections*, at https://consult. justice. gov. uk/digital-communications/transforming-bailiff-action, accessed September 25, 2021.

〔2〕 See Ministry of Justice, *The Government Response*, *Transforming Bailiff Action*: *How We Will Provide More Protection against Aggressive Bailiffs and Encourage More Flexibility in Bailiff Collections*, at https://consult. justice. gov. uk/digital-communications/transforming-bailiff-action, accessed September 25, 2021.

〔3〕 See Ministry of Justice and Jonathan Djanogly MP, *Bailiff Rules Tightened in First Step of Reform*, Published 13 January, 2012, at https://www. gov. uk/government/news/bailiff-rules-tightened-in-first-step-of-reform, accessed September 25, 2021.

2013 年,英国司法部公布了《动产控制:国家标准》,作为执达吏和执行人员在执行程序中实施动产控制行为所应遵守的最低标准,于 2014 年 4 月 6 日付诸实施。新标准所涉及的内容包括职业道德和责任、投诉程序、访问债务人的时间、扣押动产、如何对待弱势债务人。但以上内容并不能替代地方协议和现有的立法规定和实施细则,因此这一文件并不具有强制约束力。[1]

首先,执行人员的执行行为必须遵守法规和专业性的要求。执行人员必须依法行事,以专业、沉稳而庄重的方式,妥善发言,并慎重而公正地行事。在执行过程中还应符合健康和安全的要求,严格为执行当事人保密,并遵守《数据保护法》和 2000 年《信息自由法》(Freedom of Information Act 2000)的规定。

其次,禁止执行人员通过失实陈述他们的权力、资历、经验或能力来误导、欺骗他人。例如,执行人员暗示或告知债务人如果阻止其扣押财物将构成犯罪行为。也不得在执行时,通过手势或行动等可能合理地被解释为恐吓的方式暗示债务人及其家人有受到伤害或可能受到伤害的危险。另外,无论是故意还是过失,执行人员都不得采取可能公开使债务人感到尴尬的方式实施执行行为。

再次,在执行时间上,特别要求执行人员应当尊重他人的宗教信仰和文化,慎重考虑在宗教或文化纪念活动中,以及任何重大的宗教或文化节日时实施执行行为是否恰当。同时规定除非法庭另有授权,执行人员只能在早上 6 时至晚上 9 时或交易时间内采取执行措施。

最后,对保护脆弱债务人进行了特殊规定。执行人员与债权人都负有在执行程序中保护社会弱势群体的义务,当面对类似情形时,双方对如何处理应达成一致。此时,执行人员享有自由裁量权,有责任向债权人反映相关情况。例如,在执行过程中遇到老年人、残疾人士、病重的人、最近

---

〔1〕 See Ministry of Justice, *Taking Control of Goods: National Standards*, at https://www.gov.uk/government/uploads/system/uploads/attachment_data/file/353396/taking-control-of-goods-national-standards.pdf, accessed September 25, 2021.

失去亲人的人、单亲家庭成员、孕妇、失业人员或听说读确有困难的人。在必要情况下，如果进一步采取措施是合理的，执行人员应向债权人提出建议，一方面是为了保护债务人，另一方面也是为了避免执行人员遭受不当行为的指控。具体而言：如果执行时，债务人处所中只有一人并且此人是或可能是16岁以下的未成年人，则执行人员必须从债务人处所中退出，但有权询问债务人何时在家；如果债务人处所中只有一人并且此人是或者可能是12岁以下的儿童，执行人员必须退出并不得对其进行询问；如果由于年龄、健康或残疾的原因，他们无法保护自己的个人福利或其他家庭成员的个人福利，可以认定债务人处于弱势。

（四）明确执达吏动产控制行为的新规则

在此次关于侵犯性执达吏的公众咨询结束后，英国政府积极采取行动，于2013年7月针对执行人员的行为提交了更为广泛的改革方案，即贯彻实施旨在保障市民免受执达吏侵害的严格的新法律——2007年《裁判所、法院与强制执行法》第3章的规定。时任英国司法部法务大臣的海伦·格兰特（Helen Grant）谈及这一法规时曾说道："我相信周围有很多非常不错的、有信誉的执达吏，但在执行过程中仍有一些不好的行为需要加以纠正，长久以来，执达吏不受管制，少数执达吏的不良行为使得整个行业背负骂名，这些法律将有助于清理执行行业，确保执达吏遵守相应规则，同时促进债务得以公平地收回。"[1]2014年1月，在英国伦敦召开了民事执行协会会议（civil enforcement association conference），司法部法务大臣福克斯勋爵（Lord Faulks）在会上也表示："这些法律规定将有助于使这一行业更加规范，确保执达吏遵守相应规范，同时保障企业和公共机构可以收回他们的债务。"[2]

---

[1] Ministry of Justice, *Tough New Laws on Aggressive Bailiffs*, Published 30 July, 2013, at https://www.gov.uk/government/news/tough-new-laws-on-aggressive-bailiffs, accessed September 25, 2021.

[2] Ministry of Justice, *Bailiffs Getting Ready for Tough New Regime*, Published 29 January, 2014, at https://www.gov.uk/government/news/bailiffs-getting-ready-for-tough-new-regime, accessed September 26, 2021.

2013 年 7 月,英国议会通过的《动产控制条例》于 2014 年 4 月 6 日起正式实施。该规则在 2007 年《裁判所、法院与强制执行法》附录 12 的基础上,整合了判决债务、欠税、欠费和欠租扣押程序中的不同规定,包含从申请到债务人动产的扣押,再到扣押动产变价出售的整个程序,形成了统一的动产控制程序。这里的“控制”指的是执行人员行使法律所赋予的强制执行权过程中对债务人的动产所实施的移动、扣押、变价出售等行为。

该法第二部分详细规定了动产控制程序,第三部分规定了扣押动产出售程序,其中包括对执行人员执行行为作出的一些限制性规定,还包括对执行当事人权益的保护。以下将分别就这两个方面加以阐述。

1. 新规则对执行行为的限制性规定

(1)对时间的限制

首先,在发出执行通知后,在执行人员采取控制措施之前,必须给予债务人至少 7 个工作日的时间清偿债务。

其次,执行人员在自通知债务人之日起,12 个月内可以控制债务人的动产,即执行人员可以控制该动产的最长时间不得超过 12 个月,超过 12 个月不通知变价出售的,视为执行人员舍弃扣押。

再次,2013 年《动产控制条例》将新的执行人员执行标准《动产控制:国家标准》加以确认,执行人员不得在早上 6 时之前以及晚上 9 时之后实施动产控制行为,即禁止执行人员在夜晚会见债务人。但当执行人员向法院提出申请,或者该动产位于债务人或他人的经营场所而营业时间不在以上规定的时间段内的,或者执行人员在规定时间内实施控制行为但持续至禁止时间段之外并且持续的时间是合理的,则可以放宽对以上执行时间的限制。

最后,在扣押债务人动产后,出售该动产之前必须给予债务人一定时间清偿债务以赎回扣押物,在此期间除债务人及其共有人同意外,执行人员不得出售扣押物。2007 年《裁判所、法院与强制执行法》附录 12 第 39 条要求各执行规则分别根据不同的执行领域规定最短扣押期间,2013 年英国《动产控制条例》第 37 条规定,在将动产进行扣押后需经过 7 个工作日才能进入变价出售程序。

(2)对进入权的限制

对于债务人的住所或经营场所,在执行时执行人员可以平和进入,但进入第三人的处所需要取得法院令状的授权,取得令状的条件是执行人员拥有强制执行权并且有理由相信该场所存有可供扣押的债务人的财物,并且该令状允许执行人员重复进入(re-entry)该场所。[1] 执行人员在进入债务人处所时必须出示相关证件及其进入该场所的法院授权,且行使进入权时只能通过房门或者其他常规方式进入相关处所或该处所的车辆、船只、飞机、气垫船、帐篷或其他可移动物中。当债务人是一名儿童或仅有一名儿童或弱势人士(无论是以上一个或两者的组合)在该处所时不得进入。另外,执行人员使用强制力进入债务人处所需取得法院授权,在使用强制力时不得针对人身。

若执行人员有理由相信在其上一次进入债务人有关处所之后,债务人处又增加了可供执行的财产,或执行人员在首次进入时,由于特定财物正在使用中并且执行人员认为如果采取控制措施将破坏社会安宁,所以未实施控制行为,则执行人员有权重复进入债务人的相关处所(relevant premises)。此时,需要按要求向债务人发出书面通知。

(3)对动产控制方式的限制

2007年《裁判所、法院与强制执行法》整合了巡视占有的扣押方式,并将其列为法定的扣押方式,结束了长期以来这一方式适用上的不确定性。根据该法规定,英国执行程序中的动产控制方式共有三种:第一,就地控制,将扣押物以拴牢、扣紧、关严等方式牢靠地固定在原地;第二,异地控制,采取以上方式将扣押物固定在他处;第三,与债务人签订动产控制协议。协议的主要内容为执行人员允许债务人继续保管该动产,债务人则需承认该动产正处于执行人员的控制之中,并同意在债务清偿前不

---

〔1〕 See Tribunals, *Courts and Enforcement Act* 2007, Schedule12 Paragraph 15, at http://www.legislation.gov.uk/ukpga/2007/15/schedule/12, accessed September 25, 2021.

转移也不允许他人转移处置这些动产。[1]《动产控制条例》第 15 条对动产控制协议所应包含的内容作出了详细规定，具体包括债务人的姓名及地址、协议签订日期、签订人姓名、执行人员或执行人员办公室的地址及联系方式、使债务人能够正确识别被控制动产的信息，以及执行人员与债务人就偿还债务所达成的其他条款。

(4)对出售的限制

在出售方式上，2007 年《裁判所、法院与强制执行法》附录 12 第 41 条规定，变价出售必须通过公开拍卖的方式进行，但法院另有裁定的除外，法院一般依执行人员的申请而裁定。2013 年《动产控制条例》第 41 条具体细化了执行人员可以申请的出售方式，包括私人合同（private contract）、参加投标（sealed bids）、广告及法院认为适当的其他方式。

在出售地点上，2007 年《裁判所、法院与强制执行法》并未作出限制性规定，2013 年《动产控制条例》第 42 条规定，采用公开拍卖的方式出售被控制的动产可以通过拍卖行、网络（如拍卖网站）进行；或者可以在执行人员发现该动产的处所进行，该处所须仅以从事贸易或商业为目的。而该法第 43 条规定，采取公开拍卖方式出售被控制的财物的，必须由具有专业资质的拍卖师进行，如果通过网络或者拍卖网站的方式出售的，实施人员必须独立于执行人员。

在出售价格上，2007 年《裁判所、法院与强制执行法》附录 12 第 37 条规定，执行人员必须按规定以能够合理取得的最优价格变价出售或处置被控制的财物；若低价出售，债权人可以申请法院撤销，否则执行人员应承担赔偿责任。

2. 新规则的保护性规定

(1)保护“弱势的债务人”

一方面，2013 年《动产控制条例》重申且详细列举了豁免执行的财产种类，根据该法第 5 条的规定，主要包括：第一，债务人从事其工作、商业、

[1] 参见张永红：《英国强制执行法》，复旦大学出版社 2014 年版，第 166 页。

贸易、职业、学习或教育所必需使用的物品或设备,如工具、书籍、电话、电脑设备和车辆等,但在任何情况下,申请执行豁免的财物总价值不得超过1350英镑;第二,合理地要求以满足债务人及其家庭成员的基本需要的诸如衣物、寝具、家具、家用设备、物品等财物,如一台电磁炉或微波炉、一台冰箱、一台洗衣机、一张足够债务人及其家庭成员使用的餐桌和足够的餐椅、足够为债务人及其家庭成员使用的床和床上用品、一部电话、用于医疗服务等合理需求的物品等;第三,援助犬(包括为残疾人士提供的导盲犬、助听犬等)、牧羊犬、护卫犬或宠物;第四,用途是或有合理理由相信是警车、消防车或救护车,或与这些用途相关的车辆(无论是否具有公共所有权);第五,显示有效的英国医学协会标志或其他健康急救标志的车辆,该车辆被用于或有合理理由相信该车辆被用于健康急救。

另一方面,《动产控制条例》主要针对处于弱势的债务人规定了执行人员不能实施动产控制行为的情形,目的在于对其进行特殊保护,该法第10条规定的情形,包括债务人是儿童的、只有儿童或弱势人士一人在放置可扣押动产的相关或特定场所的。除此之外,规定执行人员未经法院授权不得强行进入债务人住所也是基于对债务人人权的保护。

(2)保护善意第三人

2007年《裁判所、法院与强制执行法》附录12第5条明确规定,在执行令状签发后,债务人财物的转让及收益受到强制执行权效力的约束,除受让人善意外,转让等处分行为并不影响执行人员对该财物进行扣押以及变价出售。根据该附录第61条的规定,如果执行人员知道或者经过合理询问后得知受让人对该财物享有权益,并且该权益是在诚实、支付对价且不知情的情况下取得的,则可以根据附录12第50条第6项的规定,认为该受让人与债务人为财物的共有人,执行人员在处置变价款时必须先按照比例析出受让人所拥有的份额,剩余属于债务人的部分才可用于清偿债务和支付执行费用。相反,如果受让人对该财物享有的权益是在不诚实、未支付对价且知情的情况下取得的,则根据附录12第50条第5项的规定,执行人员在处置变价款时必须先清偿债务和支付执行费用,如有余额再交付于受让人或债务人(若债务人对该财物还享有权益)。

第三节　以权利制约权力:英国民事执行中的人权保障

民事执行法的立法实质在于保护当事人的私权,追求平等和公正,应当对债权人和债务人的基本生存权利进行同等的保护,而不是无限度地剥夺债务人的财产,世界上多数国家在民事执行程序中采用有限执行原则或比例原则。[1] 因此,民事执行权的行使必须注意人权的维护与保障,对于人权的保障要在执行程序中运用国家强制力的底线,所有超过这一底线行使执行权的行为都是实质违法的。[2]

人权史上丰富的思想与实践孕育了英国完善的人权保障法律制度,"数百年来,'天赋自由'这一抽象的政治哲学观念在英国经过一次又一次的确认,今日已凝成一项实体法的原则:任何政府部门或公共机构,不管借何名义,凭何理由,要干预人民的权利和自由,必须拿出法律上的根据"[3]。在民事执行权的运行过程中,英国一方面限制债务人的某些权利以实现强制执行的目的,实现受国家法律所保障的债权,即债权人的财产权和人身权;另一方面又在《欧洲人权公约》的框架之下对执行行为的实施作出了限制性规定,从而保障债务人的合法权利。英国民事执行程序对人权的保障主要从实体性人权和程序性人权双重层面展开,由于英国对执行程序性人权的保护是为执行当事人设置相应的民事执行救济程序,即以程序制约民事执行权,笔者将在下一节中予以详述,而本节则重点对英国实体性人权的保护进行阐述。

---

〔1〕 例如,德国在制定、解释和适用《强制执行法》时,均贯彻双方当事人法律地位合乎比例的原则。参见[德]奥拉夫·穆托斯特:《德国强制执行法》,马强伟译,中国法制出版社 2019 年版,第 6 页。

〔2〕 参见严仁群:《民事执行权论》,法律出版社 2007 年版,第 131 页。

〔3〕 黄金鸿:《英国人权 60 案》,中国政法大学出版社 2011 年版,第 1 页。

一、英国人权保障的思想与实践

人权，是人所享有或应享有的基本权利。它是历史发展的产物，是基于生存和发展所必需的自由、平等权利。人权获得法律实践的制度化保障肇始于第一个宪制国家——英国。

（一）英国人权保障思想

现代政治哲学奠基者霍布斯（Thomas Hobbes）的“利维坦”理想是对人的自然本性及权利的诠释，他认为人基于自然理性和自然法而拥有人权，人权“就是每一个人按照自己所意愿的方式运用自己的力量保全自己的天性——也就是保全自己的生命——的自由”[1]。

英国哲学家洛克（John Locke）提出人的自然权利的基本内容包括生命、健康、自由与财产权，这些权利是与生俱来、不可剥夺的，应当得到政治社会的保护。他特别强调财产权是人们为了维护生存权而对物质财富进行占有的权利，财产权是神圣而不可剥夺的，因为“上帝给予人类为人类所共有的东西之中，人们如何能使其中的某些部分成为他们的财产，这并不必经过全体世人的明确协议”[2]。

（二）英国人权保障实践

1. 近代英国的人权法制

英国历史上的第一个宪法性文件——1215 年签署的《自由大宪章》（Magna Carta）在人权保护史上具有里程碑的意义，它是 13 世纪初英国王权、贵族权力和教权三种权力激烈冲突的产物。虽然国王迫于当时的形势答应了贵族提出的请求，确立了贵族的种种权利和自由，但可以说，“《自由大宪章》所列条款对于新的一代和新的时代的意义，与它们本来试图表达的意义之间可谓差之千里，而且它们逐渐地被视为并非贵族自

---

〔1〕［英］霍布斯：《利维坦》，黎思复、黎廷弼译，商务印书馆 1985 年版，第 97 页。

〔2〕［英］洛克：《政府论》（下篇），瞿菊农、叶启芳译，商务印书馆 1982 年版，第 18 页。

由的基础,而是平民自由的基础"。[1] 作为安茹王朝代代相传司法体制的更强力的武器,《自由大宪章》所规定的自由和人权的观念在当今世界已经成为全人类的通用话语和普适价值观[2]。1215 年《自由大宪章》第 39 条及第 40 条确立了正当法律程序的原则,其中第 39 条规定:"任何自由人,如未经其同级贵族的依法裁判,或经国法判决,皆不得被逮捕、监禁、没收财产、剥夺法律保护权、流放或任何其他损害。"正是这一规定奠定了"正当法律程序"的基础,申明了自由人的财产权利和人身权利不可侵犯原则。

1628 年英国议会通过的《权利请愿书》重申了《自由大宪章》中有关保护公民自由和权利的内容,规定非经同级贵族的依法审判,任何人不得被逮捕、监禁、流放和剥夺财产及受到其他损害;规定海陆军队不得驻扎居民住宅,不得根据戒严令任意逮捕自由人。

1679 年英王签署的《人身保护法》经常被认为是大英王国的另外一个《自由大宪章》,[3] 该法共 20 条,其中规定除叛国、战争或其他紧急状态外,非依法院签发载明理由的逮捕证,不得逮捕和羁押任何人;被逮捕的臣民及其亲友有权请求法院发给"人身保护令状",要求逮捕机关或人员申述逮捕理由,解送、保释、释放被捕人或限期将被逮捕者移送至审判机关进行审理,违者可处罚金。这一规定确立了人身保护令状在宪法中的地位,使公众知晓了人身保护令状是保障公民自由的一个最根本的保证。[4]

1689 年威廉三世签署《权利法案》(Bill of Rights),全称为《国民权利与自由和王位继承宣言》,虽然只有短短的 13 条,但确立了以法律保障个

〔1〕［英］W. Ivor · 詹宁斯:《法与宪法》,龚祥瑞、侯健译,生活 · 读书 · 新知三联书店 1997 年版,第 8 页。

〔2〕参见孙平华:《论具有人权史里程碑意义的〈英国自由大宪章〉》,载《菏泽学院学报》2009 年 5 月第 31 卷第 3 期。

〔3〕参见［美］约瑟夫 · 斯托里:《美国宪法评注》,毛国权译,上海三联书店 2006 年版,第 406 页。

〔4〕参见屈文生:《普通法令状制度研究》,商务印书馆 2011 年版,第 270 ~ 271 页。

人自由权利的制度,规定了英国人民拥有不可被剥夺的民事与政治权利,成为人权立法的初步形态。《权利法案》第 5 条规定:“向国王请愿,乃臣民之权利,一切对此项请愿之判罪或控告,皆为非法。”而第 12 条规定:“定罪前,特定人的一切让与及对罚金与没收财产所做的一切承诺,皆属非法而无效。”

2.“二战”后英国人权法制的发展

第二次世界大战之前,人权问题主要属于一国国内管辖的事项,因此通过各国国内法规定的本国公民个人享有的公民权利和政治权利给予保障,第二次世界大战之后,人权保障逐步成为国际准则,国际人权的概念也随之产生和发展。英国积极支持联合国大会于 1948 年通过的《世界人权宣言》并参加了一系列关于人权保护的国际公约,其中包括 1950 年的《欧洲人权公约》和 1981 年的《保护个人隐私公约》等。

英国 1998 年《人权法案》(Human Rights Act 1998)将《欧洲人权公约》及其第一议定书转化为国内法,允许个人因该公约所规定的权利受到侵犯直接向英国法院提起诉讼,无须诉至欧洲人权法院(European Court of Human Right),该法于 2000 年 10 月正式生效。同时,为了保证《人权法案》的有效实施,英国于 2005 年公布《宪政改革法》(Constitutional Reform Act 2005)宣布组建最高法院,并分别设立了人权联合委员会(Joint Committee on Human Rights)以及人权与平等委员会(Equality and Human Rights Commission)等人权保障机构。

二、执行权运行中对人权的实体性保护

在民事执行权的运行中,债权由私人之间的私权利变成私主体与国家之间的具有公法性质的权利,属于人权保障的范围。因此,对债权人人权的实体性保护主要体现为保障债权人所享有的债权实现权,而这是民事强制执行制度设置的题中应有之义。因此,这里重点讨论的是英国民事执行法律制度中对债务人人权的实体性保护,具体包括债务人的生存权、信息披露中的隐私权、不受债务监禁的权利以及生活安宁权。

(一)保障债务人的生存权

生存权是从生命权发展而来的权利,是首要人权,通常包含两个方面的内容:一是生命权,即人的生命非经法定程序不得受到任何伤害和剥夺;二是生命延续权,即人延续生命应当具备基本的生存条件的权利。民事强制执行是对债务人财产权的干涉,在民事执行权运行的过程中应当对被执行人的基本生存和生活进行有效保障,当被执行人的基本生活将因债务的偿还而受到威胁时不得对其实施强制执行,以保障其最低生活质量的维持。

1.《欧洲人权公约》的明确要求

根据1950年签署的《欧洲保护人权与基本自由公约》(以下简称《欧洲人权公约》)(European Convention on Human Rights)"第一议定书"第1条"保护财产"的规定:"每一个自然人或法人均有权平等地享用其财产。除非是为了公众利益及受管制于法律与国际法的普遍原则所规定的条件,任何人不得剥夺他的财产。上述规定将不能以任何方式损害国家根据普遍利益或为了保证付税或其他奖惩措施而实施的必要的控制财产使用的权利。"按照这一规定,当国家认为有必要时,有权为保护公共利益而控制公民个人财产的使用。例如,为保证税收或罚款的缴纳。根据这一规定,欧盟要求其成员方在民事执行程序中保障债务人的基本生存权利,"被告的某些财产和收入应获得保护,如基本的家具用品、基本的社会保障和基本医疗所需要支付的费用以及基本的劳动工具"[1]。

2. 英国普通法上早有执行豁免财产规则

在普通法形成之初,英国就强调对扣押中没收的农用牲畜和农业生产工具加以保护,规定了对牲畜和货物扣押的豁免规则,普通法中的这些规则建立在一些实用原则之上,并考虑到当时的社会关系和经济需求。

英国法中最早对执行豁免财产的规定出现在1171年《财政署对话

---

〔1〕 Council of Europe: *Recommendation REC* (2003) 17 *of The Committee of Ministers to Member States on Enforcement*, at https://wcd. coe. int/ViewDoc. jsp? id = 65531, accessed September 22, 2021.

集》(Dialogus de Scaccario)中，其中记录了亨利二世时期财政署评估和征收国家税赋的程序，规定了郡长征税时扣押的具体规则，郡长可以没收动产——牛、马、羊、谷物和其他食物，以及珍贵的金属和珠宝，但是不可以拿走维持债务人及其家人基本生活的食物。[1]

13世纪初撰写的《英格兰法律和习惯》(On the Laws and Customs of England)一书中记述了佃户不按时交租及履行其他封建义务时，领主可以扣押租客财物的规定。同时规定了一些扣押行为可以被视为侵权行为。例如，当存在有生命的动产时而扣押无生命的动产；当有其他不为生产工具的牲畜而扣押用来耕地的牛等。

另外，英国普通法还将衣物作为豁免物品，这主要是出于保护社会安宁的需要，规定穿在身上的衣服不能扣押，但是正在清洗的或在夜晚脱下的衣服可以扣押，但也同时规定额外的奢侈物品一直都可以扣押。例如，在1696年"Hardistey v. Barney案"中，明确了如果债务人拥有两件礼服，则第二件可以被扣押；再如，女性闲置的珠宝饰品可以被扣押。

对于使用中的物品、生产中的物品以及贸易运送中的物品也不得扣押。例如，1270年《莱斯特自治市特许状》中有加工中的羊毛不被扣押(属商业豁免)的保护规定。随后，制定法开始保护基本的衣服和基本生活用品，而基本生活用品并未在普通法中受到保护。依据普通法规则，执行置于债务人住所或商用场所的属于第三人所有的财物需要经过所有人的同意，但若基于贸易而运送至债务人处的物品不可执行。

有人质疑现在英国普通法中的欠租扣押豁免财产分类缺乏逻辑，因此近年来，制定法更进一步地干预普通法以再次加大对个人私有财产的保护力度。现代法上的扣押豁免制度过分强调个人需求，而忽视了对被普通法早已确认的更为广泛的谋求共同体利益的商业加以广泛保护的规则。例如，强调保护个人的生财工具(由某人使用借以进行该人业务的工

---

[1] See John Kruse, "*A Lawful Trespass*": *The Development of Common Law until the Present Day*, Wildy, Simmonds and Hill Publishing, 2009, p. 64.

具)可能实际上导致比同时考虑“公共利益”时对豁免财产更为严格的规定。[1]

3. 执行豁免规则的具体内容

在英国的制定法中,债务人的收入在特定情况下将获得一定的保护,另外,债务人的生活必需品亦是执行豁免的主要对象。

(1)债务人收入扣押的豁免

由于扣押入息令的执行可能会给债务人带来被雇主解雇的消极影响,英国法规定通过扣押入息令程序强制执行时,对债务人收入的扣押进行了适当的保留。

一方面,根据1971年《扣押入息法》的规定,当法院审查扣押入息令申请时应根据该债务人情况确定“收入保护率”和“普通扣减率”,只有当债务人的收入减去日常支出之后高于收入保护率时,法院才会发出扣押入息令,而当可扣押的工资金额大大高于“收入保护率”时,债务人的雇主将再依照“普通扣减率”进行扣减。[2] 而2007年《裁判所、法院与强制执行法》对此进行了完善,规定扣押入息令执行按照统一的固定扣押率计算,当债务人的收入低于固定扣押率时不得扣押。

另一方面,在扣押入息令程序中,可以扣押的收入(pay as you earn)是扣除所得税、国民保险费、养老金后判决债务人的工资、加班费、奖金、提成、企业年金和法定病假工资等;而不能扣押的收入因债务性质的不同而不同。例如,在追收市政税时,债务人的退休金不能算作工资,但是扶养费、抚育费、罚款或民事判决债务的执行中,退休金是可以扣押的收入。在计算可扣押收入时需剔除最低养老保险保障金、残疾人补助金等福利款项以及债务人应缴纳的所得税、社保费等金额。当判决债务人、债务人的雇主以及判决债权人无法确定哪些收入是可扣押的,可以请求法院裁

---

〔1〕 See John Kruse, “*A Lawful Trespass*”: *The Development of Common Law until the Present Day*, Wildy, Simmonds and Hill Publishing, 2009, p. 153.

〔2〕 See Claire Sandbrook, *Enforcement of a Judgment*, 11th edition, Thomson Reuters (Legal) Limited, 2011, p. 300.

决,如果是债务人的雇主或者债务人提出申请的,法院将通知其法庭审查的具体日期和时间。[1]

(2)对其他财产的执行豁免

在《欧洲人权公约》的要求下,英国对于债务人生存权的保障主要表现在对债务人及其家庭生活的必需品应予执行豁免,但是对于未履行债务的债务人,应当公之于众,让公众查询到债务人存在仍未偿还的债务,从信用、执业等方面予以必要的限制。英国对于执行豁免财产的现行规定散见于各种法律规定中,根据2007年《裁判所、法院与强制执行法》附录12第9条规定,执行人员只可扣押位于其有权进入的处所中及公路上的属于债务人所有的非豁免财物。而1984年《郡法院法》第89条规定,债务人就业、经营或职业上所必需的工具、书籍、交通工具及其他器具以及债务人个人及其家庭所必需的衣物、被褥、家具、家用器具等基本生活用品不得扣押。而司法大臣有权制定相关条例,在特定情况下授权执行人员在依照条例向债务人提供替代品的情况下扣押豁免财产。

(二)保护信息披露中债务人的隐私权

在强制执行权运行的过程中,由于部分债务人不配合执行,债权人和执行人员无法获得足够且真实的债务人信息。英国民事执行改革一直致力于畅通债务人信息的披露渠道以提高执行权运行的效率,然而对债务人有关个人情况的必要调查,必然与对债务人隐私权的保护产生一定的碰撞。因此,需要平衡债务人的隐私权、债权人合法权益以及公共利益之间的关系,既要采取措施确保债权人不滥用执行措施,又要给予债权人有效的救济手段。

1.《欧洲人权公约》和《数据保护法》的相关规定

英国在20世纪末开始推行民事执行改革,专家组从一开始就承认任何为使法庭能够从外部资源中获得有关债务人信息的制度将需要遵守

[1] See Claire Sandbrook, *Enforcement of a Judgment*, 11th edition, Thomson Reuters (Legal) Limited, 2011, p. 302.

《欧洲人权公约》和《数据保护法》的规定。[1] 这意味着，除其他外，应对这一程序施加适当的司法控制，并明确所要获得的信息类型和所需的特定目的。

《欧洲人权公约》第8条规定："人人有权享有使自己的私人和家庭生活、家庭和通信得到尊重的权利。公共机构不得干预上述权利的行使，但是，依照法律规定的干预以及基于在民主社会中为了国家安全、公共安全或者国家的经济福利的利益考虑，为了防止混乱或者犯罪，为了保护健康或者道德，为了保护他人的权利与自由而有必要进行干预的，不受此限。"

英国1984年《数据保护法》(Data Protection Act 1984)明确限制披露计算机中存储的个人数据信息，而随后取代该法的1988年《数据保护法》将限制披露的范围扩大到一些记录于纸质材料上的数据信息。因此，1998年法建立起对披露私人信息的禁止规则，即禁止以任何与获得目的不一致的方式披露他人的个人信息，同时1998年法也规定了可以披露的情形。例如，依照某些法律规定或法庭命令的需要而披露，或为达到某些法律程序的目的、与某些法律程序相关联而披露。[2]

2. 执行改革对债务人隐私权的保障措施

2011年英国为推动民事司法改革，发布了《郡法院纠纷解决咨询文件》并宣布，民事执行程序的改革目标就是在促进经济发展的同时为债权人提供保障措施，以及保护"弱势的债务人"。该文件提出："我们需要保护个人隐私权，同时也应认识到对债务人有关信息的获取加以控制是可

[1] See Lord Chancellor's Department, *Key Principles for A New System of Enforcement in the Civil Courts*, para 2.16 – 2.20, at http://webarchive.nationalarchives.gov.uk/+/http://www.dca.gov.uk/consult/general/enforce2.htm, accessed September 21, 2021; Lord Chancellor's Department, *Attachment of Earnings Orders, Charging Orders and Garnishee Orders*, para 3.5 – 3.13, at http://webarchive.nationalarchives.gov.uk/+/http://www.dca.gov.uk/consult/general/enfrevfr.htm, accessed September 21, 2021.

[2] See Lord Chancellor's Department, *Key Principles for A New System of Enforcement in the Civil Courts*, at http://webarchive.nationalarchives.gov.uk/+/http://www.dca.gov.uk/consult/general/enforce2.htm, accessed September 22, 2021.

取的,这是因为总是会有一些债务人试图逃避债务的履行。”[1]

在扣押入息令程序中,如果债务人变更工作,只能依靠其本人通知法院其新雇主的相关信息,但实践中债务人往往不会主动告知。为解决这一问题,2007 年《裁判所、法院与强制执行法》赋予法院通过税务和海关总署追查债务人就业情况的权力,以便法院将扣押入息令及时送达债务人的新雇主。对此,该文件提出了咨询问题,是否应当增设一项正式的机制帮助法院查明债务人现在的雇主,而不必依赖于债务人提供信息。从反馈结果可知,93% 的受访者达成了普遍共识:独立的信息来源机制,如追踪令,将为法院判决债务人提供更多的确定性,同时防止债务人通过不遵守法庭命令,经常更换工作单位和居住地点来逃避自己的责任。反对者则认为,这一做法可能违反隐私权和数据保护的相关规定。对此,2007 年《裁判所、法院与强制执行法》第 92 条规定在 1971 年《扣押入息法》第 15 条后增加第 15B 条,规定对于税务和海关总署提供的债务人信息,相关当事人不得移作他用,也不得将信息透露给他人,否则将承担刑事责任。

另外,87% 的受访者对 2007 年《裁判所、法院与强制执行法》第 4 章所规定的获取信息程序表示支持。人们普遍认为,这些规定有效地填补了立法上的漏洞,防止了债务人故意不提供其财务信息来逃避偿还债务。在涉及《数据保护法》的规定时,在保障债权人与债务人权利之间取得微妙的平衡至关重要。当然,也有 13% 的受访者持反对或保留意见,他们认为这将产生数据保护、隐私保护、人权问题、保密性和数据安全方面的问题。[2]

---

[1] Lord Chancellor and Secretary of State for Justice, *Solving Disputes in the County Courts: Creating A Simpler, Quicker and More Proportionate System: A Consultation on Reforming Civil Justice in England and Wales*, p. 53, at https://www.gov.uk/government/publications/solving-disputes-in-the-county-courts, accessed September 22, 2021.

[2] See Lord Chancellor and Secretary of State for Justice, *Solving Disputes in the County Courts: Creating A Simpler, Quicker and More Proportionate System, The Government Response*, p. 55, at https://www.gov.uk/government/publications/solving-disputes-in-the-county-courts-government-response, accessed September 22, 2021.

（三）保障债务人不受债务监禁的权利

不受债务监禁的权利，是指禁止国家仅因债务人无力清偿到期债务而将债务人羁押，这一权利属于人身自由权中的一种，是人身自由权的自然延伸。早在盎格鲁—撒克逊的习惯法中就有监禁债务人的规定，直到1276年的《马耳伯勒法》中明确规定，如果土地管理人在与其领主的清算中丢失土地或财产，则可以将土地管理人予以拘禁，强迫其归还债务。[1]在以后的规定中，债务人监禁制度得以沿用，而其他国家对债务人监禁的立法则采取了较为审慎的态度进行限制。因此，在英国对债务人人身的强制执行比欧洲其他国家更加普遍。直到19世纪中叶，英国仍有许多债务人因为无法清偿债务不得不在监狱里度过相当长的时间。[2] 随着1869年有关废除债务人监禁法令的公布，英国取消了仅因为债务人不能清偿债务而将其监禁的做法，[3]但是对于不诚实的债务人，仍然要实行严酷的监禁，[4]而最终在1926年的《破产法》中基本取消了债务人监禁制度。

这一修改符合国际法上人权保护制度的发展，1966年联合国在《世界人权宣言》的基础上通过了《公民权利和政治权利国际公约》，该公约第11条规定："任何人不得仅仅由于无力履行义务而被监禁。"并且第4条规定这一权利不得因社会紧急状态威胁到国家的生命而有所克减。按照这一要求，"缔约国有义务废除其法律制度中要求对未能履行责任的债务人予以直接人身羁押的所有规定"，并采取其他措施禁止私人债权限制

〔1〕 See O. Rogge, *A Technique for Change*, 1 U. C. L. A. Rev. 483 (1963).

〔2〕 参见［美］阿瑟·库恩：《英美法原理》，陈朝璧译，法律出版社2002年版，第93页。

〔3〕 参见杨与龄编著：《强制执行法论》，中国政法大学出版社2002年版，第16页。

〔4〕 1869年英国《债务人法》（Debtors Act 1869）规定，对于不支付罚金、不履行通过简易程序判决的债务、不履行作为委托人的支付、不履行由于不良行为而被命令支付的职务性的义务、不支付工资和补贴及不履行本法规定的支付义务的六类债务人，仍然可以逮捕并处以监禁。另外，对于具有骗取债权人的意图或者使用债权人的财产实行赠送、引渡、转移、担保的和在判决或支付令下达前2个月以前隐瞒或转移其财产以欺骗债权人的这样两类具有欺诈性质的债务人，则可处以1年以下的徒刑。See M. Hunter & D. Graham, *the Law and Practice in Bankruptcy*, 1979, p. 831; P. Brown, *Halsbury's Statutes of England and Wales*, Vol. 4, 1985, p. 485.

债务人人身自由的企图。[1]

在民事执行程序领域，只有在债务人因为确实没有履行能力而无法清偿时禁止对其进行监禁。英国法规定除了经法院确认的扶养费、抚育费、税款、社保费等债务外，不因普通民事债务而受监禁，但是对于拒不履行判决确定义务的行为、拒不遵守法院禁令、拒不遵守法院命令到庭接受询问的债务人，应当依法追究其藐视法庭的责任。

有些学者认为，英国《民事诉讼规则》第 71 章所规定的“获取信息令”程序违背了《欧洲人权公约》，然而，欧洲司法并未阻止民事法院以执行裁判为目的设置相应的制度，这一程序显然符合《欧洲人权公约》的规定。在英国民事执行的实践中，将债务人监禁至监狱的情况较为少见，因为通常将判决债务人拘押至法庭接受询问已经足以达到《民事诉讼规则》第 71 章的立法目的。特别要注意的是，《民事诉讼规则》第 71 章所规定的将债务人监禁至监狱的目的在于促使不遵守法庭命令的被执行人提供强制执行所必要的相关信息，而不是对不偿还债务的债务人进行制裁。[2]

(四)保障债务人的生活安宁权

生活安宁权是指公民居住和生活的场所不受非法以及任意侵入和搜查的权利。生活安宁权是与人身自由密切相关的一项基本权利，是人身自由权的自然延伸。[3] 这项权利最重要的内涵在于公民的住宅不受非法侵犯，因此任何人未经法律许可或未经居住者的允许不得随意进入公民的住宅进行扣押或者查封。

英国普通法关于民事执行“进入权”的规则具有悠久的历史。长期以来，议会对于这些基本规则几乎未作修改，对于债务人的住所或经营场

---

〔1〕 参见[奥]曼弗雷德·诺瓦克：《民权公约评注》，毕小青、孙世彦译，生活·读书·新知三联书店 2003 年版，第 195 页。

〔2〕 See Claire Sandbrook, *Enforcement of a Judgment*, 11th edition, Thomson Reuters (Legal) Limited, 2011, p. 88 - 89.

〔3〕 参见杨成铭主编：《人权法学》，中国方正出版社 2004 年版，第 134 页。

所，以强制执行为目的可以和平进入，而除有罪判决的执行外，未经法院的授权不得强行进入。根据2007年《裁判所、法院与强制执行法》附录12第14条的规定，执行人员无须取得法院令状的授权即可进入“相关处所”(relevant premises)实施执行行为。例如，执行法院判决所确认的债务，执行人员可以进入债务人通常居住的住所或经营场所，对债务人的财产实施扣押。而“相关处所”的认定标准，只需执行人员有理由相信该场所是债务人通常居住的场所或经营的场所即可，无须确切地肯定。

对于执行人员基于强制执行的目的强行进入债务人处所的行为，英国法在原则上加以禁止，需要取得法院的特别授权。也即，执行债务人的财产需要进入其住宅的，必须经过法院的批准并签发相应令状。根据2007年《裁判所、法院与强制执行法》附录12第17条的规定，经法院授权后，如有必要，执行人员可以使用合理的强制力。但对于“强行进入”的禁止也存在两个例外：一是当治安法院作出的有罪判决所确定的债务需要进入债务人的处所强制执行的，如有必要可以强行进入，无须法院令状的授权；二是为了追收法院判决债务或拖欠的税收，需要返回扣押场所检查、搬运扣押财物的，如有必要可以强行进入债务人的经营场所，无须法院令状的授权。

另外，在进入债务人处所进行强制执行的过程中，除有特殊需要外，不得侵扰债务人及其家属的生活和休息，将对债务人生活的打扰尽可能降到最低限度，并严格遵守正当的法律程序。例如，根据2013年《动产控制条例》的规定，执行人员不得于早上6时之前以及晚上9时之后实施动产控制程序，即禁止执行人员在夜晚会见债务人；再如，在押记令程序中，出售令的签发需要充分保障债务人正常的家庭生活。

第四节 以程序制约权力：防止民事执行权违法运行

英国1215年《自由大宪章》第39条及第40条初步确立了正当法律

程序的原则，[1]1354 年英王爱德华三世（Edward Ⅲ）在其发布的第 28 号法令第 3 章以“正当程序”一词取代了《自由大宪章》中“国家的法律”的措辞：“未经法律的正当程序进行答辩，对任何财产和身份的拥有者一律不得剥夺其土地或住所，不得逮捕或监禁，不得剥夺其继承权和生命。”[2]这原本是指刑事诉讼中必须采取正式的起诉方式，并保障被告接受陪审裁判的权利，后来扩大了其适用范围，意味着在广义上剥夺某种个人利益时必须保障他享有被告知和陈述自己意见并得到倾听的权利，从而成为英国法中人权保障的根本原则。[3] 同样地，《欧洲人权公约》也有类似的规定，该公约第 6 条规定了“获得公正审判的权利”（right to a fair hearing），“在对个人民事权利义务作出决定时，人人都有在合理的时间内获得由依法设立的独立且公正的法庭进行公平、公开审判的权利”。

因此，在民事执行权的运行过程中，所有与民事强制执行有关的当事人和案外第三人都应当享有获得司法救济的权利，应当使权利主体明确自己享有这一司法救济、能有效地获得司法救济，并且有足够的时间通过司法途径获得救济。在明确司法救济权的同时，还应当保证执行当事人和案外第三人的正当程序保障权，这就要求执行机关在民事执行过程中依据正当合法的程序加以强制执行，通过公正合理的执行程序有效地解决执行程序的各种争端，并维护执行当事人、案外第三人以及执行人员的合法权益和基本人权。

一、债权人的救济程序

虽然在英国执行权运行的当事人主义模式下，推进民事执行程序的

---

〔1〕《自由大宪章》对正当法律程序原则进行了初步明确。其中，第 39 条规定：“凡自由民，如未经其同级贵族之依法裁判，或经国法判决，皆不得被逮捕、监禁、没收财产、剥夺法律保护权、流放，或加以任何其他损害。”第 40 条规定：“余等不得向任何人出售、拒绝或拖延其应享之权利与公正裁判。”

〔2〕［英］丹宁勋爵：《法律的正当程序》，李克强等译，法律出版社 2011 年版，第 1 页。

〔3〕参见［日］谷口安平：《程序的正义与诉讼》，王亚新、刘荣军译，中国政法大学出版社 1996 年版，第 4 页。

主动权更多地被赋予了债权人,其有权决定何时以及采取何种执行措施以便达到最佳的执行效果,债权人发出的具体指示对执行人员有所约束。此外,债权人在遭遇违法、不当执行之后并非求助无门,债权人可以提起损害赔偿的请求。根据 2007 年《裁判所、法院与强制执行法》附录 12 第 67 条“债权人可用救济”的规定,如果债务人违法控制动产给债权人造成了损失,债权人可以向法院提起诉讼要求债务人赔偿损失。[1] 在实践中违法控制动产主要表现为隐匿、转移、变卖、毁损动产的行为,如果造成严重后果,可以依法追究债务人侵犯扣押物的刑事责任。[2]

二、债务人的救济程序

在英国,执行人员是经过授权行使强制执行权的人,可以通过动产扣押和变价出售的方式追收债款,在行使权力的过程中必须考虑债权人的利益,遵从债权人的指令,但事实上其不仅仅是债权人的代理人,郡法院执达吏作为国家公务人员,在执行中还要注意保护债务人的权益,不得实施违法的执行行为,否则将受到必要的惩戒。

当债务人所享有的实体性人权受到侵犯时,享有获得救济的权利,债务人的救济权主要是针对执行人员在民事执行过程中实施的非法扣押行为(wrongful distress),包括三种形式:违法扣押(illegal distress)、违规扣押(irregular distress)以及过度扣押(excessive distress)。[3] 英国普通法和制定法共同针对非法扣押行为设置了相应的救济程序供债务人选择,债务人一次只能适用一种救济方式,[4] 并且,债务人与执达吏事先达成的有关清偿债务或出售扣押物的协议并不能阻却债务人行使提起相关诉讼

---

〔1〕 See Tribunals, *Courts and Enforcement Act* 2007, *Schedule* 12 *taking Control of Goods*, at http://www.legislation.gov.uk/ukpga/2007/15/schedule/12, accessed September 25, 2021.

〔2〕 参见张永红:《英国强制执行法》,复旦大学出版社 2014 年版,第 184 页。

〔3〕 See John Kruse, *Power of Distress: A Guide to Remedies Unreformed by the Tribunals, Courts and Enforcement Act* 2007, Wildy Simmonds & Hill Publishing, 2009, p. 133.

〔4〕 See Hilliard v. Hanson [1882] 21 ChD 69.

的权利。[1]

(一)非法扣押行为的表现形式

违法扣押通常的表现形式是无权扣押，即执行人员没有经过法律或令状的授权而扣押，如债务已经获得全部清偿；违法扣押还表现为在执行过程中实施了不合法或未经授权的行为，如在不合理的时间扣押、扣押执行豁免物或第三人所有的财物、使用武力强行进入被执行人的住所或商用场所。违法扣押的行为自始无效。[2]

在英国，违规扣押主要出现在制定法的规定中，是指任何以错误的形式或不恰当的程序实施的扣押行为。相比违法扣押行为，违规扣押行为主要是指扣押后的处理行为缺乏正当性，而扣押本身具有正当性。例如，以不合理的低价出售扣押物或未给予执行当事人适当通知。在英国民事执行权的运行中，违规扣押主要出现在对治安法院罚款的扣押中，对此，1980年《治安法院法》第78条规定，执行令状不因违规扣押而无效，债务人可以基于违规扣押行为向法院提起损害赔偿的请求。[3]

过度扣押行为受到普通法的规制，并最早出现在《马尔伯勒法》的规定中，这一行为表现为所扣押的财物超过了执行债务金额及执行费用的合理限度。对于可能出现的过度扣押行为，债务人可以向法院提出控告，在实践中债务人也经常因此提出控告，但构成过度扣押的却较少，这主要是由于债务人与法院、执行人员对扣押财物的估价相去甚远。对此，西蒙·布朗(Simon Brown)法官在1993年的"Steel Linings v. Bibbby & Co.案"中指出，"债务人应当对自己所评估的扣押物价值秉持怀疑的态度"[4]。

(二)普通法和制定法提供的救济途径

普通法上对非法扣押行为的处理规则是允许债务人以"自救"(self-

---

〔1〕 See Sells v. Hoare (1824) 1 Bing 401; Willoughy v. Backhouse (1824) 2 B&C 821.

〔2〕 See Attack v. Bramwell (1863) 3 B&S 520 and see 5.4.2 on trespass ab initio.

〔3〕 See *Magistrates' Courts Act* 1980, section 78, at http://www.legislation.gov.uk/ukpga/1980/43/section/78, accessed September 25, 2021.

〔4〕 Steel Linings v. Bibbby & Co. [1993] RA 27.

help rescue)的方式夺回被扣押的财物,这一方式只能在执行人员完成法定控制程序之前实施,属于私力救济。过去在执行人员搜获财物(seizure)与扣押财物(impounding)之间有时间差,债务人可以利用这段时间实施“自救”,[1]而如今债务人并不经常采取这一方式,一方面是因为现在搜获财物和扣押财物的行为几乎同时发生;另一方面是由于“自救”方式存在破坏社会安宁的可能,通常并不提倡实施。[2]

除了“自救”方式,债务人可以提起损害赔偿请求,这一救济一方面针对普通法上侵犯他人土地(trespass to land)、侵犯他人动产以及人身的行为,另一方面针对制定法上明确规定的非法扣押行为,特别是违反《马尔伯勒法》规定的过度扣押行为。

另外,债务人还可以通过提起“扣押物取回之诉”获得救济,这一在英国历史上沿用较久的救济方式只适用于基于违法扣押所造成的损失,债务人可以通过该途径快速地获得扣押物的归还。然而,在1977年英国《侵权(侵犯动产)法》[Torts (Interference with Goods) Act 1977]颁布后,其第4条所规定的中间禁止令(interlocutory order)程序成为获得救济更为恰当的方式,“扣押物取回之诉”现在较少使用,但这一制度在保护受损害方立即恢复财产方面仍发挥着相应功能。[3]

2007年《裁判所、法院与强制执行法》统一了普通法上关于违法扣押、违规扣押及过度扣押的处理方法,根据该法附录12《动产控制法》第66条的规定,执行人员违反《动产控制法》,或强制执行所根据的高等法院执行令状、郡法院执行令状、治安法院责任令等文书存在错误的,执行人员及债权人并不因此而成为侵害人,债务人可以依法向法院提起诉讼;在诉讼中,法院可以命令执行人员或债权人将扣押物返还债务人,也可以命令执行人员或相关当事人赔偿债务人因执行错误法律文书而造成的损

---

[1] See Cotsworth v. Betison (1696) 1 Salk 247.

[2] See John Kruse, *Power of Distress: A Guide to Remedies Unreformed by the Tribunals, Courts and Enforcement Act* 2007, Wildy Simmonds & Hill Publishing, 2009, p. 141.

[3] See John Kruse, “Replevin-repeal or retain?”, 23 Liverpool Law Review 95 – 115 (2001).

失。因此,该法统一了对非法扣押行为的救济途径,不再分别采用"自救""扣押物取回之诉"的救济方式。

然而,事实上,在2002年的"Westminster City Council v. Porter案"中,[1]法院命令被告支付一笔可观的款项,而其上诉至上议院最终被驳回,被告后来诉请至欧洲人权法院,而在此期间向英国法院申请暂缓执行。被告认为,判决违反了英国加入的公约中对正当程序的规定,其享有向欧洲人权法院起诉的权利。法官驳回了被告暂缓执行的申请,理由是欧洲人权法院并不是国内公民作为国内法院审理案件的被告以法院违反正当程序为由可以提起上诉的法院。被告唯一的希望是英国将通过适当的或者专门立法,不过这并不太可能。[2]

三、案外第三人的救济程序

(一)确定竞合权利诉讼

确定竞合权利诉讼(interpleader)最初主要为衡平法上的救济方法,但现在在普通法上更容易获得,是指在有两人或两人以上对由第三人持有的财产提出同一权利主张时,确定该财产归属的诉讼程序。当持有某项财产但对该财产不享有任何利益者,两人或两人以上对该财产均提出了权利主张,而持有者又不知道谁是真正的权利者,且已被或将会被主张权利者起诉要求其返还财产时,为避免自己受到损害,要求他们相互之间进行诉讼以确定真正的权利人。[3] 它并不作为一项权利来主张,是否授予该救济由法院自由裁量决定。在民事执行程序中,当第三人对扣押物主张权利、债权人坚持要求扣押时,可以通过这一程序获得解决。对此《最高法院规则》以及《郡法院规则》均进行了规定,以下以《郡法院规则》

---

〔1〕 See Westminster City Council v. Porter [2002] EWHC 2179(CH); [2003] 2 W. L. R. 420.

〔2〕 See Claire Sandbrook, *Enforcement of a Judgment*, 11th edition, Thomson Reuters (Legal) Limited, 2011, p. 57 – 58.

〔3〕 参见薛波主编:《元照英美法词典》,法律出版社2003年版,第721页。

为例,简述郡法院执行程序规则中对确定竞合权利诉讼进行的规定。

1981 年《郡法院规则》第 33 号命令规定了民事执行程序中的确定竞合权利诉讼,主要包括以下程序:(1)书面通知义务,第三人对扣押物或变价款主张权利的,应当书面通知持有动产扣押令状的执达吏或法院办事处;(2)债权人进行回复,在收到通知后,法院应当将该情况通知债权人,债权人应在 4 日内决定是否放弃扣押,同时通知第三人提供相应担保;(3)债权人通知放弃扣押的,此前产生的执行费用由债权人承担,执达吏收到放弃扣押通知后应当停止扣押并可以请求法院作出命令禁止第三人以扣押为由向其提出控告;(4)债权人要求继续扣押或在 4 日内回复的,第三人又拒不撤回其请求的,应当向债权人和第三人签发“确定竞合权利诉讼传票”(interpleader summons),[1] 载明举行听证的时间,并在听证举行 14 日前送达;(5)主张损害赔偿,当第三人要求债权人或执达吏赔偿因扣押产生的损失,或债权人要求执达吏赔偿其损失的,索赔人应当在收到“确定竞合权利诉讼传票”之日起 8 日内向法院官员及相对方提出请求,并告知请求的理由。

相比普通的民事诉讼程序,提起这一程序的时间被限定在执行程序开始至执行终结,第三人对已经执行的或即将被执行的债务、金钱或动产均可主张权利,并且根据《最高法院规则》第 17 号命令第 11 条第(2)款的规定,在确定竞合权利诉讼中,法官有权对诉讼中出现的所有问题作出裁判。[2] 在实践中,确定竞合权利诉讼的案件并不多见。例如,在 2007 年至 2008 年,英国利物浦郡法院只受理了 6 件该类型的案件。[3]

(二)第三人申索动产程序

民事执行改革对第三人救济方式进行了完善,2007 年《裁判所、法院

---

〔1〕 See *County Court Rules* 1981, *Order* 33, at http://www.legislation.gov.uk/uksi/1981/1687/part/33/chapter/1/made#text%3Dinterpleader, accessed September 28, 2021.

〔2〕 See *Civil Procedure Rules* 1998, *Schedule* 1 *RSC Order* 17, *Rule* 11, at http://www.legislation.gov.uk/uksi/1998/3132/schedule/1/made, accessed September 28, 2021.

〔3〕 参见张永红:《英国强制执行法》,复旦大学出版社 2014 年版,第 177 页。

与强制执行法》统一了《最高法院规则》和《郡法院规则》中对“确定竞合权利诉讼”的规定,在附录 12 第 60 条中规定了“第三人申索动产程序”(third party claiming goods)。根据该法规定,执行人员在执行时只能扣押属于债务人的财物,若所扣押财物属于第三人,则该第三人有权向法院(高等法院或郡法院)提出申请,执行人员在收到通知后,没有法院指令不得变价出售该扣押物。

第三人在提出申请时应当向法院支付与扣押物同等价值的费用或依照法院指令的相应比例支付,还应在提出申请时或稍后支付执行人员存储该扣押物所产生的费用。若第三人未按要求向法院支付此两类费用,法院可以命令执行人员出售或处置所扣押的动产。除此之外,如果法院认为继续执行较为合适,也可以在审查结束前指令执行人员出售或处置所扣押的动产(见表 15)。

表 15　英国执行程序中对人权保护的法律与实践情况

获取信息令	《民事诉讼规则》第 71 章第 8 条明确了如果判决债务人没有按照法院命令出庭,避免出现过去命令债务人到庭接受询问程序中可能出现的与《欧洲人权公约》第 5 条相违背的情况
押记令	法院在审查出售令申请时需考虑《欧洲人权公约》第 8 条,也即转化为国内法的 1998 年《人权法案》附录 1
判决传票	在“Mubarak v. Mubarak 案”中,上诉法院认为该程序不符合《欧洲人权公约》的规定,因此《民事诉讼规则》对此程序进行了修改,以满足保护人权的规定

资料来源:Claire Sandbrook, *Enforcement of A Judgment*, 11th edition, Thomson Reuters (Legal) Limited, 2011, p. 47。

第五节　欧盟法对英国民事执行权运行的影响

英国加入欧盟后,由于受到欧洲一体化的影响,英国的法律结构和内容都发生了相当大的变化,作为其中一部分的民事执行法也有了新的内涵和外延,英国民事执行制度的制定法同样受到欧盟法的影响和挑战。随着2020年1月30日欧洲联盟正式批准英国脱欧,欧盟法律将在一段时间内继续对英国国内法产生重要影响,英国将陆续将曾经直接有效的欧盟法律转换为国内法。

欧盟法主要由欧盟与成员方签订的基础性条约、欧盟与第三国或国际组织签订的条约以及欧盟通过的条例、指令和决定组成。在英国民事执行权的运行中,除了必须保护《欧洲人权公约》所规定的基本人权之外,欧盟法对英国民事执行权的控制还体现在对欧盟成员方之间缔结的有关民事判决执行的条约及欧盟理事会条例对欧洲执行令、欧洲偿还令等程序的规定。

随着经济的发展和欧洲一体化进程的不断推进,在英格兰和威尔士的法院管辖权范围内轻而易举地找到判决债务人的日子已经一去不返,那些持有利于自己判决和裁定的债权人不得不在英国其他地方、欧洲或者其他与英国签订互惠条约的国家寻求该裁判的执行。[1] 英国民事执行制度的制定法从两个方面受到欧盟法的影响:一是脱欧前基于成员方之间的协商签署民商事案件判决执行的公约,通过国内立法的形式转化实施公约的内容;二是在国内直接适用欧洲联盟理事会制定颁布的有关强制执行民事判决的条例。

一、欧盟法对英国民事执行制度的影响

(一)产生约束力的方式

1. 通过制定国内法来实施

通过制定国内法,使欧盟成员方签署的有关判决执行的条约在英国境内产生效力。欧盟各国先后于1968年及1988年缔结了两个有关民商事案件判决执行的公约——《关于民商事件管辖权与判决执行公约》

---

〔1〕 See Claire Sandbrook, *Enforcement of a Judgment*, 11th edition, Thomson Reuters (Legal) Limited, 2011, p. 154.

(Convention on Jurisdiction and Enforcement of Judgments in Civil and Commercial Matters)，即1968年《布鲁塞尔公约》(Brussels Conventions)和1988年《卢加诺公约》(Lugano Convention)。[1] 为促进公约内容在英国的实施，议会分别通过1982年和1991年《民事管辖权和判决法》(Civil Jurisdiction and Judgments Act)明确了以上公约在英国国内产生效力。

2. 欧盟理事会制定的法律直接生效

1997年，欧盟各国签署了《阿姆斯特丹条约》，对1992年《欧洲联盟条约》(又称《马斯特里赫特条约》)进行了修订，该条约的生效使得欧盟各国之间不再采用欧洲共同体时期谈判缔约的模式进行"民事方面的司法合作"，而代之以欧盟理事会直接管辖，由其制定有关领域的条例或指令，直接在成员方境内发生效力的方式。因此，在一定条件下，欧盟法可以为个人直接创设权利和义务，个人亦可以根据欧盟法要求国内法院保护为其创设的权利。

在《阿姆斯特丹条约》扩大了欧盟在民事司法合作领域的立法权后，2000年，欧盟理事会在1968年《布鲁塞尔公约》的基础上通过了《关于民商案件管辖及其判决的承认和执行的第44号/2001条例》(以下简称《布鲁塞尔条例》)，删除了《布鲁塞尔公约》不合时宜的规定。因此，对英国而言，欧盟法律直接进入其执行法律体系，该条例可以在英国直接适用、产生直接效力，并具有优先适用的地位，可使与之冲突的国内法趋于无效。

---

[1] 为了加强对欧洲共同体领域内居民的法律保护，并统一各成员方的国际民商事管辖权规则，1968年9月27日，比利时、德国、法国、意大利、卢森堡、荷兰六国在布鲁塞尔签署了《布鲁塞尔公约》，1988年9月16日，欧洲经济共同体当时的12个成员方(比利时、德国、法国、意大利、卢森堡、荷兰、英国、丹麦、爱尔兰、希腊、葡萄牙、西班牙)与欧洲自由贸易联盟(European Free Trade Association，EFTA)的6个成员方(奥地利、芬兰、冰岛、挪威、瑞典、瑞士)在洛加诺缔结了内容与《布鲁塞尔公约》基本一致的《洛加诺公约》，使《布鲁塞尔公约》延伸适用于欧洲自由贸易区国家，以确保欧洲共同体成员方与欧洲自由贸易联盟成员方之间判决的自由流通。参见黄进、邹国勇：《欧盟民商事管辖权规则的嬗变——从〈布鲁塞尔公约〉到〈布鲁塞尔条例〉》，载《东岳论丛》2006年第5期。

(二)《布鲁塞尔条例》对执行程序的完善

《布鲁塞尔条例》延续了1968年《布鲁塞尔公约》对申请执行的判决进行程序性审查的基本原则,并通过简化执行程序及引入统一认证制度,完善了欧盟成员方之间判决的承认与执行程序,在协调欧盟各国的管辖权和判决的承认执行方面具有重要的意义。

一方面,简化了判决执行申请的审查程序。1968年《布鲁塞尔公约》规定,法院可以对判决执行申请进行程序上的审查,必要时可以基于该公约第27条和第28条所作出的规定驳回申请执行人的申请。例如,基于违反公共政策、缺席判决、与其他有关法院所作判决存在矛盾以及无管辖权等理由。而《布鲁塞尔条例》第42条则规定不再依据上述理由对执行申请进行审查,执行申请只需符合该条例第53条所规定的程序性事项,即提供申请执行的判决书副本和法院认证书,法院即应立即宣布判决可以予以执行。《布鲁塞尔条例》的这一规定事实上将对判决执行申请的审查程序改变为自动程序,在一定程度上加快了整个执行程序的进程。当然,审查程序成为自动程序并不意味着判决债务人无权对执行申请提出异议,而是赋予判决债务人在收到执行判决后提起上诉的权利。[1]

另一方面,规定了对基本信息的统一认证制度。《布鲁塞尔条例》第3章第3节"共同条款"详细规定了统一认证制度。该条例第53条规定在当事人申请承认和执行法院判决时,需要提交判决书副本以确保其真实性,还需出示该条例第54条规定的认证书。如果执行申请人未能提供认证书,则法院可以令其限期提交或提交其他同等效力的文件,如果法院已经掌握与判决有关的足够信息,可以免除执行申请人提交该认证书的义务。该认证书需由作出判决的成员方法院或其他有权机关依当事人申请按照统一格式制作,根据《布鲁塞尔条例》附件5的规定,统一的认证书应当包含以下信息:作出判决的成员方、签发认证书的法院或其他有权机

---

〔1〕 参见郭玉军、向在胜:《欧盟〈民商事管辖权及判决承认与执行条例〉介评》,载《法学评论》2002年第2期。

关的相关信息、作出判决法院的相关信息及判决内容等。通过统一格式的认证书,法院可以充分获取审查承认与执行判决申请所需要的信息,有利于判决执行效率的提高。

二、欧盟成员方及欧共体判决的登记程序

(一)欧盟成员方判决的登记

根据《布鲁塞尔条例》等欧盟法及欧盟成员方公约所规定的内容,英国在《民事诉讼规则》第 74 章第 1 部分规定了欧盟其他成员方法院作出的判决在英国法院执行,需要按照一定程序申请登记,其他欧盟成员方的判决一旦获准登记则与英国法院判决一样获得强制执行。

申请执行人应当向高等法院提出登记申请,同时提交相关证据。申请人必须提交判决书或经过认证或其他方式鉴证的判决书副本,并明确以下内容:第一,判决债权人的姓名和在辖区内可以送达的地址;第二,判决债务人的姓名和已知的地址或营业地址;第三,判决债权人有权执行判决的理由;第四,如果该判决为金钱判决则明确尚未清偿的债务金额;第五,依照原审法院国家法律可以判决偿还债务利息的,应当写明至申请日期为止所需偿还的利息数额、债务利息率以及计息日期。[1]

根据英国《民事诉讼规则》第 74 章第 5 条的规定,在特定情况下,判决债权人在提出申请时需要就申请登记的费用、诉请撤销登记的诉讼费用以及不服登记的上诉费用提供相应担保(security for costs)。

对符合审查条件的,法院将发出登记令(registration order),根据《民事诉讼规则》第 74 章第 6 条的规定,登记令中必须载明已获准登记的判决的全部内容、判决债权人的姓名和辖区内可送达的地址、判决债务人的相关权利、申请撤销登记或提出上诉的期间,并且应当注明"除了法院裁定对判决债务人的财产采取保全措施外,在该期间届满前不得采取执行

---

〔1〕 See *Civil Procedure Rules*, Section 74. 4, at http://www. justice. gov. uk/courts/procedure-rules/civil/rules/part74#IDALF3HC, accessed October 2, 2021.

措施”。法院签发登记令之后，由判决债权人履行向判决债务人送达登记令的义务。

对于依据1920年《司法组织法》的英联邦成员方或依据1933年《外国判决(互惠执行)法》与英国签订互惠执行条约的国家，在登记令确定的期间内，判决当事人可以提出撤销登记的申请，申请的审查法院可以裁定判决债权人与判决债务人之间的争议通过审判解决。

除了可以提出撤销登记的申请之外，欧盟成员方判决在英国执行时，判决当事人享有上诉的权利。根据1982年英国《民事管辖和判决法》、《卢加诺公约》或《布鲁塞尔条例》准予或不予登记的，判决当事人均有权依照1998年《民事诉讼规则》第52章的规定提出上诉，判决债务人对准予登记的法院命令提出上诉的，上诉状必须在登记令送达1个月内送达判决债权人；判决债权人对不予登记提出的上诉，上诉状必须在不予登记命令作出1个月内送达对方。

在法院对申请或上诉作出决定之前不得执行，但不影响法院作出财产保全的裁定，根据《民事诉讼规则》第74章第9条的规定，申请执行必须提交已向判决债务人送达登记令以及法院其他相关裁定的证据。

(二)欧共体判决的登记

《民事诉讼规则》第74章第4部分规定了英格兰和威尔士法院对欧洲公共体判决的执行，凡是依据《欧洲经济共同体条约》、《欧洲原子能共同体条约》(Euratom Treaty)、《欧洲煤钢共同体条约》(European Coal and Steel Community Treaty)、《欧洲共同体商标条例》(Council Regulation on the Community Trademark)、《欧共体设计条例》(Council Regulation on the Community Designs)所作出的判决、决定及裁定都适用此部分法条所规定的登记程序，而这一程序与欧盟成员方判决的登记程序相似，只是在申请登记时还需提交由国务大臣依职权作出的、内容为欧共体判决应当在联合王国登记执行的命令。

三、欧洲执行令

欧盟理事会还通过执行相应规则加强欧盟各国在判决承认与执行方面合作,对于促进欧洲判决强制执行的统一化具有重大意义的一项制度就是"欧洲执行令"(European Enforcement Order,EEO)。欧洲执行令是依据欧盟理事会2004年第805号《债权无争议的欧洲执行令条例》(以下简称《欧洲执行令条例》)而设立的制度,对于当事人"无争议的判决"(uncontested claims),如需在欧盟成员方之间执行的,债权人可以向作出判决的高等法院或郡法院提出申请,要求法院将该判决认证为欧洲执行令,各成员方将基于互相的司法信任而免除对该执行令的审查,因此,当债务人持有欧洲执行令认证书即可在相关欧盟成员方依照该国法律执行。这一制度的建立为当事人提供了迅速便捷的法律救济途径,协调了欧盟各国判决的承认和执行。

《欧洲执行令条例》原则上不影响《布鲁塞尔规则》和欧盟其他有关判决执行的规定。判决债权人如果需要在一个成员方强制执行,其可以自行选择按照《布鲁塞尔规则》或是2004年《欧洲执行令条例》的规定申请强制执行。债权人甚至可以同时提出两项申请,即在裁判作出国法院申请一个执行认证书,同时又按照《布鲁塞尔规则》向裁判执行国法院提出执行申请。在实践中,判决债权人一般优先选择申请欧洲执行令,这是由于申请这一程序中的判决认证书相对简便,无须提供过多材料且程序快捷。

依据以上欧盟条例,英国于2005年对《民事诉讼规则》的内容进行了修订,在第74章"外国判决的执行"中增加了第5部分"欧洲执行令"的内容,[1]规定了将英格兰和威尔士法院的判决进行认证作为欧洲执行令,以及在英格兰和威尔士承认和执行已认证为欧洲执行命令的其他缔约国

〔1〕 See *The Civil Procedure* (*Amendment No.* 3) *Rules* 2005, Schedule 3, at http://www.legislation.gov.uk/uksi/2005/2292/schedule/3/made, accessed October 2, 2021.

法院判决的条件和程序。[1] 这一规定创建了"债权无争议的欧洲执行令"程序,自2005年10月21日起实施,所有在2005年1月20日之后作出的判决都将适用欧洲执行令的相关规定。[2] 根据《民事诉讼规则》第74章第5部分的规定,在英国申请"欧洲执行令"需要遵守以下程序。

(一)欧洲执行令的适用范围

1. 裁判必须是针对"无争议债权"的裁判

可以适用《欧洲执行令条例》申请执行的判决应当为没有争议的判决,具体包括:在司法程序或法院调解文书中明确承认的债务;债务人在法院程序中没有提出过有效异议的债务;债务人在公示文书明确承认的债务;及债务人虽然起初在法院程序中对该债务表示过异议,但是在审理中既不出庭也没有委托代理人的。

根据《欧洲执行令条例》第4条第3款b项的规定,在管理机关缔结的,或者由管理机关公证的关于扶养义务的安排,也可以根据本条例申请欧洲执行令。这说明,《欧洲执行令条例》将扶养请求权视为"债权",从而扩大了欧洲执行令的适用范围。

2. 该裁判必须具备可执行性

在一个案件的裁判作出后,它必须在作出裁判的所属国法院具备可执行性才能申请欧洲执行令。一个具体裁判是否具有可执行性,由裁决作出国法律确定。在欧洲委员会的规则草案中曾规定:只有那些具有既判力(rechtskraft)的裁判才可以申请欧洲执行令认证。但是由于各国对于"既判力"的概念无法达成一致,同时《布鲁塞尔公约》和《布鲁塞尔规则》都没有规定这一条件,立法者也不想使债权人的执行手续比在《布鲁

---

[1] See European Parliament and of the Council of the European Union, *Regulation (EC) No. 805/2004 of the European Parliament and of the Council of 21 April 2004 Creating a European Enforcement Order for Uncontested Claims*, at http://euromed-justice. eu/document/eu - 2004 - regulation-ec-no - 8052004 - european-parliament-and-council - 21 - april - 2004 - creating, accessed October 2, 2021.

[2] See Wendy Kennett, *The Enforcement of Judgments in Europe*, Oxford University Press, 2000, p. 157.

塞尔规则》下更为复杂,所以最后放弃了这种措辞,而采用了“可执行”这一比较简明的术语。[1]

(二)英格兰和威尔士法院判决的认证程序

申请人应当向作出判决的高等法院或郡法院提出申请,根据英国《民事诉讼规则》第 74 章第 28 条规定:“申请欧洲执行令认证必须依据《欧洲执行令条例》第 6 条填写相应的表格。”根据该条例的规定,申请条件为:第一,该判决在欧盟成员方具有可执行性;第二,该判决与欧盟理事会第 44/2001 号条例第 3 条、第 6 条以及第 2 章所规定的管辖权规则并不冲突;第三,成员方的判决符合《欧洲执行令条例》第 3 条第 1 款规定的“无争议”的含义;第四,成员方的该判决中债务人的“住所地”符合欧盟理事会第 44/2001 号条例第 59 条所规定的含义。

当申请人所提交的材料符合申请条件,则法院将签发“欧洲执行令认证书”(European Enforcement Order Certificate),该命令将在判决范围内产生执行效力。若已经被认证了欧洲执行令的判决不再具有可执行性或可执行性受到一定限制的,当事人应当依照英国《民事诉讼规则》第 23 章的规定向原审法院提出申请,法院认为符合条件的应当签发相关证书,注明该判决缺乏可执行性或可执行性受到限制。

欧洲执行令可以依申请进行纠正或撤销。如果欧洲执行令认证书存在重大错误,认证书与判决内容存在矛盾,当事人可以根据《欧洲执行令规则》第 10 条向原审法院提出纠正认证书的申请,原审法院认为存在这一情形的应当对认证书的内容进行纠正;而如果当事人认为法院准予签发的认证书存在明显错误,则可以根据该法条向原审法院提出撤销认证书的申请,是否撤销由原审法院决定。

(三)欧洲执行令在英国的执行

英国《民事诉讼规则》第 74 章第 31 条至第 33 条规定了在英国执行欧洲执行令的相应程序,包括判决债权人申请执行、判决债务人申请不予

---

〔1〕 参见王葆莳:《欧共体“无争议债权支付令”介评》,载《时代法学》2008 年第 3 期。

执行、暂缓执行等内容。

申请在英格兰和威尔士强制执行欧洲执行令必须向法院递交《欧洲执行令条例》第20条规定所需的文件,具体包括:第一,满足申请条件的判决书副本以保证判决的真实性;第二,欧洲执行令认证书副本以保证其真实性;第三,由英国有资质的人员提供的欧洲执行令认证书的英文(该执行国家的官方语言)版本。另外,无论是向英国高等法院还是向郡法院申请以外币执行欧洲执行令的,申请时必须同时提交一份认证书,载明与判决金额相当的英镑数额,这一英镑数额应当按照申请前最后一个营业日的汇率换算而来。符合申请条件的,由英格兰和威尔士的法院进行执行,在欧洲执行令执行时适用该地区的法律。

依据《欧洲执行令条例》第21条的规定,英国《民事诉讼规则》赋予了债务人申请不予执行欧洲执行令的权利。当被认证为欧洲执行令的判决与英国或其他第三国的先前判决存在矛盾时,判决债务人有权向法院申请不予执行该认证判决。具体而言,若先前判决是在当事人双方之间基于同样的诉讼标的而产生,并且该先前判决已提交英国法院执行或符合在英国得以承认的条件,同时在原审法院的审判过程中这一矛盾并未引发当事人的异议,当以上条件满足时,判决债务人有权申请不予执行。

另外,债务人基于对判决认证存在异议向法院提出申请,要求法院复议、纠正或撤销欧洲执行令认证书的,执行法院应当将执行程序限制为保全性措施,依当事人提供的担保进行有条件执行,并有权在特殊情况下中止执行程序。当法院作出以上命令后,债务人应当尽快将法院命令副本送达所有当事人以及受到这一命令约束的人,并且在任何正在执行的英格兰和威尔士法院,该命令一经送达立即生效。[1]

(四)欧盟各国债务执行制度的新发展

事实上,近几年欧盟各国债务执行制度又有了新的发展,欧盟理事会

---

〔1〕 See *Civil Procedure Rules*, Section 74. 33, at http://www. justice. gov. uk/courts/procedure-rules/civil/rules/part74#IDA4Q3HC, accessed October 3, 2021.

2006年12月12日通过了第1896/2006号条例，该条例于2008年生效，旨在降低有关“无争议金钱债权”的跨境案件的诉讼费用，并简化相应程序。为了实现这一目标，该条例规定了“欧洲偿还令”（European order for payment）程序，这一程序适用于除丹麦之外的欧盟各国之间跨国界的民商事案件，不包括婚姻财产案件、破产清算案件、社会保障案件、非基于合同产生的义务除非当事人受合同约束或一方承认拖欠债务或基于财产共同所有权产生了债务清偿。

欧洲偿还令程序不需要开庭，原告只须提交申请，程序启动后将自动推进，原告无须参与也无须履行进一步的手续。[1] 法院接到申请后并不进行实质性审查，如果提交的材料符合条件，则在30日内尽快签发欧洲偿还令，除非判决债务人提出上诉。欧洲偿还令签发后具有可执行性，同时，该条例还允许各成员方制定欧洲偿还令自由流通的最低标准，减少在承认和执行成员方判决之前不必要的中间程序。

为了执行这一条例，英国于2008年8月《民事诉讼规则》进行修订时增加了第78章“欧洲偿还令和欧洲小额诉讼程序”的规定，第一部分规定了“欧洲偿还令”的申请、撤回和执行。其中执行欧洲偿还令的规定包括执行申请所需的条件、法院拒绝执行的情形、被告申请暂缓或限制执行的程序，而其他关于执行的问题依照《民事诉讼规则》第70章至第74章的内容，执行欧洲偿还令的有关规定于2008年12月12日生效。

---

〔1〕 See *European Payment Order*, at http://ec.europa.eu/justice_home/judicialatlascivil/html/epo_information_en.htm, accessed October 2, 2021.

第四章　启示与借鉴

英国民事执行制度的发展，如果没有改革与创新的接力，一直固守传统，是不可能承载英美法系民事执行制度的历史，从而开创大量民事执行制度先河的。但着眼于民事执行程序中具体制度的发展可以发现，在普通法、衡平法以及制定法之规定与实践问题不相适应之初，英国也存在是坚守还是改革的困扰。自20世纪90年代起，围绕民事执行权力的运行和控制，英国对民事执行制度进行了大大小小的多次改革，从执行理念到执行措施，从执行效率的提高到执行行为的规范，从每一次广泛的专项审查和咨询中，都可以看出英国推进民事执行改革的决心和期许是强烈的。这一系列改革除构建合理的制度，立法价值的选择、国家角色的定位和社会转型的影响无不渗透于其中，成为改革背后的动因。无论是英国民事执行改革所取得的阶段性成功还是依旧存在难以克服的问题，我们都应当对其进行理性的评价，特别是当民事执行权内部行政性质的权能凸显时，如何平衡权力与权利的关系，以及相关利益主体权利内部的配置问题，都是值得我们关注和深入思考的。

我国在司法传统等方面与大陆法系国家更具有亲缘性和近似性，似乎更应该关注与借鉴大陆法系国家的司法制度，但现代民事诉讼制度规范发展所面临的不再是一国问题而是世界范围内的普遍问题，也因此，法系之间的传统界限不再绝对化，诉讼模式上纯粹的当事人主义或职权主义都存在无法克服的缺陷,这就不难解释在民事诉讼的某些制度领域中已经呈现的融合趋势,这一点也充分体现在我国的审判方式改革和对《民事诉讼法》的修改中,在法院与当事人在诉讼中的关系、当事人诉讼权利赋予方面增添了当事人主义因素,逐步彰显了当事人的程序主体地位。因此,无论是英美法系国家经验还是大陆法系国家经验,均是在各自内在制度逻辑一致的基础上体现着现代民事司法制度的共同趋势,并没有绝对的优劣之分,只存在语境意义上的合理性问题。也即,当面临世界性的司法难题时,更多的是需要国家间制度理念经验的相互汲取与借鉴。

我国民事执行改革的启动与英国几乎是同步的,1999 年,为了防止难以执行的现状遭到案件当事人的诟病,《中共中央通过转发〈中共最高人民法院党组关于解决人民法院“执行难”问题的报告〉的通知》(中发〔1999〕11 号)发布之后,最高人民法院发布《人民法院五年改革纲要(1999—2003)》,2005 年印发《人民法院第二个五年改革纲要(2004—2008)》,2009 年印发《人民法院第三个五年改革纲要(2009—2013)》。通过这些文件的印发和实施,拉开了我国民事执行体制改革的序幕。从最初的全国法院执行工作的一体化管理,到改革人民法院执行机构,再到对执行方式有所创新,面对执行实践,我们依然存有困惑。自 2002 年起,改革开始针对民事执行权运行机制展开,希望通过分权制衡的原则,将执行权进行分解,分别由不同的内设机构行使。经过实践探索和理论研讨,直到 2014 年 10 月,中国共产党十八届四中全会审议通过了《中共中央关于全面推进依法治国若干重大问题的决定》(以下简称《决定》)。《决定》为执行改革规划了顶层设计,明确指出应当“完善司法体制,推动实行审判权和执行权相分离的体制改革试点”,这一要求突出了司法在依法治国中的地位和作用,进一步优化了司法职权的配置,为了攻克“执行难”,更再次明确提出了执行体制改革的要求。

为坚决贯彻落实这一重大决策部署,2016 年 3 月,最高人民法院在十二届全国人大四次会议上提出“用两到三年时间基本解决执行难问题”。经过三年的努力,执行工作取得重大成效,基本形成中国特色执行制度、机制和模式,“基本解决执行难”目标如期实现。但“基本解决执行难”的阶段性目标，与党的十八届四中全会提出的“切实解决执行难”的总体目标，与人民群众的新期待、新要求之间还有较大差距。[1]

为实现“切实解决执行难”的总体目标，健全完善执行工作的长效机制，不仅应实现民事审判权与民事执行权在机制上的分离，更应当推动两者在体制上进行分离，同时开展审判权和执行权相分离的体制改革试点工作。而英国民事执行权与民事审判权的分离是实质上、体制上的分离，因此在这一理念意义上，英国与我国民事执行改革的进一步计划和导向是十分契合的。以下将对英国民事执行权运行机制与控制机制进行思考，无论是从执行改革的方式还是执行改革的内容上，都应对英国民事执行权的运行与控制作出理性评价，希望能使我国正在推进的民事执行改革有所创新。

第一节　有关英国民事执行权运行与控制的理性思考

一、现实价值和意义

英国开展民事执行改革的首要目标是提高民事执行权运行的有效性，因而，国家在控制执行私力救济和推进执行市场化之间谋求平衡，并且希冀在体制上进行分权，在执行权内部形成有效制约，从而兼顾执行当事人和相关主体利益的平衡。

（一）以效率为价值追求：提高执行的有效性

民事执行权的运行当以实体公正为根本目的，在遵循程序公正的同时，追求执行效率，但是在实践中很难达到执行效率与公正的精准结合。在这一问题上，英国民事执行改革以实现有效执行为首要目标，认为民事执行权运行的效率对于构建完善的民事司法制度而言至关重要。[2] 因

---

〔1〕 参见刘子阳、张晨：《中央依法治国办：高度重视执行难的源头治理》，载 https://m.gmw.cn/baijia/2019-08/23/33102007.html。

〔2〕 See Lord Chancellor and Secretary of State for Justice, *Solving Disputes in the County Courts: Creating A Simpler, Quicker and More Proportionate System: A Consultation on Reforming Civil Justice in England and Wales*, at https://www.gov.uk/government/publications/solving-disputes-in-the-county-courts, p. 52, accessed November 20, 2021.

此,英国通过民事执行改革的多次专项审议对于执行权运行的有效性进行了优先建构,这就使效率价值相对于公正价值具有一定的优先性。

英国推行民事执行改革一方面是其民事司法改革的延续,另一方面更重要的是基于判决债务执行状况的差强人意,1998 年郡法院共作出判决约 112 万份,但只有其中的 25% 获得了执行,因此自这一年起,英国开启了民事执行的咨询和改革。第一阶段的改革即主要针对如何提高高等法院和郡法院民事判决的执行效率、有效性及普遍性的问题,试图为民事执行措施的统一提出可行性方案,这一阶段的改革特别注重对民事执行措施的强化,从而为民事执行权有效运行进行了制度奠基。

执行措施作为依法强制债务人履行义务、实现债权人债权的方法和手段,其实施效果与债权的实现密切相关,英国为实现执行措施的有效运用,一方面,设置科学和完备的执行措施,包括动产控制执行措施以及基于法院裁决的执行措施两大类;另一方面,努力改善债权人获取债务人财产状况信息的渠道以使债权人选择和运用恰当的执行措施。

动产控制执行措施是在英国适用最为广泛的执行措施,其在执行中的优势较为明显,对债权人而言,申请动产扣押令状无须提供详细的债务人财产信息,若通过市场化机制运行的私营执行部门加以执行,执行人员都积极主动地推进执行程序,以获取相应的报酬。因此,这一执行措施的运用,基本不存在阻碍执行效率提高的情形。而其存在的问题主要是执行人员可能实施非法或不当执行行为对债务人及其财产造成某种程度的侵害,对此,英国一方面通过设置相应的制度保障债务人人权,另一方面在法官审查时应当遵守相应的债务人保障性规则,这也可以从一个侧面促进动产控制执行措施有效、高效地实施。

基于法院裁决的执行措施,即法院通过"诉讼化"方式实施的执行措施,包括对扣押入息令、押记令、第三方债务令的具体完善。在英国,扣押入息令是适用率仅次于动产扣押/控制的执行措施,在改革前法院需要根据债务人所填写的信息调查表计算普通扣减率以及收入保护率,但如果缺少雇佣关系的部分信息和一些细节,则该执行程序将会拖延,最后往往以失败告终。改革借鉴苏格兰民事判决执行以及英格兰和威尔士的市政税追收中所运用的完全根据债务人收入计算的“固定扣除制”，这一程序从提出扣押入息令申请到命令的签发，可以从平均 7.56 个星期减至刚刚超过 14 日。[1] 押记令是通过对债务人的土地、房屋、股票等资产进行押记，并按照法定程序变价出售以偿还债务的执行措施。由于债务人所有的房屋、土地的登记情况可以向登记机关查询，所以债权人较易获取相关信息，所以押记令也是英国民事执行程序中较为常用的执行措施，在执行实践中运行良好。但由于这一措施往往需要法官对财产进行合法押记，因此比起其他措施更为复杂和专业，为此，民事执行改革提出了保障其运行更为平稳的一些措施。第三方债务令是英国适用相对较少的一种执行措施，原因在于申请程序过于严格，为了使第三方债务令更有效、更高效地适用于债务人对案外人享有债权的情形，立法特别简化了申请程序，申请时填写包括债权人确认提供信息真实的标准表格，[2] 不必提供精确而详细的银行信息，也无须提交宣誓书，并将第三方债务令的适用范围扩展至判决债务人与他人共有的联名账户。

为使债权人选择和运用恰当的执行措施，英国民事执行改革一直致力于改善债权人获取债务人财产状况信息的渠道，提高获取信息的质量

---

〔1〕 See Lord Chancellor's Department, *Effective Enforcement: Improved Methods of Recovery for Civil Court Debt and Commercial Rent and A Single Regulatory Regime for Warrant Enforcement Agents*, paragraph 325, at http://webarchive.nationalarchives.gov.uk/+/http://www.dca.gov.uk/enforcement/wp/index.htm, accessed November 22, 2021.

〔2〕 英国《民事诉讼规则》在“诉讼指引”第 72 章第 1.2 条中规定债权人申请第三方债务令应填写表格 N349，所需信息包括：(1)判决债务人的姓名和地址；(2)判决或裁定予以强制执行的内容；(3)判决或裁定中未清偿的债务金额；(4)若判决债务采取分期付款的方式偿还，到期仍未清偿的债务金额；(5)第三方债务人的姓名和地址；(6)如果第三方是银行或建房互助协会的，则需提供债务人开设账号的机构地址以及债务人的账号；(7)债权人通过信息或常识可以确认第三方在管辖范围内并且对债务人负有债务或持有其账户；(8)如果判决债权人知道或认为债务人以外的任何人对第三方享有的债权存在争议，则告知其姓名、地址以及该争议的相关信息；(9)其他判决债权人就同一判决债务提起第三方债务令申请的详细信息；(10)判决债权人之所以对事项(7)、(8)及(9)作出如此判断的信息来源和理由。See *Practice Direction 72 – Third Party Debt Orders*, at http://www.justice.gov.uk/courts/procedure-rules/civil/rules/part72/pd_part72#IDADSC2, accessed November 20, 2021.

和数量。从 2002 年付诸实施的《民事诉讼规则》第 71 章“向债务人索取信息令”的规定,到 2007 年《裁判所、法院与强制执行法》引入的两种直接从第三方机构获取债务人信息的新机制“信息令”与“部门信息请求”,英国对信息获取程序的改革举措意义是重大的。“这样的制度安排实际上是赋予了法院调查判决债务人财产状况的权力,以及相关机构依此提供判决债务人相关信息的权力。”[1]也就是说,面对阻碍执行效率提高的另一难题,英国法试图通过加强法院在债务人财产信息获取方面的功能以削弱当事人主义因素对执行效率提高的负面影响。

因此,可以说,执行权运行对有效性及高效率的追求,在英国民事执行措施的制度安排上获得了淋漓尽致的体现。

(二)国家角色的定位:控制私力救济和推进市场化

在英国,执达吏是一项古老的职业,从事特定领域内的执行事务,因此民事执行逐渐发展成为专门的行业。2007 年《裁判所、法院与强制执行法》明确规定,通过法院签发的执行令状授权,特定执行人员拥有通过扣押动产及变价出售的方式追收债务的权力,这项权力称为“强制执行权”(enforcement power)。基于此,除公权机关的代表有权行使民事执行权外,如郡法院执达吏、治安法院文职执行员,英国通过立法还将民事执行权授予职业化的私人行使,包括高等法院执行员以及持证私人执达吏等。

一方面,英国民事执行私力救济是对公力救济功能性不足的弥补,国家通过法律途径实现对私力救济的社会控制。执行公力救济虽然在收债领域有一定优势,但同时基于英国民事执行程序当事人主义的特征,执行公力救济途径所具有的滞后性和被动性更为明显。强制执行程序除了须经执行当事人申请启动外,执行措施还有赖于当事人的选择,经法院签发执行令状后,执行人员行使民事执行权的主动性才有所凸显。因此,私力救济是英国执行公力救济方式的有益补充,国家除有限地允许执行程序

[1] 张永红:《英国强制执行法》,复旦大学出版社 2014 年版,第 138 页。

中债务人采用“自救”方式夺回被扣押的财物（现在通常并不提倡实施），更重要的是对欠租扣押财物制度“改造式”的保留或者说是“保留性”的改造。

执行行业在英国发展的历史悠久，在源自普通法的存在多年的私力救济欠租扣押财物制度中，私人执达吏持出租人的授权委托书即可以向承租人追收欠租，当承租人不偿付租金时可以扣押其财物作为抵押，无须经过法院的司法程序。直到1689年《欠租扣押财物法》的生效，对普通法上的这一规则进行了补充，允许私人执达吏出售扣押物以清偿拖欠的租金，而在经过了300多年的修改完善之后，住所欠租扣押财物制度最终于2007年通过的《裁判所、法院与强制执行法》中予以废除，代之以相似的适用于商用场所的欠租追收制度——索回商业欠租制度。这一私力救济方式的保留，除了基于普通法上的历史传统外，还有其法理基础和存在价值。

在法理基础上，从经济分析法学的角度出发，就欠租的追收而言，国家在执行程序中运行民事执行权的成本远高于私力救济的欠租扣押财物制度。因为除私人成本外，即使出租人与承租人的契约关系并不存在争议，诉讼程序一旦启动，国家还须耗费司法成本，并且私人成本无论在支付内容还是支付方式上都显然较高——通过诉讼程序追收欠租须预付费用，而欠租扣押财物制度一般无须预付。在效益的比较上，应当以能否及时、准确地恢复当事人之间权利的平衡，以及用最低的人力、财力消耗满足人们的有效权利救济需求为标准。因此，欠租扣押财物制度的收益可能是出租人所希望的全部，尽管在持证执达吏的执行行为遭到异议时“成本—收益”的关系会变动，但出租人在适用欠租扣押财物制度时所考虑的主要是能避免司法程序昂贵的交易成本。英国诉讼法注重程序正义，依程序规则运作，即使权利义务关系明确，司法程序在时间耗费方面仍然有难以克服的内在缺陷，欠租扣押财物制度效率方面的快捷性优势较为明显。英国监管影响评估机构（Regulatory Impact Assessment）的调查数据显示,英国每年通过欠租扣押财物制度收回的拖欠租金达到1.8亿英镑。[1] 从此可以看出,英国的出租人选择这一制度是在成本收益比较后的理性选择行为,因为此制度对于出租人保障自己的权利而言,付出成本更低,更加便利和快捷,也更为有效。

另一方面,运行多年的欠租扣押制度有其存在的实际价值。在2001年英国民事执行改革针对欠租扣押财物制度进行的专项咨询中总结出适用这一制度的优势:因其无须取得法院执行令状即可实施执行行为,既不会占用司法资源,出租人也无须承担相应费用,是追讨欠租较为迅速、有效且成本价较低的补救措施。[2] 但由于《欧洲人权公约》要求成员方保障债务人基本家庭生活的权利,并且在英国的实践中居住物业上的欠租扣押财物制度已经较少使用,英国逐渐废除了这一制度。新规定的索回商业欠租制度保留了欠租扣押财物制度的优点,明确了出租人使用这一救济的法定权利。在改造后,为承租人提供了更为公正透明的保障措施以符合人权保障的基本要求。

但是更重要的是,英国通过在高等法院令状的执行领域推进市场化改革,授权私人主体实施强制执行权,为执行行业引入了市场竞争机制。可以说,这有效改变了过去由民事执行地区性垄断所导致的执行到位率低、执行人员缺乏进取心的状况,债权人可以自由选择任何高等法院执行员负责执行高等法院执行令状,自2004年改革以来,高等法院执行服务市场已经存在大量竞争。除此之外,私营执行部门的其他执行人员受债权人的委托,从事着各种债务的追收,有的以自营方式,而更多的是以执行公司的组织形式,并按照一定比例收取执行费用。

那么,英国有关执行权由私人主体行使的做法是否具备正当性和可

---

〔1〕 See Lord Chancellor's Department, *Enforcement Review Consultation Paper 5: Distress for Rent*, May 2001, at http://webarchive. nationalarchives. gov. uk/ + /http://www. dca. gov. uk/consult/distress/distrent. htm, accessed November 25, 2021.

〔2〕 See Lord Chancellor's Department, *Enforcement Review Consultation Paper 5: Distress for Rent*, May 2001, at http://webarchive. nationalarchives. gov. uk/ + /http://www. dca. gov. uk/consult/distress/distrent. htm, accessed November 25, 2021.

行性呢？笔者认为，私人行使执行权主要存在监管和效率两方面的问题。起始于20世纪末的英国民事执行改革，一直将执行人员监管体制的完善作为咨询和审查的重点问题之一，不同于传统的私人收债程序。英国私营执行部门的职业组织形式以执行公司为主，执行人员或执行公司均为行业协会的成员，行业协会则在国家的法律框架之下制定统一的实务操作规则。因此，形成了“执行人员受雇佣的执行公司管理，同时行业协会监督行业运行，国家颁布统一行业标准”的监管模式。

在市场经济中，权利保护的时间维度非常重要，执行的迟延可能为债务人转移或隐匿财产提供可乘之机，使债权人的权利难以恢复。国内有学者将英国的这一模式称为“竞争式”的执行权配置方式，认为英国不同类型的执行人员在职能上存在重叠，同种债务可由不同的执行人员实施执行，导致了民事执行机关之间的竞争。[1] 但笔者认为，这一点是值得商榷的。首先，执行申请人有权选择的是执行措施而不是执行机构。英国的执行机构分工明确，不同类型债务的执行可以对应不同的执行机构，而不同的执行措施也由特定的人员行使，这一点从上文不难得知。并且，不同执行机构存在不同执行管辖范围，发生重叠的只有高等法院执行员与郡法院执达吏均有权执行的郡法院作出的诉讼标的额为600英镑至5000英镑的判决。所以说，竞争产生于同类执行人员内部之间，确切地说，是在高等法院执行员与高等法院执行员之间、持证私人执达吏与持证私人执达吏之间。这一点明确之后，可以考察高等法院执行员市场化改革对执行效率的影响，从本书第二章表5“2004～2020年高等法院执行员执行情况汇总”中可以看出，自2004年改革起，执行完毕的令状数量与收回债务金额基本呈上升趋势，其中2004年共执行令状36,282份，收回金钱总额约3495.34万英镑；2019年共执行令状110,353份，收回金钱总额约1.16亿英镑。事实上，“市场化”的运行体制执行效果好、效率高。在

[1] 参见谭秋桂：《民事执行权配置、制约与监督的法律制度研究》，中国人民公安大学出版社2012年版。

英国越来越多的申请人希望运用“市场化”的手段执行，自从郡法院与高等法院的管辖案件标的额划分从2000英镑降低至600英镑以后，高等法院执行员协会正在争取标的更小的法院判决可以通过高等法院执行员执行。而由于关系到弱势群体利益特别是消费者权益的保护，郡法院执达吏所管辖的执行事项能否实现市场化运作，还不得而知。

（三）体制上的分权：相互制约

在司法管理体制上，英国在司法行政部门——司法部下设皇家法院与裁判所服务署，专门负责法院的司法管理和执行工作。这样一种司法审判和司法行政事务分类管理的体制，有利于法官摆脱行政事务的烦扰，集中精力办好案件，也有利于司法行政部门整合行政资源，破解“执行难”。[1] 可以说，英国民事执行权与民事审判权相分离是体制上的、是实质性的分离，也正是这一在宏观层面上的“审执分离”促进了民事执行权内部的权力分立。

法院判决的执行可以通过动产扣押令状等执行令状方式实现，执行令状由法院办公室负责签发，一般无须法官干涉。高等法院执行员和郡法院执达吏享有通过扣押动产等执行措施实现判决债权人权益的合法权力，私人执达吏享有法律及法院令状所授予的强制执行权，可以通过控制动产的方式实现拖欠的地方税及治安法院罚款等债务，也即执行人员享有执行实施权。在英国，除三类执行人员同时拥有动产控制权及扣押动产处分权之外，执行实施权基于以上执行人员执行业务的不同体现出不同的形式和特点。例如，高等法院执行员和郡法院执达吏除可以执行动产扣押令状外，还可以执行法院签发的占有令状、交付令状，因此拥有不动产交付占有权以及动产交付权。再如，私人执达吏虽然无权执行法院签发的执行令状，但其有权从事商用场所欠租的追收，也基于此拥有商用场所欠租追收权，此权力在实施时同样依据统一的动产控制程序。

---

〔1〕 参见张永红：《从英国法院管理体制谈执行中的“大部制”》，载《上海法治报》2014年10月29日，B6版。

当债务人没有可供执行的动产只有其他财产或当事人选择其他执行措施时，则只能通过“债权人申请—法院裁定”的方式实现强制执行，包括“第三方债务令”“押记令”“扣押入息令”“指定接管人”“拘捕令”“查封”的审查；不动产“出售之诉”的审理和裁决；对判决债权人执行令状的申请进行审查和决定是否签发。这一过程需要法院与相关第三方进行协商，而执行人员无须参与，即法官拥有执行此类执行措施的实施权。虽然部分命令可以由法院官员负责初步签发，但遇有复杂的情形最终由法官主持听证并作出最终的决定。

当第三人基于对执行财物所有权的异议向郡法院申请启动第三人申索动产程序，则巡回法官拥有执行裁决权，由其负责进行裁判。一直以来，第三人主要通过衡平法上的确定竞合权利诉讼进行救济，2007 年《裁判所、法院与强制执行法》统一了《最高法院规则》和《郡法院规则》中的这一制度，规定了“第三人申索动产程序”。

英国民事执行权在如此配置模式之下实现了相互制约。这一方面，体现在执行实施权由执行人员和法官针对不同可执行财产分别行使，这一明确的分工，使其内部相互制约，若没有执行令状的授权，执行人员无权实施执行行为；若没有执行实施程序，执行审查的内容只会落空。另一方面，民事执行裁决权与民事执行实施权相互制约，在第三人申索动产程序及确定竞合权利诉讼中，当第三人提出权利主张后，执行人员未实施扣押的应当放弃扣押，已扣押的没有法院的指令不得变价出售其所控制的动产。除此之外，法院在审查过程中若认为继续执行较为合适，也可以在审查结束前指令执行人员出售或处置所扣押的动产。

（四）追求利益平衡：对债务人人权的保护

原英国司法大臣办公厅在 2003 年发布的《执行白皮书》中提道：“法院及承担强制执行法院判决的人员必须寻求某种途径以促进相互竞争的需求之间，以及债务人与债权人的权责之间达到某种平衡，这种平衡恰恰就是我们在一个现代的民主社会中都期望实现的。”[1]从民事执行改革中的系列措施可以看出,英国法所倡导的平衡理念来自多个方面——信息收集与保护债务人隐私权、债权人处分权与法院职权、执行人员执行权与债权人人权,等等。但这并不代表在民事执行程序中将债权人与债务人权利义务置于绝对的平衡,因为进入执行程序后债权债务关系已然确定,目的在于迅速实现债权人的权利,迫使债务人履行义务。所以,英国法规定在强制执行程序中,实现债权人的债权以保护债务人的基本人权为限度,否则经法院审判程序作出的民事判决的权威将受到削减。

英国对于债务人人权的保障有其理论及实践基础,而现代英国执行法律制度在世界性公约的整体框架下,明确了应当保护的债务人实体性人权的内容和相应的救济程序。所应保护的债务人人权的内容具体包括生存权、信息披露中的隐私权、不受债务监禁的权利以及生活安宁权。对债务人程序性人权的保护从侧面看是对民事执行权运行的程序性控制。通过改革统一了普通法上关于违法扣押、违规扣押及过度扣押的处理方法,债务人通过依法提起诉讼的方式可以获得扣押物的返还,也可以获得损害赔偿以弥补执行法律文书错误而造成的损失。

除了对债务人的人权进行实体及程序上的保护外,英国通过民事执行改革还设置了双轨执行体制以区分对待“偿还不能”以及“不愿偿还”的债务人:一种体制对于真正有困难的债务人要从宽对待,另一种体制严厉处理那些故意逃避偿债的债务人,虽然实践中区分债务人是“偿还不能”还是“不愿偿还”仍存在一定的障碍。

另外,在具体的民事执行措施中增加保护债务人的相应制度和规则。例如,在动产扣押令状的执行中,保护债务人免受不必要的经济困难和人身上的扣押;在押记令程序中,当债权人申请出售令时,法院必须以平衡

[1] Lord Chancellor's Department, *Effective Enforcement: Improved Methods of Recovery for Civil Court Debt and Commercial Rent and A Single Regulatory Regime for Warrant Enforcement Agents*, *Foreword*, at http://webarchive. nationalarchives. gov. uk/ +/http://www. dca. gov. uk/enforcement/wp/index. htm, accessed November 28, 2021.

债权人与债务人及其家人利益为原则进行审查;在第三方债务令程序中,增设“困难支付令”制度,允许债务人在账户被冻结至法庭举行听证这段时间向法院申请这一程序,且仅有一次申请机会,银行接到法院“困难支付令”后应当立即执行,而银行可以在向债务人支付前从账户中扣除因此产生的费用。程序还要求法官在审查过程中对债务人及其家人生活的财产进行处置时,特别要注意根据债务人的实际情况进行综合考虑。

二、存在的问题和缺陷

在英国民事执行制度发展的过程中,一直致力于对执行效率价值的追求,但问题的症结在于民事执行权运行所采取的当事人主义模式,若想弥补这一模式的缺陷则必须畅通债权人的信息获取渠道,明确市场化执行主体的监管责任以及建立透明合理的执行费用体制。这其中有些是老问题,而更多的是新问题和新挑战,对于这些问题,英国官方与民间围绕新改革展开了各种话语、策略与行动上的互动博弈,成为以后民事执行改革进程中重点予以关注和解决的方面。

(一)信息收集程序

民事执行权运行的当事人主义与职权主义模式的分野在于当事人处分权是否完整以及法院是否能够起到积极主动的作用。但事实上,民事执行程序与民事审判程序存在诸多区别。虽然在审判程序中主张权利的一方应当承担举证责任,但在执行程序中债务人负有主动申报其财产的义务,查明债务人财产信息不能完全依赖于债权人。而法官如果在执行程序中仍然刻意维持所谓的中立,那么已然确定的债权债务关系难以有效实现,民事强制执行程序的存在将失去意义,因此在执行程序中不应过多强调所谓的处分权。

另外,英国民事执行权运行的当事人主义模式最显著的特征为程序主要由当事人推动,债权人想要推进民事执行程序就必须一次又一次地提出申请,而法院或执行人员也需要不断地征求执行申请人的同意。单纯追求当事人主义的执行程序也给英国民事执行实践造成了一系列弊端：执行程序推进缓慢、执行人员延误执行、大量判决未得到有效执行。近年来通过一系列改革，英国民事执行程序中当事人主义的特征有所弱化，这体现在民事执行启动程序和对债务人信息的获取中，但这些措施还不足以消除执行权当事人主义模式的弊端，特别是在债务人信息获取方面的改革还有一定空间。

英国民事执行权运行的当事人主义模式决定了执行申请人难以获取债务人的信息，民事执行机构并不当然承担获取债务人财产以及雇佣状况信息的职责，必然耗费更多的时间。因此可以说，债务人信息的获取是弥补当事人主义模式的固有缺陷、影响英国民事执行权运行效率的首要和关键问题。虽然2007年《裁判所、法院与强制执行法》规定了法院可以直接从第三方机构获取债务人信息的新制度——"信息令"与"部门信息请求"，无须依赖债务人的配合即有可能获取相关信息，但必须是在债权人向郡法院或高等法院申请提供信息以选择执行措施之后，也只有当法院认为对于审查债权人有必要时才会签发相关命令，并不必然能通过这两类命令获取信息。由英国对民事执行信息收集程序的改革可以看出，仅由当事人推进法院及执行人员实现执行程序，很难实现效率优先的价值追求，因而应当吸收职权主义的因素。而事实上，两大法系在民事执行程序的改革中均取长补短，呈现相互融合的趋势。

除法院在信息获取程序中所发挥的作用可以更为积极，获取信息令程序还有继续完善的必要。英国1998年《民事诉讼规则》第71章所规定的获取信息令程序，在法院签发命令后应举行听证并通知债务人参加，如果听证程序仅要求债务人填写其财产信息的固定表格，则可能只能获得一些不完整的答案，对强制执行起不到应有的作用，因此在进行听证时可以采用交叉询问(cross examination)的方式对债务人进行提问。但不幸的是，通过交叉询问获取信息时，只是流于形式，并未发挥其作用，不想配合法院工作的判决债务人只会给出不真实的信息。

（二）对私营执行部门的监管

起始于20世纪末的英国民事执行改革，一直将执行人员的监管作为咨询和审查的重点问题之一，其中集中解决的突出问题是私营执行部门的监管问题，重点则集中于两个方面——监管责任的明确以及执行行为的规制。

事实上，英国没有对执行人员的实际行为进行监控和审查，也没有对执行人员设置统一的投诉程序，监管责任并未有统一的机关承担。执达吏的不当行为只是受到执行当事人向执行公司、相关行业协会或签发证书的法官投诉的约束。[1] 具体来说，对高等法院执行员的投诉向高等法院执行员协会提出，对郡法院执达吏的投诉向皇家法院与裁判所服务署提出，对持证私人执达吏的投诉向雇用其执业的执行公司提出。由于所发布的执行人员执业标准并不具有强制性，又未设置对相关投诉审查后处理违法执行行为的制裁性手段，这一方面将很难防范执行人员的违法及不当执行行为，极易造成民事执行权的滥用；另一方面也很难使执行当事人及公众对民事执行行业满意，甚至使公众对执行丧失信心。2007年至2008年，英国原宪法事务部与内政部联合举行了针对执行人员监管体制的专项咨询审查文件，咨询结果显示大多数被调查者认为由英国安防行业管理局进行监管最为适合。但是此次改革并未就具体监管程序进行明确，而是提出继续进行相关调查研究工作。

英国在推进民事执行人员监管改革过程中所关注的另一个方面是私人执达吏的执行行为规制，2007年《裁判所、法院与强制执行法》附录12中规定执行人员合理使用武力的一般权力范围，但执达吏欺骗、恐吓债务人等滥用强制执行权的行为依然占据一定比例。面对这一严峻的局面，2012年1月，时任英国司法部法务大臣的乔纳森·嘉诺格里宣布针对执达吏的不良行为开展关于执达吏行业法律规制的彻底审查。“虽然大多

---

〔1〕 See Mads Andenas, *Civil Enforcement in England and Wales*, 17 Eur. Bus. L. Rev. 619, 622 (2006).

数执达吏非常专业地从事着其本职工作,但太多的人在与执达吏接触时都有着被侵犯、感到收费昂贵以及感到压力的经历,为了恢复执行制度的平衡,应当加强对弱势群体的保障,并确保个人、企业和政府能够顺利收回被拖欠的债务。"[1]"今天我们宣布这是解决这一问题的第一步,之后将在短期内提出建立新监管制度的建议。"[2]

但事实上,英国市民咨询局提供了确凿的新证据表明执达吏依然在过分行使自己的权力,并且在并未前往债务人住处进行执行的情况下收取费用,这些现象使普通民众感到了恐惧。该数据显示,在 2012 年 12 月至 2013 年 11 月,共有 16,905 人向英国市民咨询局报告了执达吏在执行市政税过程中存在的问题。更有甚者,在市民咨询局进行的一项网上调查中,请市民分别用三个词语来概括他们与执达吏接触的经历,前五名的词语分别为"害怕"、"欺负"、"恐吓"、"威胁"以及"恐惧"。[3] 2014 年 4 月 6 日刚刚生效的《动产控制条例》整合了判决债务、欠税、欠费和欠租扣押程序中的不同规定,其对执行人员行为的规制成效如何,我们拭目以待。

(三)执行费用体制

英国市场化的执行收费制度具有重要的积极意义,那就是灵活性更强,私营执行部门可以根据执行过程中的阶段性执行行为以及执行到位的情况收取不等的费用,这一做法更加符合市场的规律,也发挥了良好的激励作用。而不利的一面来自执行费用收取的监管问题,在英国民事执行实践中,基于执行乱收费的投诉在所有有关民事执行的投诉中是最多的。这一问题更关系到债务人基本人权的保护,"幽灵访问"现象屡见不鲜、费用标准不够统一等问题突出,因此英国在执行费用体制领域的改革

---

〔1〕 Ministry of Justice and Jonathan Djanogly MP, *Minister Proposes Legal Regulation of Bailiffs*, Published 17 February, 2012, at https://www.gov.uk/government/news/minister-proposes-legal-regulation-of-bailiffs, accessed September 24, 2021.

〔2〕 Ministry of Justice and Jonathan Djanogly MP, *Bailiff Rules Tightened in First Step of Reform*, Published 13 January, 2012, at https://www.gov.uk/government/news/bailiff-rules-tightened-in-first-step-of-reform, accessed September 24, 2021.

〔3〕 See *Bailiffs Exacerbate Debts with Fees for Phantom Visits*, at http://www.citizensadvice.org.uk/index/pressoffice/press_index/press_offic20131223.htm, accessed September 20, 2021.

步伐从未停止过。

2001 年 7 月,英国原司法大臣办公厅发布了《执行绿皮书》,其中第 5 章规定对英国原有执行费用制度进行审查和咨询。随后,来自公共和私营执行部门的代表组成了咨询小组,对提供执行服务的市场进行评估并发布了《执行服务提供报告》。2003 年《执行白皮书》在上述报告中有关执行费用制度的基础上,提出了“透明、一致且均衡”的收费原则,还提出执行费用应当由预付费用、在执行过程中的具体活动和事件产生的固定费用,以及在执行过程中的具体活动和事件产生的可变费用组成。以上改革活动均为后续执行费用体制的审查和咨询奠定了基础。

自 2008 年 8 月起至 2009 年 10 月,英国司法部组织执行费用制度的专项咨询及改革,并于 2009 年 11 月发表了《新执行费用制度建议和分析报告》。这一改革受到了执行行业的广泛欢迎,尽管英国学界已经对某些措施感到担忧,有学者认为在改革措施的具体操作上缺乏一些明确清晰的规定,会产生一些意想不到的后果。然而,此次改革建立在均衡地保护债权人、债务人和执行人员权利的理性基础之上。然而,有学者认为,与其他任何法律规定一样,民事执行费用体制改革无法使每一项措施都让人满意,往往在法院作出最终裁判之前对于不明确之处仍会存在不同的有效解释。

此次改革的目的是“确保任何新的执行费用制度基于公共和私营执行部门所做的实际工作给予执行人员充分而平等的奖励”,作为执行费用改革成果的 2007 年《裁判所、法院与强制执行法》于 2014 年 4 月生效,有批评的声音指出,该法规定的执行费用标准的效力大打折扣:这一执行费用的规定本应是固定并应该严格遵守的,任何与已经公布的法定执行费用标准相偏差的收费行为都应被认定为越权收费,但在 2014 年《控制财物(收费)规则》的规定中“可以”一词的使用明显削弱了法定执行费用标准适用的强制性,给执行机构为获得价格优势或追逐利益而偏离法定标准自行规定执行费用留下了可能。

那么究竟新的执行费用标准是否能像预想的那样控制过度收费、促使执行费用尽量在合规阶段就得以结算呢？对此,英国司法部于 2015 年初就执行机构的运行和收费情况展开数据分析和调研审查,最终在 2018 年 4 月发布了《对 2007 年〈裁判所、法院与强制执行法〉引入强制执行机构改革一年后的审查》报告。报告显示,向债务人收取的平均费用低于预期,并在费用较低的早期阶段进行结算,可以说,改革目标得到了初步实现。具体而言,对于高等法院执行员和其他执行人员的执行来说改革效果有所不同:前者在合规阶段即完成执行的比例比预期高出了 9 个百分点,如在高等法院签发的全部执行令状中,预计有 1% 在合规阶段得以解决,而实际达到了 10% ;而对于其他执行人员来说,在合规阶段完成执行的比例则低于预期(有 38% 的令状成功在合规阶段执行完毕,而预期的比例为 50%)。[1]

当然,也有需要进一步改进之处,如有反馈意见提出,2014 年《动产控制(收费)条例》第 12 条[2]中关于"弱势的债务人"费用减免的表述存在模糊之处,在没有对"弱势"进行明确定义的情况下,费用减免完全由执行人员决定的规定存在不妥,另外,他们还质疑该规定是否应扩展到不受控制的动产或早期合规阶段。[3]

事实上,任何对执行费用进行限制的法律规定只能导致执行服务水平的下降,因为执行人员被迫投机取巧以获取可持续的回报,这不免会增加社会弱势群体所面临的风险。同样有学者认为,执行机构任何企图通

---

〔1〕 See Ministry of Justice, *One Year Review of Enforcement Agent Reforms Introduced by the Tribunals, Courts and Enforcement Act* 2007, p. 3, at https://assets. publishing. service. gov. uk/government/uploads/system/uploads/attachment _ data/file/695833/one-year-review-bailiff-reform-web.pdf, accessed December 20, 2021.

〔2〕 英国 2014 年《动产控制(收费)条例》第 12 条规定:"如果债务人是弱势人士,执行费用或各执行阶段[适用第 6 条规定的第一个或第一个和第二个执行阶段(视情况而定)]产生的费用或任何阶段(或多个阶段)的相关支出是不可收回的,除非执行代理人已在采取行动转移被控制的货物之前,给予债务人充分的机会就行使强制执行权获得协助和建议。"

〔3〕 See Ministry of Justice, *One Year Review of Enforcement Agent Reforms Introduced by the Tribunals, Courts and Enforcement Act* 2007, p. 9, at https://assets. publishing. service. gov. uk/government/uploads/system/uploads/attachment _ data/file/695833/one-year-review-bailiff-reform-web.pdf, accessed December 20, 2021.

过提供低于法定执行费用标准来获得价格竞争优势的行为是不应当被允许的,执行服务竞争力的分化应当取决于执行服务质量的高低。

第二节 英国民事执行权运行与控制对我国的启示

现阶段,我国在民事执行程序中所遇到的问题以“执行难”和“执行乱”为强烈表征,但究其本质是民事执行权的运行和控制体制存在问题:“执行难”是民事执行权行使的有效性问题,以效率的提高为价值取向;“执行乱”折射出的是执行权行使的正当性问题,以设置相应的控制机制为主要目标。面对这一世界性的司法难题,需要国家间制度理念经验的互相汲取,英国在民事执行权运行及控制方面进行的改革为我国民事执行改革提供了有益的经验和启示。

一、民事执行权运行机制在我国的完善

面对“执行难”的困局,我国推进的民事执行改革措施首先从法院内部开始实施,继民事审判方式改革之后,民事执行体制改革也摆到了重要位置,成为法院工作改革的重心之一。最早在 1999 年 7 月,中共中央转发的《中共最高人民法院党组关于解决人民法院“执行难”问题的报告》的通知,明确提出要加快执行立法,“最高人民法院要抓紧起草强制执行法,尽早提请全国人大常委会审议”。同年 10 月,最高人民法院发布了《人民法院五年改革纲要(1999—2003)》,从此,执行改革逐步在全国铺开,各地法院围绕着执行管理体制开始了探索。[1] 2000 年年初,最高人民法院成立了《强制执行法(草案)》起草小组,于 2001 年 12 月形成了《民事强制执行法草案(第 1 稿)》,至今已形成多份草案,“立法机关没有急于制定出台《民事强制执行法》的主要理由是民事执行理论研究薄弱,

---

〔1〕 参见严军兴、管晓峰主编:《中外民事执行制度比较研究》,人民出版社 2006 年版,第 11 页。

含蓄地表明对民事执行理论研究积累是否足以支撑强制执行法制定的担忧”[1]。

随着2016年3月,最高人民法院提出“用两到三年的时间基本解决执行难问题,破除公平正义的最后一道藩篱”,各级法院开启了破除执行难问题的攻坚战。2018年9月7日,第十三届全国人大常委会再次将《民事强制执行法》列入立法规划,最新一轮的起草工作全面展开。全国人大常委会在其2021年11月29日发布的《2022年度立法工作计划》中将《民事强制执行法》列入了“初次审议的法律案”中,并于2022年6月进行了初次审议,正式进入了全国人大的审议程序。终于,在2022年6月24日,十三届全国人大常委会第三十五次会议对《民事强制执行法(草案)》进行了审议,并公开征求意见。这意味着在实务界和理论界不遗余力地推动下,在历经了二十余年的讨论之后,我国独立的强制执行法典即将问世。执行规范体系的完善对“落实党中央关于切实解决执行难的部署”意义重大,也必将对执行工作产生深远影响。

解决“执行难”问题,就是如何促进民事执行权运行有效性的实现,有国内学者对我国民事执行中债权回收率与执行措施的关系进行了实证分析,结果证明执行措施的力度确实影响民事执行的效果。[2] 执行措施的强化以及执行方式的创新就成为实施改革的首要问题。事实上,我国所面临的“执行难”问题是世界性难题,同时也是具有独特性的国内难题。因为从根源上看,“执行难”与我国社会处于由传统计划经济向市场经济转型、由“熟人社会”向“陌生人社会”转变的过程中社会诚信的缺失有直接的关系。[3] 因此,除放眼于域外立法经验以完善我国民事执行权的运行机制之外,还需要从科学设置执行员与法官的权限划分、建立高度信任

---

〔1〕 黄忠顺:《中国民事执行制度变迁四十年》,载《河北法学》2019年第1期。

〔2〕 参见唐应茂:《法院执行为什么难:转型国家中的政府、市场与法院》,北京大学出版社2009年版,第178页。

〔3〕 参见齐树洁:《执行程序的局部修正与整体改革——兼论司法改革的整体性》,载《法律科学(西北政法学院学报)》2007年第6期。

的社会、调整国家在民间收债治理上的角色等方面全面改善“执行难”问题。

(一)科学设置执行员与法官的权限划分

与英国不同,我国并未对动产扣押和不动产强制抵押制度进行区别,并且法官与执行员的职权分工不甚明确,在实践中应当由执行员完成的工作则均由法官完成,[1]虽然我国《人民法院组织法》曾就执行员作出过相关规定(2018 年修订时删除),但法院在人事管理上基本没有形成执行员序列,而是形成了颇具特色的执行法官制度。[2]

我国 1954 年《人民法院组织法》第 38 条规定了人民法院执行员的有关职责,即“地方各级人民法院设执行员,办理民事案件判决和裁定的执行事项,办理刑事案件判决和裁定中关于财产部分的执行事项”。然而,这一规定并没有得到很好的落实,实践中很多法院并没有设置专职的执行员来办理执行工作,“有的仍是由审判人员兼搞执行工作,更有的法院是由书记员,甚至是由法警来办理执行工作”。[3]《人民法院组织法》在此后分别于 1979 年、1983 年、1986 年和 2006 年开展的四次修改中均未对本条款中关于执行员的规定做任何改变,依然没有明确执行员的隶属、任命及其与审判员的关系。

直到在我国 1995 年 7 月 1 日实施的《法官法》中才明确作出了参照该法对人民法院的执行员进行管理的规定,[4]这一规定为加强对执行员的管理,保障执行员依法履行职责提供了依据。然而,立法虽然明确了“执行员”的法定称谓,但却并未给予执行员相应的法律地位。虽然早在 2008 年前后,最高人民法院曾计划研究制定《人民法院执行员条例》,[5]

---

〔1〕 经笔者调研了解到,在“审执分离”体制改革情况较好的上海基层法院并没有设置执行员,而是只有员额法官才有资格办理执行案件。

〔2〕 参见张永红:《从英国法院管理体制谈执行中的“大部制”》,载《上海法治报》2014 年 10 月 29 日,B6 版。

〔3〕 胡其泰:《关于执行工作中的几个问题》,载《法学研究》1957 年第 4 期。

〔4〕 1995 年颁布并实施的《法官法》第 48 条第 1 款规定:“对人民法院的执行员,参照本法有关规定进行管理。”

〔5〕 参见王伟:《从审执分离看执行员制度的完善》,载《上海法治报》2013 年 7 月 10 日,B5 版。

并且,在其2011年1月发布的《二〇一一年人民法院执行工作要点》(法执明传〔2011〕1号)中也进一步强调"制定下发《人民法院执行员条例》,推动执行人员专业化进程",但基于一些原因,该条例至今并未出台。此外,关于执行员的权限和职责,我国最高人民法院于2011年10月19日印发的《关于执行权合理配置和科学运行的若干意见》的通知(法发〔2011〕15号)中第3条仅规定执行实施权由执行员或者法官行使,具体负责包括财产的调查、控制、处分、交付和分配以及罚款、拘留等事项的实施,但并未对执行员与法官的执行实施权进行具体划分。[1] 在司法实践中,一方面,"本属于执行员的权力长期'旁落'法官,进而使两者在职能和权限上出现高度混同"[2];另一方面,人民法院审判员由同级人民代表大会任命,助理审判员和书记员则由人民法院院长任命,唯独执行员没有正式的任命渠道,这对于提高执行人员的积极性和责任感极为不利。

一个较大的变化是,在2018年修订《人民法院组织法》时删除了执行员办理执行事项的规定,同样,在2019年修订《法官法》时亦将"执行员参照该法进行管理"的表述予以删除,但2021年修订的《民事诉讼法》依然保留着"执行工作由执行员进行"的条款。[3] 对此,笔者认为,专门设立执行员行使执行实施权的机构是贯彻审执分离原则的内在要求,[4]《人民法院组织法》和《法官法》不再对执行员加以规定,并不意味着不再需要执行员承担执行工作了,而是不再将执行员纳入法官队伍范围进行管理,需要通过其他法律进行专门规定。这一点在一些相关的法律文件中可以得到印证。例如,2019年最高人民法院发布的《关于深化执行改革健全解决执行难长效机制的意见——人民法院执行工作纲要(2019—

〔1〕 王伟:《从审执分离看执行员制度的完善》,载《上海法治报》2013年7月10日,B5版。

〔2〕 百晓锋:《论执行权向执行员的"回归"》,载《华东政法大学学报》2022年第5期。

〔3〕 2021年修订的《民事诉讼法》第235条规定:"执行工作由执行员进行。采取强制执行措施时,执行员应当出示证件。执行完毕后,应当将执行情况制作笔录,由在场的有关人员签名或者盖章。人民法院根据需要可以设立执行机构。"

〔4〕 当然,审判权与执行权的分离不仅体现在设置独立的执行机构和执行员负责执行工作,还强调民事审判与执行的差异性机理,要求民事执行制度和程序的设计有别于民事审判。参见肖建国:《中国民事强制执行法专题研究》,中国法制出版社2020年版,第60~61页。

2023)》(以下简称《执行工作纲要》),要求推行以法官为主导的"法官+法官助理(执行员)-法警+书记员"团队办案模式。再如,2022年公布的《民事强制执行法(草案)》初步明确了包括执行员在内的各执行人员的分工:(1)法官负责办理各类执行案件;(2)执行员负责办理执行实施案件,但是作出拘留决定、罚款决定等依法应当由法官办理的重大事项除外;(3)司法警察在法官、执行员的指挥下参与执行实施工作。[1] 以上规定说明,我们在继续推行执行员制度,并且有必要进一步予以完善。

如果继续推行执行员制度,是不是就如《执行工作纲要》中所表述的"法官助理(执行员)",将执行员与法官助理画等号?这一操作确实可以解决实践中法官助理办理执行案件没有"正当名义"的问题,但是产生的后续问题是:其一,法官助理队伍将发生"分裂","一部分在审判程序中辅助法官,另一部分则在执行程序中独当一面,不利于队伍的统一发展"[2];其二,法官助理转为执行员的后续晋升问题无法解决,执行员在"独当一面"办理执行案件后,是否还有机会参加员额法官遴选?如果没机会或没必要参加,那么是否有相应的执行员管理规范予以保障?

对此,笔者认为,应当以审执分离为改革理念,通过执行员与法官的角色分化,以促进审执分离功效的实现。首要问题就是明确执行员的职权范围。事实上,英国的做法不失为一种可资借鉴的方式——明确规定法院签发的动产扣押令状由执行人员负责实施,也即执行人员在取得该令状之后上门进行追收,若债务人拒不偿还债务则执行人员可以扣押债务人所拥有的动产,同时有权变卖或拍卖被扣押物以清偿债权人的债权及执行费用。将动产扣押划归执行员行使最大的优势就是利于保证执行的有效和高效,笔者建议,我国应当明确执行员的具体职责范围,及针对债务人动产的执行行为由执行员行使,对此,不仅应当对执行员的具体执行行为进行程序规制,还应当进行相应的制度保障。除此之外,执行员的

[1] 参见2022年《民事强制执行法(草案)》第10条。
[2] 百晓锋:《论执行权向执行员的"回归"》,载《华东政法大学学报》2022年第5期。

任职条件、任免程序与职称待遇也应作相应的明确。

(二)完善财产调查制度

英国法通过完善债务人财产信息获取的渠道以逐步消除执行权运行过程中的当事人主义弊端,并促进民事执行效率的提高。在我国民事执行程序中,主要通过财产调查制度了解被执行人的财产状况,而调查被执行人的责任财产也被认为是执行实施权的重要内容之一。根据2022年《民事强制执行法(草案)》的有关规定,我国查明被执行人财产的方式主要包括三种:其一是申请执行人提供被执行人财产状况或线索;其二是人民法院依申请或职权调查;[1]其三是被执行人如实报告其财产状况。[2]在过去的执行实践中,被执行人财产信息的获取主要依靠申请执行人提供和报告以及人民法院调查查明这两种途径,但事实上纯粹由申请执行人提供执行法院尚未掌握的被执行人财产信息的情形较少,并且其提供的信息和线索不够明确、具体和真实,因此,通过法院调查就成为获取相关信息最主要的途径。[3]

英国没有设立公共征信机构,所有征信机构均为私有性质,依照市场化方式运营和管理,不同于英国所运行的"单一私营模式"的征信系统,我国征信系统的运行主要由公共征信机构负责。为了使实施强制执行的法院更加容易地获取被执行人的财产信息,实现资源共享,最高人民法院于2006年在全国法院系统推行了执行案件信息管理系统,这一电子信息系统于2007年1月1日起正式运行,该系统运行仅两个多月的时间便收集

〔1〕 2022年《民事强制执行法(草案)》第44条第1款规定:"执行中,申请执行人应当提供执行所需要的财产、身份等信息;确因客观原因无法提供的,可以申请人民法院调查。人民法院认为有必要的,也可以依职权调查。"

〔2〕 2022年《民事强制执行法(草案)》第47条规定:"金钱债权执行中,被执行人应当报告其当前的财产情况和有关信息。……非金钱债权执行中,被执行人应当报告执行需要的财产情况和有关信息。"

〔3〕 在2002年浙江省91所法院查明被执行人财产方式的调查结果显示,在执行完毕的51,117件案件中,通过申请执行人提供的信息获得执行的占44.2%,通过法院调查所获信息得以执行的占48.2%,其中被执行人自行申报不实的比例达26.8%;但是,申请执行人提供信息的案件往往是在诉讼阶段已经进行财产保全或设定抵押权的案件,执行法院通过查阅民事审判案卷也很容易获得。参见童兆洪主编:《民事执行调查与分析》,人民法院出版社2005年版,第302页。

了全国各级人民法院的新收执行案件共计40余万件。这就要求全国各地各级法院将其每年受理的共计200多万件的执行案件从立案到终结的每一项程序及措施都及时地录入全国法院执行案件信息管理系统的数据库中。具体而言，需要录入的内容包括案件编号、执行法官、执行当事人、执行标的额等基本情况，委托执行、中止执行等执行进展情况，查封、扣押等执行措施实施情况，限制融资、限制置业等司法限制措施，罚款、拘留、刑事处罚等司法制裁情况，同时也应录入债务人积极主动履行的情况。更重要的是，被执行人不履行法律义务的执行案件信息将纳入有关征信系统，成为社会信用体系至关重要的组成部分。

执行案件信息管理系统的运行可以促进民事执行案件所有信息在法院系统内实现共享，那么在建立后这一系统的运行情况如何呢？以陕西省为例，从陕西省高级人民法院在2007年至2010年立案的执行案件中随机抽取1000件执行案件卷宗，将执行案件信息系统录入情况与卷宗所记载的内容进行对比，同时将每月执行案件信息录入情况与本省各级法院上报的司法统计数据进行核对，发现执行案件信息录入不及时、不完整的问题严重。能在执行行为发生两周以内将大部分信息录入的案件有40%，执行案件基本信息的录入存在多项空白，而对拘留、罚款等强制措施的运用情况加以记录的案件只有10%，并且执行案件信息录入数据与司法统计数据存在不相符的情况。[1]

为何这一对治理“执行难”痼疾、促进信息畅通具有重大意义的系统却在实践中遭遇尴尬？笔者认为，除了由于制度设置中监督机制缺失外，更重要的原因恐怕还是来自执行人员本身。一方面，执行部门的负责人或主管领导并未重视执行案件信息管理系统的运行，对监管责任的履行流于形式，几乎不会通过这一系统来监督执行员的办案进展情况；另一方面，执行人员并未形成通过执行案件信息管理系统这一平台推进强制执

〔1〕 参见高长生等：《关于“全国法院执行案件信息管理系统”在我省法院运行情况的调研分析》，载 http://sxfy.chinacourt.org/public/detail.php? id=16551。

行的观念，在运用信息技术系统时自身的相应素质并不过关。

然而，最高人民法院于2011年所印发的《关于执行权合理配置和科学运行的若干意见》（法发〔2011〕15号）再次强调了继续推进全国法院执行案件信息管理系统建设的重要性，并以此积极参与社会信用体系建设。这对法院执行人员提出了更高的要求，执行人员应当及时准确地录入执行案件信息，并且将这一工作纳入考核体系。而此时，信息技术应用于强制执行程序中还仅限于执行案件的信息化统一管理，以及主要用于查询被执行人财产信息的网络查控系统的应用，并未全面展开。

2013年，最高人民法院出台《人民法院信息化建设五年发展规划（2013—2017）》，明确提出要将信息化手段作为解决执行难的重要手段，并制定了执行信息化建设的全面规划。自此，法院执行信息化建设进入了2.0阶段。随着2016年，最高人民法院和公安部联合发布《关于建立快速查询信息共享及网络执行查控协作工作机制的意见》（法〔2016〕41号），明确建立快速查询信息共享及网络执行查控协作工作机制，意味着执行信息化建设跨部门联动机制的建立。以上举措，促进了信息技术平台在执行工作中得以大规模的应用，现在执行工作基本全部依赖信息技术平台进行，极大提高了执行的效率。但应注意的是，一方面，应当进一步拓宽查控系统的覆盖范围，特别是与互联网金融的全面对接，将各种金融理财产品纳入查控系统中；另一方面，注意查控财产过程中的比例原则的贯彻及被执行人个人信息权益及隐私权的保护。

（三）民间协助执行

英国在高等法院民事判决执行领域实行法官主导下的市场化执行体制，不难看出，民事执行权授权职业化的私法主体行使是可行的。事实上，这一做法不仅出现在英国，目前在欧盟成员方中，有21个国家的强制执行都不是由公务员而是由私法主体负责实施的。[1]

---

〔1〕 参见下萨克森州司法部部长 Elisabeth Heister-Neumann：《法院执行员制度改革评述》，载德国《法律政策杂志》ZRP 2007年第5期。转引自郑冲：《德国法院执行员制度改革之争》，载《比较法研究》2007年第6期。

对于民间收债行为,我国所秉持的是禁止态度。早在1988年6月25日,最高人民法院、最高人民检察院、公安部、司法部联合发布了《关于公检法司法机关不得成立"讨债公司"的通知》,明确规定禁止各级公、检、法、司机关,成立"讨债公司"及其他类似类型的企业。类似文件还有2000年6月15日由原国家经济贸易委员会、公安部、原国家工商行政管理总局联合下发的《关于取缔各类讨债公司严厉打击非法讨债活动的通知》(国经贸综合〔2000〕568号),要求禁止任何单位和个人开办任何形式的讨债公司。但有学者通过详尽考察我国华南地区的民间收债人如何从事收债事务,指出我国禁止成立收债组织,实质上只是禁止方式不当的收债行为。

从英国经验可以看出,作为民事执行改革的重要方面,只有对私营执行部门加以严格监管,才能在追求执行有效性、高效率的同时,兼顾债务人权益的保障,防止对执行当事人造成不必要的损害。笔者认为,如果正如徐昕教授所言,在若干私法主体在民事执行领域中具有较强的公信力和职业信誉,并且执行管理机构的监管能力足够成熟的情况下,应当正视我国民间收债人的正当性和监管问题。因为实践表明,面对公众对民间收债的需求促进了民间收债市场的形成,国家最多只能禁止成立讨债公司,并不能从根本上消除民间收债现象的存在。在民间收债人、债权人、债务人、国家之间的博弈过程中,国家应当致力于执行管理机关公信力的塑造并及时调整角色的定位,适时将部分民事执行权让渡于私法主体,以促进我国民事强制执行效率的提高。

二、民事执行权的控制机制在我国的构建

"执行乱"反映了民事执行权控制机制所存在的问题,应当保障民事执行权行使时的正当性。在厘定执行员与法官的职能后,应当解决我国民事执行体制不顺的问题,因为这一问题是影响执行力度和效率的主要原因之一,并且极易由于权力滥用而使执行权行使的正当性大打折扣。2021年12月,最高人民法院发布《关于进一步完善执行权制约机制加强

执行监督的意见》,要求全方位加强对执行权的制约与监督,重申善意文明的执行理念。上述意见的发布是对执行权相关规范的进一步完善,更是对贯彻民事执行权内部分权制约、外部监督原理的再次重申。因此,民事执行权的控制机制在我国构建时,需要解决的核心问题是明确审执分离体制模式的选择。在明确这一问题后进行具体构建时,首先,应当优化执行权内部执行实施权与执行裁决权的分配、制约,顺畅和完善相关程序的衔接;其次,实现执行救济的体系化,在制度层面保障执行当事人和案外人的实体权利,实现执行当事人、案外人的程序参与权;最后,加强执行权的外部监督,规范民事执行检察监督工作。

(一)司法大部制下分权制衡,治理"执行乱"痼疾

由民事审判机关兼作民事执行机关是我国的基本传统。自 1991 年民诉法明确授予法院根据需要设立执行机构的权力,至 1996 年 4 月,全国 94% 的基层人民法院,中级人民法院和 30 个省、自治区、直辖市的高级人民法院均设立了执行庭。[1] 2000 年 9 月,最高人民法院印发《关于改革人民法院执行机构有关问题的通知》,规定"根据当前执行机构的现状和发展趋势,新的执行机构可统称为执行局"。根据以上规定,各地法院在实践中进行了不同形式的探索。例如,有的法院在执行局下设立执行庭,有的法院所设立的执行局与执行庭是两块牌子一套人员,还有的法院将执行局与执行庭分离,设置独立的执行裁判监督庭,而有的法院由执行局行使执行实施权,执行裁决权则分配给其他业务庭兼顾行使。而 2014 年 10 月,中国共产党十八届四中全会审议通过了《决定》提出进一步优化司法职权的配置,再次明确提出了执行体制改革的要求,并开展审判权和执行权相分离的体制改革试点工作。

然而,《决定》中"完善司法体制,推动实行审判权和执行权相分离的体制改革试点"的这一表述引发了理论界和实务界的广泛讨论,形成了三

---

〔1〕 参见李国光:《坚持严肃执法,全面加强和改进执行工作——第一次全国法院执行工作会议上的报告》,载最高人民法院执行办公室编:《强制执行指导与参考(2002 年第 1 辑)》,法律出版社 2002 年版,第 2 页。

种不同的观点。

其一,法院内部深化分离。有学者认为,由于民事执行权是与审判权相对的一种法院强制权,其性质属于司法权范畴,不能将其从法院行使交由行政机关行使。[1] 同时,即使将民事执行权认定为执行实施权,也不能将其纳入行政权的范畴并将其赋予人民法院以外的其他主体行使,理由有以下四点:第一,假设将执行实施权认定为行政权,则执行行为就只能被评价为与抽象行政行为相对应的具体行政行为,民事执行的周期将更为漫长和不确定;第二,《行政强制法》并未赋予行政机关搜查权,无法满足执行实施权行使主体可以采取搜查措施的需求;第三,可能存在司法机关与行政机关之间的协作难题;第四,执行是对法院裁决的具体落实,执行实施权与执行裁决权同裁判有天然关联,如果执行实施由行政机关行使,不仅会增加当事人的诉累,还可能导致行政机关与司法机关相互推诿的情形出现,使司法权威有所减损。[2]

从法律关系上看,民事执行法律关系是“多面关系”,在民事执行中,与行政法律关系有本质不同的是,申请执行人与执行机关、被执行人之间都会发生民事执行法律关系。将民事执行权交给行政机关,会严重损害司法权威和执行效率。持这一观点的学者还提出,最高人民法院应当设立执行总局,并在全国法院系统自上而下地建立垂直领导管理的统一执行机构。[3]

其二,法院外部分离。有学者认为,审判权与执行权相分离是最高人民法院一直在推行的改革事项,经过多年的改革,法院内部的审判权与执行权开始有了相对的分离,但这种分离并不是实质上的分离。实质上的分离,不仅体现为审判权和执行权在机制上的分离,还体现为司法体制意

---

〔1〕 参见肖建国:《民事执行权和审判权应在法院内实行分离》,载《人民法院报》2014 年 11 月 26 日,第 5 版。

〔2〕 参见肖建国:《民事审判权与执行权的分离研究》,载《法制与社会发展》2016 年第 2 期。

〔3〕 参见张坚:《审判权和执行权相分离改革的路径选择》,载《法制日报》2015 年 7 月 1 日,第 9 版。

义上的分离。体制上的分离是指由不同的国家机构分别在不同的体制上行使审判权与执行权，而我国的审判权和执行权都集中在人民法院的体制之上，应当将执行权从法院的职能中分离出去，交由司法行政机关行使。[1]

其三，深化法院内分、适当外分。有学者认为，对于我国而言，“深化内分、适当外分”是审执分离的最优模式，其在运行成本上的优势体现为：人民法院经过多年的探索，在深刻把握执行权运行规律的基础上提出“一性两化”（强制性、信息化、规范化）的工作思路，可以说找到了当前解决“执行难”问题的正确路径，“‘彻底外分’的价值和必要性大为降低，‘深化内分’面临严峻挑战”，而“深化内分、适当外分”模式已经足以满足当前及今后一段时期的时代需求。[2] 具体而言，“适当外分”是将原来执行工作的一部分交由人民法院以外的其他部门来负责。例如，应当将人民法院负责的死刑案件的执行交由司法行政部门来负责；而对于执行财产刑、附带民事诉讼等，交由司法行政部门或其他部门负责。对非诉案件的执行，由法院进行合法性审查，具体执行由行政机关负责；而对民事诉讼案件，则适当地采取深化内部分权的方式执行。对行政案件裁判的执行，分具体情况予以区别对待。属于被诉行政行为的，由行政机关执行，属于法院判决行政机关履行相应义务的，由法院负责执行。

不同的审执分离改革模式虽然差异巨大，但均有其理论、逻辑和实践上的合理性。笔者认为，无论是“审执分离”抑或更为明确的“裁执分离”，与其他模式相比，法院外部适当分离模式更符合我国民事执行权的价值取向。由于民事执行实施权在民事执行权中始终占据主导地位，运行价值更应当注重体现效率。在这一前提下，民事执行权在运行中，公正和效率价值各有侧重，不能只为化解“执行难”问题关注执行效率的提高

---

〔1〕 参见汤维建：《执行权从法院分离　交给司法行政》，载 http://www.fawan.com/Article/fwkx/2014/10/28/193916264910.html。

〔2〕 江必新、刘贵祥：《审判权和执行权相分离的最优模式》，载《法制日报》2016 年 2 月 3 日，第 12 版。

而忽视了“执行乱”问题的解决，而是应当通过将执行裁决权与执行实施权分离行使，同时注重执行各方主体利益的平衡保护，在权力运行中实现正义与高效的双重目标。

对于第一种观点，就民事执行权的性质而言，笔者认为民事执行权兼具司法与行政双重属性，执行裁决权与执行实施权应以符合自身规律的方式运作，当然在运行过程中应当更为重视两权之间的协作和配合，并且通过两权之间的相互制约以及更为精细的程序设置，避免给执行当事人造成多余的讼累，防止司法权威受到减损。我国民事执行改革经过长时期的实践，形成了相对完善的制度，各地法院在实践中也进行了不同形式的探索，但正如上文所提到的，由民事审判机关兼作民事执行机关是我国的基本传统，并且，通过民事执行改革进程的步步推进，法院已经积累了丰富的经验，将民事案件的执行适当地采取内部深化的方式更具成本优势。

对于第二种观点，由于目前我国司法体制的定位和职能划分还未到位，执行局整体分离并成立独立的行政机构并不可行，而将执行权从法院的职能中分离后，交由司法行政机关行使，以在体制上实现审判权与执行权的分离，是一个渐进的过程，这一观点存在一定的价值，但也存在一定的现实困难。从英国的执行实践来看，其审判权和执行权相分离的体制构建于司法“大部制”的基础之上。在宏观层面，英国的司法行政工作，包括管理全国的司法工作人员，具体如录用、培训、考证及工资福利等，为全国司法机构的运转提供财政物资保障等均交由司法部解决，形成了“大司法部”的概念，以保障法官能够集中精力处理案件，其中专门负责法院的司法管理和执行工作的是司法部下设的皇家法院与裁判所服务署（HM Courts & Tribunals Service）。反观我国，在员额制改革之前，法院和检察院中的司法行政人员所占比重过大，专职办案人员却较少，既无法实现法官队伍的专业化，也造成财力、人力的巨大浪费，而在法院和检察院进行的司法体制改革（员额制改革），司法行政机关是被忽略的环节。[1] 就法院来说，2015 年推行员额制改革后实行人员分类管理，行政人员与法官、审判辅助人员今后各走各的序列，不能转换，[2] 我国法院的司法管理工作还是由法院的行政人员来负责完成的，可以看出我国与英国的司法管理体制的不同。然而，近日不乏改革呼声，有学者指出，司法行政机关还可以参与更多的改革领域及工作，特别是法院生效民事裁判的执行工作，依据"审执分离"原则移交司法部管理更为合理。对此，笔者认为，对我国司法体制的定位和职能划分还需进一步探索和完善，以寻求解决民事执行乱困境的治本之策。

对我国而言，现阶段法院外适当分离更为可行，而将执行实施权行使机构附属于法院更有利于执行改革目标的实现。即使在英国，虽然宏观层面上由皇家法院与裁判服务署设立统一的法院服务机构专门负责法院的人财物、司法管理和执行工作；而在微观层面，由于新的执行措施的出现，执行实施权成为由法官和执达吏、高等法院执行员等执行人员共同实施的权力。英国普通法上发展而来的民事执行制度是债权人在获得法院官员（court officer）签发的执行令状之后，由执行人员实施执行措施以获取判决的执行，这一过程并没有司法审查的直接介入，而是纯粹的行政行为。[3] 而后来，又产生了新的强制执行措施，这些措施与这一执行机制相去甚远。新的执行措施主要是债权人向法院申请相关的命令。例如，第三方债务令、扣押入息令或者押记令，法院对以上申请通过"诉讼化"的方式（court-based methods）进行审查，并签发相关命令实现判决所确定的债权。在这些执行措施的实施过程中，执达吏仅履行送达法律文书的职

---

〔1〕 参见汪红：《专家建议设"大司法部" 明晰司法体制职能定位》，载 http://news.sohu.com/20141013/n405073062.shtml。

〔2〕 在数量上，员额制前全国有 211,990 名法官，2017 年 7 月各级法院完成员额法官选任工作后，共遴选出员额法官 120,138 人，实际占中央政法专项编制总数的 32.8%，近 9 万人未入额。参见刘忠：《员额制之后：法院人员分类构成评析》，载《华东政法大学学报》2020 年第 6 期。

〔3〕 Wendy Kennett, *The Enforcement of Judgments in Europe*, *Oxford University Press*, 2000, p. 84.

能(process serve)。[1] 而执行裁决事项只能由法官处理,根据2007年英国《裁判所、法院与强制执行法》附录12第60条的规定,第三人有权基于对执行财物所有权的异议向法院申请启动第三人申索动产程序。由于在郡法院的司法实践中地区法官负责对第三方债务令、扣押入息令、押记令等执行措施的申请进行审查及签发,为防止权力滥用,将执行裁决权赋予郡法院巡回法官,由其对案外人所提出的异议加以审理,如果案外第三人对郡法院巡回法官的判决不服,则可以上诉到民事上诉法院。

(二)执裁分离,完善程序衔接

根据上述分析,笔者赞同第三种审执分离模式,即"深化法院内分、适当外分",对我国现阶段来说,适当地采取内部深化方式最容易产生执行当事人成本的增加和司法权威的减损等问题,对此应当对民事执行权内部两权加以分配的同时,更加注重两权之间运行的衔接与配合。

其一,应注重执行实施权与执行裁决权的分配与制约。

有学者总结我国民事执行机构改革以来,地方法院的方案和实践大致可以分为横向分权模式和纵向分权模式两大类。[2] 其中,上海法院系统于2016年开始"以推进执行体制机制改革助力破解执行难"的试点工作,分别在上海市第一、第二中级人民法院成立执行裁判庭,执行裁判庭完全独立于执行局,并完成了执行司法警察机构和队伍的组建工作。执行裁判庭的设立旨在落实执行权的司法权属性,负责诉讼程序中的涉执行诉讼审判及执行程序中的执行裁决,执行实施机构实行警务化模式的

---

[1] Wendy Kennett, *The Enforcement of Judgments in Europe*, *Oxford University Press*, 2000, p. 85.

[2] 横向分权模式,是指特定人民法院针对自身内设机构进行横向分权的改革实践模式,包括横向静态分权和横向动态分权两种情形;前者是指执行机构与审判机构等其他部门之间的分权以及执行机构内设机构相互之间的分权;后者则将执行程序区分为若干环节并分别设置不同的内设机构进行集约执行,如北京市第二中级人民法院。纵向分权模式,是指不同级别人民法院的执行机构之间进行纵向分权的改革实践模式,包括某些地方中级人民法院已经推行的集中裁决型纵向分权(如绍兴市中级人民法院)、集中实施型纵向分权(如山东省东营市中级人民法院)以及某些高级法院正在酝酿中的双重集中型纵向分权三种情形。参见黄忠顺:《民事执行机构改革实践之反思》,载《现代法学》2017年第2期。

探索,意在强化执行权的行政化属性。因此,将执行裁决权从执行局分离出去,交由在法院内增设的执行裁判庭行使,执行局只行使执行实施权。

在具体事项上,执行局行使执行实施权,主要负责执行程序的推进。根据《关于执行权合理配置和科学运行的若干意见》(法发〔2011〕15 号)第 3 条的规定,执行实施权具体包括财产的调查、控制、处分、交付和分配以及罚款、拘留等事项的实施。如对被执行人可以采取传唤、拘传、限制高消费、限制出境等强制措施。而执行裁判庭不仅须承担以前执行局裁决组的功能,还负责之前分散在其他庭的涉执行诉讼的审判,具体而言,主要应受理以下案件:第一,执行程序中有关主体提起的执行异议之诉、分配方案异议之诉、代为析产之诉、第三人撤销之诉、撤销权诉讼、代位权诉讼、折价赔偿特定标的物诉讼等;第二,执行或保全程序中发生的因执行行为异议、案外人异议、管辖权异议、依实体事由提出阻止执行或不予执行以及因夫妻共同债务、出资人未依法出资、股权转让和一人公司股东等实体关系较为复杂的申请追加、变更被执行主体的异议;第三,其他审判庭在审理过程中发现的属于涉及执行诉讼的案件。

另外,在人员划分上,应当以裁执分离为改革理念,将执行员的身份变更为司法警察,这并不违反立法本意。法官立足于审判而不涉足执行,执行由司法警察来承担,是从形式到实质上的审执分离。对此,一方面,组建执行司法警察机构和队伍,在上海"执行工作裁执分离改革"的试点工作中,这与执行裁判庭的设立是同步进行的。另一方面,应当明确司法警察具体职责范围以规范和制约其执行行为,不仅应当对司法警察的具体执行行为进行程序规制,还应当进行相应的制度保障。例如,任职条件、任免程序与职称待遇也应作相应的明确。

其二,应当重点理顺执行局与执行裁判庭在执行实务中的关系,以确保执行程序与执行裁判程序的顺畅衔接。

首先,设置相应的案件移送程序,这包括其他审判庭与执行裁判庭就执行诉讼产生的移送以及执行局与立案庭在执行中发生的移送。一方面,在执行中产生的执行异议之诉、分配方案异议之诉、代位析产之诉、第三人撤销之诉、撤销权诉讼、代位权诉讼、折价赔偿特定标的物诉讼等应当由执行裁判庭负责审理的执行诉讼,其他审判庭应当及时移送。另一方面,执行局在执行中发现特定情形时,应当及时移送至立案庭,并制作移送裁判意见书。例如,作为执行依据的生效法律文书不符合执行受理条件,作为执行依据的仲裁裁决违背社会公共利益等。其次,在衔接方式上,若执行局与执行裁判庭之间需要进行沟通或移送相关材料的,除采取书面形式外,可以采取较为高效、便捷的方式,如电子邮件、电话短信、传真等。再次,执行裁判庭对于执行异议的审查结果应当及时告知执行局,包括执行裁定书以及送达执行当事人的情况;对于执行诉讼的判决、裁定也应当及时移送执行局,并告知该文书的送达情况。最后,执行局的执行受到执行立案的影响。执行局收到执行行为异议、复议、立案的,除对执行标的物的处分性执行措施外,原则上不因执行裁判立案而停止其他执行措施的实施。另外,执行裁判庭有权向执行局发出暂停执行建议,执行局在收到该建议后,原则上应当暂停执行,若执行局认为需要继续执行的,应当函告执行庭具体理由,但不得采取处分性执行措施。

(三)保障人权,防止民事执行权异化

英国民事执行权当事人主义运行模式的优势在于对当事人权利给予全面的保护,不仅注重当事人实体权利的保护,还设置了相对完备的救济程序。英国司法部政务次长乔纳森·嘉诺格里(Jonathan Djanogly)在宣布执达吏行为新标准时指出:"执达吏是司法系统的重要组成部分,少数肆无忌惮的执达吏必须停止侵犯或欺骗社会弱势群体。"此类新标准规定,在夜间或只有儿童在家时禁止执达吏进入他人住宅,而新的保障措施的设置目的在于防止执达吏在实施执行行为时使用武力。

而我国在民事执行改革伊始,更注重加大执行力度以及执行措施的强化,但债务人的人权保障应当予以兼顾,这也是国际公约对我国法律制度的要求。2002 年,我国最高人民法院曾提出,淡化和减少执行程序中法院的超职权主义色彩,以当事人主义重塑执行程序,这并不代表过分追求当事人在执行程序中的处分权,而是应当通过提升当事人在执行程序中的主体意思自治地位，以加强对当事人程序权利的保障，同时为当事人提供更多的救济途径，并进一步明确当事人在执行程序中的责任和义务。所以，在我国民事执行程序中需要执行法院进行必要的介入和参与，特别是在必要时依职权推动和加速程序的进行，同时兼顾对执行当事人实体性人权和程序性人权的尊重与保护。但是，近年来，我国民事执行权的运行实际已经呈现出向“侦查化”演变的趋势：未自动履行债务的被执行人可能会经历类似“刑事追诉”式的责任财产调查、财产控制与处分以及拘留等强制措施或者被限制高消费、纳入失信被执行人名单。[1] 民事执行权“侦查化”的运行方式在助力实现“两到三年基本解决执行难”阶段性目标的同时，也造成了公权力过度介入、可能损害执行当事人个人信息乃至基本程序权利的问题。因此，有必要严格贯彻执行“标的有限”原则，同时在制度层面实现执行当事人的程序参与权。

我国执行人员在强制执行过程中须遵守执行标的有限原则，根据2022年《民事诉讼法》第250条第1款规定，在人民法院扣留或者提取被执行人应当履行义务部分的收入时，应当为被执行人及其所扶养家属保留必需的生活费用。同样的理念还体现在该法第251条第1款所规定的查封、扣押、冻结、拍卖、变卖执行措施的实施过程中。[2] 事实上，以上原则性规定自1991年民诉法保留至今，未在同一立法层面作任何形式的细化，致使我国执行豁免制度在实践中的运行状况不容乐观，甚至可以说大部分当事人对执行豁免权并无知晓。

何为以上法条中所规定的生活必需品？从英国民事执行豁免制度的发展过程中不难看出，从普通法规则到制定法规定，英国采用列举式的方

---

〔1〕 参见刘君博：《民事执行权“侦查化”的内在逻辑与制度重塑》，载《法律科学（西北政法大学学报）》2022年第6期。

〔2〕 2022年新《民事诉讼法》第250条第1款规定：“被执行人未按执行通知履行法律文书确定的义务，人民法院有权扣留、提取被执行人应当履行义务部分的收入。但应当保留被执行人及其所扶养家属的生活必需费用。”第251条第1款规定：“被执行人未按执行通知履行法律文书确定的义务，人民法院有权查封、扣押、冻结、拍卖、变卖被执行人应当履行义务部分的财产。但应当保留被执行人及其所扶养家属的生活必需品。”

式对执行豁免的生活必需品进行了明确,甚至可以说十分详细,笔者在此不再赘述。对于我国而言,在执行豁免财物的规定上,建议结合我国国情将日常生活中的必需用品加以列举。

事实上,保障债务人生存权和生活安宁权最重要的财产是房屋。对此,我国最高人民法院于2020年公布了《关于人民法院民事执行中查封、扣押、冻结财产的规定》,其第5条规定:“对于超过被执行人及其所扶养家属生活所必需的房屋和生活用品,人民法院根据申请执行人的申请,在保障被执行人及其所扶养家属最低生活标准所必需的居住房屋和普通生活必需品后,可予以执行。”虽然这一规定明确了执行程序中应以保障被执行人及其家属的基本生活为底线,但并未明确“最低生活标准所必需的居住房屋”应如何认定,因此致使执行实践中具体认定“生活所必需居住房屋”的做法无法统一。笔者认为,在判断具体情形时必须结合被执行人所居住的情况、房屋面积、房屋价格等多种因素予以认定,不能仅以在登记机关所查询到的被执行人名下的房屋数量判断。

除执行豁免财产外,我国对民事执行行为的实施时间并未作出限制。出于对被执行人生活安宁权的尊重,英国法中明确规定了执行时间豁免制度:根据2013年《动产控制条例》的规定,执行人员不得于早上6时之前以及晚上9时之后实施动产控制程序,即禁止执行人员在夜晚会见债务人。事实上,对强制执行时间进行限制也是域外民事执行法的通行做法,在完善民事执行豁免制度时值得我国加以借鉴。

除此之外,我国并未特别对被执行人隐私权的保护加以规定,仅适用民法中对于隐私权的规定,然而,民事执行程序中债务人隐私权是英国法中保护债务人人权的重要内容。在遵守《欧洲人权公约》和1988年《数据保护法》的基本前提下,要求法院对其所获取的债务人财产信息加以合法、合理地利用。我国各级人民法院均有通过公开拒不履行生效裁判文书所确定义务的失信被执行人名单以实现有效执行的实践,但是通过最高人民法院网站公布“老赖”名单的执行效果并不理想。因此,各地法院开始探索新的公开方式。例如,2014年6月,南京市中级人民法院在闹市区电子大屏幕、公交、地铁的移动电视上播放人民法院失信被执行人名单,开展了“史上最强”专项行动,“老赖”将无处遁形。[1] 但现在以下情形越来越多地出现在实践中:债权人通过网站、自媒体等网络途径将债务人的自然人姓名、住址、法人名称、经营地址等信息公布于众以督促债务人偿还债务。对此,笔者认为,未经债务人允许或经司法程序,无论是通过口头方式、书面方式,还是通过现代通信技术等其他足以使第三人知悉的方式向第三人披露,均构成对公民隐私权的侵犯。

综上所述,我国民事执行改革不能仅聚焦于提高执行效率的层面,而应全面扩展至如何在立法上具体细化债务人人权的保障措施及如何在实践中将这些措施加以完善和落实。

(四)补强私权,完善执行救济程序

英国除了对执行当事人的实体性人权进行保护外,还设置了相应的救济程序。在2007年修改民诉法时,我国完善了执行救济制度,为执行当事人及案外人提供了执行程序性救济与实体性救济两种救济途径。2007年《民事诉讼法》规定了执行异议、申请变更执行法院及案外人异议之诉制度,而2008年《最高人民法院关于适用〈中华人民共和国民事诉讼法〉执行程序若干问题的解释》又补充规定了对分配方案异议及分配方案异议之诉制度。

在我国,由于民事执行权职权主义的运行模式,执行人员的执行行为对债务人、债权人以及案外第三人的权益均有造成侵害的可能性,设置合理的执行救济制度是以“程序制约权力”的表现。执行救济制度的功能是将执行程序中的矛盾和争议外化,通过执行当事人、案外人保护其权利的请求的提出,启动执行程序的内部矫正机制以遏制和消化执行权力的违法问题。

我国债务人基于执行行为可以寻求的执行救济主要为执行异议,根

---

〔1〕 参见《南京中院闹市区电子屏“晒老赖” 将连续播放10天》,载http://news.163.com/14/0605/04/9TUSL5HT0001124J.html。

据2022年实施的《民事诉讼法》第232条的规定，当债务人即被执行人对执行机关的执行行为存在异议时需向人民法院提交书面异议，当法院审查后认为成立的，裁定撤销或者改正，若对裁定不服享有申请复议的权利。[1] 相比英国的做法而言，这一规定的保护力度是不够的。在英国法上，当债务人遭受违法扣押时可以提起“扣押物取回之诉”，通过这一途径可以快速地获得扣押物的归还，这是英国历史上沿用较久的救济方式。我国《民事强制执行法（草案）》首次将债务人执行异议之诉制度写入立法草案中，这无疑对实现我国执行救济制度的体系化具有重要的推动作用。

对于案外第三人的保护，我国《民事诉讼法》明确规定了案外人异议之诉制度，并且在2015年2月4日开始实施的《最高人民法院关于适用〈中华人民共和国民事诉讼法〉的解释》中对案外人异议之诉的受理条件、诉讼参与人的列位、具体程序和处理结果等内容进行了细化。但是，由于我国民诉法的态度是在案外人提起异议之诉之前必须经过法院审查的前置程序，即案外人对执行标的存在异议需先向法院提出书面异议，才能自裁定送达之日起15日内向法院提起诉讼请求。笔者认为，应当剔除案外人异议的规定，同时明确案外人异议之诉的适用范围。

（五）外力纠错，完善外部监督机制

与英国类似，我国同样面临着对执行人员权力滥用的防范与控制问题。我国2012年修正的《民事诉讼法》第14条规定了人民检察院享有对民事诉讼的法律监督权。这一规定为人民检察院对民事执行程序进行监督提供了法律依据，检察机关可以采取检察建议的方式对民事执行行为的合法性进行监督。为了使这一规定具体化，最高人民检察院于2013年

---

〔1〕 2022年新《民事诉讼法》第232条规定：“当事人、利害关系人认为执行行为违反法律规定的，可以向负责执行的人民法院提出书面异议。当事人、利害关系人提出书面异议的，人民法院应当自收到书面异议之日起十五日内审查，理由成立的，裁定撤销或者改正；理由不成立的，裁定驳回。当事人、利害关系人对裁定不服的，可以自裁定送达之日起十日内向上一级人民法院申请复议。”

迅速制定并颁布了《人民检察院民事诉讼检察监督规则（试行）》，该试行规则第八章“对执行活动的监督”中对检察机关在民事执行活动中对违反法律规定的情形实施法律监督进行了明确规定。这一规定于 2021 年 6 月 26 日被最高人民检察院发布的《人民检察院民事诉讼监督规则》取代（对执行活动的监督规定于第七章中），进一步规定了执行活动监督的违法情形、监督程序和调查核实机制，对于加强和规范民事执行检察监督工作具有重要意义。

执行检察监督制度的设置是以“权力制约权力”的体现，其功能是通过国家公权力的运用，监督直接对民众利益产生重要影响的民事执行程序，作为直接对民事执行权起到监督制约作用的外部权力，对执行不作为、执行违法及违法犯罪行为进行重点监督，以减少“执行乱”问题发生的可能。但值得注意的是，相比检察监督的启动，当事人通过运用执行救济制度提出异议或申请，是一种更经济和直截了当的救济。如果通过这一途径可以抑制违法执行行为并且纠正消极执行行为，要比启动检察监督程序具有成本低、效率高的优势。然而，在实施执行检察监督时需要贯彻谦抑性原则，这一方面是为了保障私权的自治性，另一方面也可以预防检察监督权力的滥用，实现检察机关对法院民事执行程序的有序监督。此外，由于高效执行决定了公正的实体结果能否实现，只有高效地实施执行行为才能保障执行依据的及时执行，使执行申请人的权利获得快速、权威的保护，因此不同于民事审判，民事执行的价值取向是在坚持公正与效率有机统一的同时，更侧重于效率。综上所述，应当将推进法院的执行效率作为检察监督的目标，提升民事执行检察监督的质量，纠正消极执行行为以推进民事执行权的高效运行。

结　语

英国的民事执行制度是历史的产物，并不是精心设计的结果。在古日耳曼法的影响之下，英国盎格鲁—撒克逊时期的民事执行制度由早期的扣押对方财物制度发展而来，这些执行措施随着普通法上令状制度的产生获得了进一步的发展：确立了不同种类的执行令状以明确执行人员的职权，并扩大了财物扣押制度的适用范围以保障个人在执行中的基本农耕和生活。也因此，在中世纪的英国，扣押制度得到了越来越多的运用，私力救济性质的欠租扣押财物制度随即产生。这一时期的英国民事执行法通过普通法、衡平法及制定法的相互作用，成为非常有趣的法律，在这些民事执行规则体系中，有的规则背后的基本原理随着时间的流逝已然丧失，而有的规则依然深刻地影响着后来民事执行程序制度的发展，在对历史的延续与改革之间，英国民事执行制度与其他民事司法制度一样，不断进行着选择，在经过两次重要改革之后形成了现有的民事执行制度体系。

一、延续历史与制度改革的接力

英国民事执行制度的发展，如果没有改革与创新的接力，一直固守于传统，是不可能承载英美法系民事执行制度的历史，从而开创大量民事执行制度先河的。但着眼于民事执行程序中具体制度的发展可以发现，在普通法、衡平法以及制定法之规定与实践问题不相适应之初，英国也存在是坚守还是改革的困扰。自 20 世纪 90 年代起，围绕民事执行权力的运行和控制，英国对民事执行制度进行了大大小小的多次改革，从执行理念到执行措施，从执行效率的提高到执行行为的规范，从每一次广泛的专项审查和咨询中，都可以看出英国推进民事执行改革的决心和期许是强烈的。

其一，如何提高民事执行效率、实现有效执行可以说是英国民事执行改革的永恒话题。由于当事人享有对执行措施的选择权，但却因为无法获取足够真实的涉及债务人财产及雇佣关系的信息而难以有效实施，而在法院应否转变职能积极主动地推进执行程序、如何建立合理的执行费用体制这些问题上也进行着艰难选择。从 19 世纪英国司法改革到“沃尔夫改革”，从 20 世纪 90 年代的民事执行改革到 2011 年开展郡法院纠纷解决咨询和审查，一直将在当事人主义的民事执行模式下建立简洁而有效的执行体制作为首要目标。

其二，如何规范执行行为，防止民事执行权的滥用是英国民事执行改革的另一课题。若想有效执行，执行人员必须表现得自信而坚定，但英国部分执达吏一味地追求执行的有效性而在执行过程中表现出一定的侵犯性。为实现有效执行与保护执行当事人免于执达吏不法行为侵害的平衡，规范执行人员执行行为的审查咨询陆续开展。除此之外，为防止民事执行权滥用，英国民事执行权与民事审判权实现了体制上的、实质性的分离，这是以英国司法“大部制”改革为背景、在执行机构的发展基础上构建而成的。

更重要的是，英国的民事执行系列改革除构建合理的制度外，立法价值的选择、国家角色的定位和社会转型的影响无不渗透在其中，成为改革背后的动因。没有理念支撑的司法改革最终只会归于平淡，英国十分重视最能集中体现执行程序特征要素的民事执行权，致力于通过改革提高其运行过程的科学化以及规范化程度，特别是当执行权内部的行政性质的权能凸显时，如何平衡配置权力与权利的关系，以及相关利益主体权利内部的平衡配置问题。这些都将会是值得英国民事执行改革不断探讨和完善的新问题。

二、“英国经验”的启示与反思

英国的民事执行改革取得了阶段性的成功,但依旧存在难以克服的问题。“英国经验”给予我们诸多启示,也让我们看到了值得反思之处。

一方面,英国通过在高等法院执行令状执行领域推进市场化改革,授权私人主体实施强制执行权,为执行行业引入了市场竞争机制,有效改变了过去因民事执行地区性垄断所导致的执行到位率低、执行人员缺乏进取心的状况。并且,英国民事执行权内部分权并配置于不同的部门行使,实现了相互制约:执行实施权由执行人员和法官针对不同可执行财产分别行使,若没有执行令状的授权,执行人员无权实施执行行为;民事执行裁决权与民事执行实施权相互制约,当第三人提出权利主张后,执行人员未实施扣押的应当放弃扣押,已扣押的没有法院的指令不得变价出售其所控制的动产。此外,在世界性公约和欧盟法的整体框架下,英国法规定在强制执行程序中实现债权人的债权以保护债务人的基本人权为限度,明确了应当保护的债务人实体性人权的内容和相应的救济程序,以实现债务人及债权人权利与责任之间达到某种平衡。

另一方面,英国民事执行权运行的当事人主义模式决定了执行申请人难以获取债务人的信息,事实上,英国法院在信息获取程序中所发挥的作用可以更为积极,获取信息令程序还有继续完善的必要。另外,英国没有对执行人员的实际行为进行监控和审查,也并没有对执行人员设置统一的投诉程序,监管责任并未有统一的机关承担,执达吏依然在过分行使自己的权力使普通民众感到恐惧。对于这些问题,英国官方与民间围绕新改革展开了各种话语、策略与行动上的互动博弈,成为以后民事执行改革进程中重点予以关注和解决的问题。

无论是英美法系国家经验还是大陆法系国家经验,均是在各自内在制度逻辑一致的基础上体现现代民事司法制度的共同趋势,并没有绝对的优劣之分,只存在语境意义上的合理性问题。我国民事执行改革的启动与英国几乎是同步的,通过对“英国经验”进行理性评价,我国可以从科学设置执行员与法官的权限划分、建立高度信任的社会、国家在民间收债治理上的角色调整等方面全面改善“执行难”问题,以及通过推进司法大部制下的分权制衡、保障人权、完善民事执行救济程序以及外部监督机制也将为改善我国的“执行乱”问题提供有效的途径。

参考文献

一、著作及译著类

1. [美]孟罗·斯密:《欧陆法律发达史》,姚梅镇译,王健、刘洋勘校,中国政法大学出版社 2003 年版。

2. 李秀清:《日耳曼法研究》,商务印书馆 2005 年版。

3. [比]R. C. 范·卡内冈:《英国普通法的诞生》,李红海译,中国政法大学出版社 2003 年版。

4. 李红海:《普通法的历史解读——从梅特兰开始》,清华大学出版社 2003 年版。

5. 张永红:《英国强制执行法》,复旦大学出版社 2014 年版。

6. 冷霞:《英国早期衡平法概论——以大法官法院为中心》,商务印书馆 2011 年版。

7. 徐昕:《英国民事诉讼与民事司法改革》,中国政法大学出版社 2002 年版。

8. 牛淑贤:《英国近现代司法改革研究》,山东人民出版社 2013 年版。

9. 程汉大、李培锋:《英国司法制度史》,清华大学出版社 2007 年版。

10.《英国民事诉讼规则》,徐昕译,中国法制出版社 2001 年版。

11. [美]阿瑟·库恩:《英美法原理》,陈朝璧译,法律出版社 2002 年版。

12. [法]孟德斯鸠:《论法的精神》,张雁深译,商务印书馆 1961 年版。

13. 严仁群:《民事执行权论》,法律出版社 2007 年版。

14. [英]霍布斯:《利维坦》,黎思复、黎廷弼译,商务印书馆 1985 年版。

15. [英]洛克:《政府论》(下篇),瞿菊农、叶启芳译,商务印书馆 1982 年版。

16. [英]W. Ivor · 詹宁斯:《法与宪法》,龚祥瑞、侯健译,生活 · 读书 · 新知三联书店 1997 年版。

17. [美]约瑟夫 · 斯托里:《美国宪法评注》,毛国权译,上海三联书店 2006 年版。

18. 屈文生:《普通法令状制度研究》,商务印书馆 2011 年版。

19. [奥]曼弗雷德 · 诺瓦克:《民权公约评注》,毕小青、孙世彦译,生活 · 读书 · 新知三联书店 2003 年版。

20. [英]丹宁:《法律的正当程序》,李克强等译,法律出版社 2011 年版。

21. [日]谷口安平:《程序的正义与诉讼》,王亚新、刘荣军译,中国政法大学出版社 1996 年版。

22. 谭秋桂:《民事执行权配置、制约与监督的法律制度研究》,中国人民公安大学出版社 2012 年版。

23. 唐应茂:《法院执行为什么难——转型国家中的政府、市场与法院》,北京大学出版社 2009 年版。

24. 徐昕:《论私力救济》,中国政法大学出版社 2005 年版。

25. 毛玲:《英国民事诉讼的演进与发展》,中国政法大学出版社 2005 年版。

26. 方立新:《西方五国司法通论》,人民法院出版社 2000 年版。

27. 石时态:《民事执行权配置研究》,法律出版社 2011 年版。

28. 马登科:《民事强制执行中的人权保障》,中国检察出版社 2011 年版。

29. 童兆洪:《民事执行权研究》,法律出版社 2004 年版。

30. 童兆洪:《民事执行的法理思辨》,人民法院出版社 2006 年版。

31. 谭秋桂:《民事执行原理研究》,中国法制出版社 2001 年版。

32. [英]J. A. 乔罗威茨:《民事诉讼程序研究》,吴泽勇译,中国政法大学出版社 2008 年版。

33. 童兆洪:《民事执行前沿问题》,人民法院出版社 2003 年版。

34. 牟逍媛:《民事执行难及相关制度研究》,上海交通大学出版社 2006 年版。

35. 翁晓斌:《民事执行救济制度》,浙江大学出版社 2005 年版。

36. 贺晓翊:《英国的外国法院判决承认与执行制度研究》,法律出版社 2008 年版。

37. [德]康德:《法的形而上学原理》,沈叔平译,商务印书馆 1991 年版。

38. 黄金鸿:《英国人权 60 案》,中国政法大学出版社 2011 年版。

39. [德]奥拉夫·穆托斯特:《德国强制执行法》,马强伟译,中国法制出版社 2019 年版。

40. [英]丽贝卡·弗雷泽:《英国人的故事:从罗马时代至 21 世纪》,叶锬焰、史林译,中信出版集团 2018 年版。

41. 李红海:《普通法的司法解读》,北京大学出版社 2018 年版。

42. [英]西蒙·沙玛:《英国史Ⅰ:在世界的边缘》,彭灵译,中信出版集团 2021 年版。

43. 李红海:《英国普通法导论》,北京大学出版社 2018 年版。

44. [英]P. S. 阿蒂亚:《英国法中的实用主义与理论》,刘承韪、刘毅译,清华大学出版社 2008 年版。

45. [英]威廉·格尔达特:《英国法导论》,[英]大卫·亚德里修订,张笑牧译,中国政法大学出版社 2013 年版。

46. 田平安主编:《比较民事诉讼论丛》,法律出版社 2007 年版。

47. 肖建国:《中国民事强制执行法专题研究》,中国法制出版社 2020 年版。

48. 中华人民共和国最高人民法院执行工作办公室编:《强制执行指导与参考(2002 年第 1 辑)》,法律出版社 2002 年版。

二、编著类

1. 何勤华主编:《英国法律发达史》,法律出版社 1999 年版。

2. 程汉大主编:《英国法制史》,齐鲁书社 2001 年版。

3. 沈达明编著:《比较强制执行法初论》,对外贸易教育出版社 1994 年版。

4. 齐树洁主编:《英国民事司法制度》,厦门大学出版社 2011 年版。

5. 李浩主编:《强制执行法》,厦门大学出版社 2004 年版。

6. 杨与龄编著:《强制执行法论》,中国政法大学出版社 2002 年版。

7. 杨成铭主编:《人权法学》,中国方正出版社 2004 年版。

8. 薛波主编:《元照英美法词典》,法律出版社 2003 年版。

9. 严军兴、管晓峰主编:《中外民事强制执行制度比较研究》,人民出版社 2006 年版。

10. 童兆洪主编:《民事执行调查与分析》,人民法院出版社 2005 年版。

11. 齐树洁主编:《英国司法制度》,厦门大学出版社 2005 年版。

12. 齐树洁主编:《英国民事司法改革》,北京大学出版社 2004 年版。

13. 廖中洪主编:《民事诉讼体制比较研究》,中国检察出版社 2008 年版。

14. 常怡主编:《比较民事诉讼法》,中国政法大学出版社 2002 年版。

15. 谭兵主编:《外国民事诉讼制度研究》,法律出版社 2003 年版。

16. 刘汉富主编:《国际强制执行法律汇编》,法律出版社 2000 年版。

17. 童心编著:《民事执行改革研究》,人民法院出版社 2010 年版。

18. 廖中洪主编:《民事间接强制执行比较研究》,中国检察出版社 2013 年版。

19. 霍力民主编:《强制执行的现代理念》,人民法院出版社 2005 年版。

三、杂志类

1. 龙秀清:《中古教廷财政收入动态考察》,载《历史研究》2001 年第 1 期。

2. 曾燕波:《英国的子女抚养费法律制度及其启示》,载《政治与法律》2008 年第 11 期。

3. 徐显明:《论“法治”的构成要件》,载《法学研究》1996 年第 5 期。

4. 孙平华:《论具有人权史里程碑意义的英国〈自由大宪章〉》,载《菏泽学院学报》2009 年第 3 期。

5. 黄进、邹国勇:《欧盟民商事管辖权规则的嬗变——从〈布鲁塞尔公约〉到〈布鲁塞尔条例〉》,载《东岳论丛》2006 年第 5 期。

6. 王葆莳:《欧共体“无争议债权支付令”介评》,载《时代法学》2008 年第 3 期。

7. 郑冲:《德国法院执行员制度改革之争》,载《比较法研究》2007 年第 6 期。

8. 马登科:《近现代民事执行制度演进的历史轨迹》,载《求索》2011 年第 8 期。

9. 徐昕:《英国民事诉讼改革之进程》,载《清华法律评论》2000 年第 3 辑。

10. 齐树洁:《英国强制执行制度改革》,载《中国人大》2009 年第 12 期。

11. 肖建国:《中国民事执行立法的模式选择》,载《当代法学》2011 年第 1 期。

12. 郭玉军、向在胜:《欧盟〈民商事管辖权及判决承认与执行条例〉介评》,载《法学评论》2002 年第 2 期。

13. 左卫民:《十字路口的中国司法改革:反思与前瞻》,载《中国检察官》2009 年第 3 期。

14. 齐树洁:《执行程序的局部修正与整体改革——兼论司法改革的整体性》,载《法律科学(西北政法学院学报)》2007 年第 6 期。

15. 徐昕:《英国民事司法改革之借鉴——以英国民事诉讼基本目标及其贯彻作为考察主线》,载《法学》2001 年第 5 期。

16. 齐树洁:《英国〈民事诉讼规则(1998)〉述评》,载《法学家》2001

年第 2 期。

17. 齐树洁:《英国强制执行制度改革及其借鉴意义》,载《法令月刊》第 2 期(2009 年)。

18. 任永安:《中外民事强制执行机制比较研究》,载《辽宁大学学报(哲学社会科学版)》2009 年第 3 期。

19. 肖建国:《民事审判权与执行权的分离研究》,载《法制与社会发展》2016 年第 2 期。

20. 黄忠顺:《中国民事执行制度变迁四十年》,载《河北法学》2019 年第 1 期。

21. 黄忠顺:《民事执行机构改革实践之反思》,载《现代法学》2017 年第 2 期。

22. 冯正好:《中世纪英国城市法初探》,载《人民论坛》2015 年第 14 期。

23. 百晓锋:《论执行权向执行员的"回归"》,载《华东政法大学学报》2022 年第 5 期。

24. 胡其泰:《关于执行工作中的几个问题》,载《法学研究》1957 年第 4 期。

25. 刘忠:《员额制之后:法院人员分类构成评析》,载《华东政法大学学报》2020 年第 6 期。

26. 刘君博:《民事执行权"侦查化"的内在逻辑与制度重塑》,载《法律科学》2022 年第 6 期。

四、报纸类

1. 李峣:《英国民事诉讼费用的最新改革》,载《人民法院报》2012 年 12 月 14 日,第 8 版。

2. 蒋惠岭、林娜编译:《英国司法工作发展战略》,载《人民法院报》2012 年 9 月 28 日,第 7 ~ 8 版。

3. 张永红:《从英国法院管理体制谈执行中的"大部制"》,载《上海法治报》2014 年 10 月 29 日,B6 版。

4. 王伟:《从审执分离看执行员制度的完善》,载《上海法治报》2013 年 7 月 10 日,B5 版。

5. 肖建国:《民事执行权和审判权应在法院内实行分离》,载《人民法院报》2014 年 11 月 26 日,第 5 版。

6. 张坚:《审判权和执行权相分离改革的路径选择》,载《法制日报》2015 年 7 月 1 日,第 9 版。

7. 江必新、刘贵祥:《审判权和执行权相分离的最优模式》,载《法制日报》2016 年 2 月 3 日,第 12 版。

五、中文网站类

1. 高长生等:《关于"全国法院执行案件信息管理系统"在我省法院运行情况的调研分析》,载 http://sxfy.chinacourt.org/public/detail.php?id=16551。

2. 肖建国:《民事执行权和审判权应在法院内实行分离》,载 http://www.legaldaily.com.cn/fxjy/content/2014-11/26/content_5860642.htm?node=70674。

3. 汤维建:《执行权从法院分离 交给司法行政》,载 http://www.fawan.com/Article/fwkx/2014/10/28/193916264910.html。

4. 汪红:《专家建议设"大司法部" 明晰司法体制职能定位》,载 http://news.sohu.com/20141013/n405073062.shtml。

5.《南京中院闹市区电子屏"晒老赖"将连续播放 10 天》,载 http://news.163.com/14/0605/04/9TUSL5HT0001124J.html。

6.《执达吏可能破门入屋追债》,载 http://www.bbc.co.uk/china/lifeintheuk/story/2007/03/070305_bailiffs.shtml。

六、外文案例类

1. Hirschon v. Evans [1983] 3 A11 ER 491, CA.

2. R v. Lockwood (1856) 20 JP276.

3. Bateman v. Baton(1494) Caryll's Reports No. 179.

4. Thompson v. Wood(1843) 4 QB 493.

5. Chandler v. Doulton(1865) 3 H&C 553.

6. Piggott v. Birtles(1836) 1M&W 441.

7. Rbosnon v. Biggar [1907] 1 KB 690.

8. Holmes v. Sparks& Nicholas(1852) 12 CB 242.

9. Cohen v. Das Rivas(1891) 64 LT 661.

10. Re Beeston [1899] 1 QB 626.

11. Re Hurley (1893) 1 WR 653.

12. Hilliard v. Hanson [1882] 21 ChD 69.

13. Sells v. Hoare (1824) 1 Bing 401.

14. Willoughy v. Backhouse (1824) 2 B&C 821.

15. Attack v. Bramwell (1863) 3 B&S 520.

16. Steel Linings v. Bibbby & Co. [1993] RA 27.

17. Cotsworth v. Betison (1696) 1 Salk 247.

18. Westminster City Council v. Porter [2002] EWHC 2179(CH).

19. Benham v. United Kingdom [1996] 22 EHRR 293.

七、外文论著类

1. Henry Sumner Maine, *Lectures on the Early History of Institutions*, 3rd edition, John Murray, Albemarle Street, 1880.

2. Peter Kaye, *Methods of Execution of Orders and Judgments in Europe*, John Wiley & Sons, 1996.

3. Wendy Kennett, *The Enforcement of Judgments in Europe*, Oxford University Press, 2000.

4. John Kruse, "*A Lawful Trespass*": *The Development of Common Law until the Present Day*, Wildy, Simmonds and Hill Publishing, 2009.

5. H. S. Maine, *Early Law and Custom*, J. Murray, 1883.

6. Pollock & Maitland, *History of English Law Before the Time of Edward I*, 2nd edition, Volume 1, Cambridge University Press, 1968.

7. Dorothy Whitelock, *English Historical Documents*, Eyre & Spottiswood, 1955.

8. Patrick Wormald, *The Making of English Law: King Alfred to the Twelfth Century*, Blackwell Publishers, 2001.

9. Harold Joseph Berman, *Law and Revolution: The Formation of the Western Legal Tradition*, Harvard University Press, 1983.

10. R. C. Van Caenegem, *The Birth of the English Common Law*, 2nd edition, Cambridge University Press, 1988.

11. George W. Keeton, *The Norman Conquest and The Common Law*, Ernest Benn Lmited, 1966.

12. John Hamilton Baker, *An Introduction to English Legal History*, 4th edition, Butterworths & Co (Publishers) Ltd., 2002.

13. Theodore Frank Thomas Plucknett, *A Concise History of the Common Law*, 5th edition, Butterworths & Co (Publishers) Ltd., 1956.

14. Sir William Searle Holdsworth, *A History of English Law*, Vol. 2, Methuen, Sweet & Maxwell, 1936 – 1972.

15. Adolphus Ballard, *British Borough Charters*, Cambridge University Press, 1913.

16. Christopher Dyer, *Making a Living in the Middle Ages: the People of Britain*, Yale University Press, 2002.

17. Morris S. Arnold, *Select Cases of Trespass from the King's Courts: 1307 – 1399*, Vol. 100, Selden Society, 1985.

18. John Cruse: "*Persons of no value*": *A History of Bailiffs and Bailiffing from* 1500 *to the Present*, Wildy, Simmonds and Hill Publishing, 2009.

19. Sir Jack I. H. Jacob, *The Fabric of English Civil Justice*, Stevens, 1987.

20. Claire Sandbrook, *Enforcement of a Judgment*, 11th edition, Thomson Reuters (Legal) Limited, 2011.

21. Gary Slapper & David Kelly, *The Englis Legal System*, 7th edition, Cavendish Publishing Limited, 2004.

22. Nell Mac Cormick, *Legal Reasoning and Legal Theory*, Clarendon Press, 1978.

23. Brook, *Civil Procedure*, Volume 1, White Book Service, London Sweet & Maxwell, 2005.

24. John Kruse, *Power of Distress: A Guide to Remedies Unreformed by the Tribunals*, *Courts and Enforcement Act* 2007, Wildy Simmonds & Hill Publishing, 2009.

25. John Kruse, *Taking Control of Goods: Bailiffs' Powers after the Tribunals*, *Courts and Enforcement Act* 2007, PP Publishing, 2014.

26. John Kruse, *Debt Recovery in the Courts*, Wildy, Simmonds and Hill Publishing, 2010.

27. J. A. Jolowicz, *On Civil Procedure*, Cambridge University Press 2000.

28. C. H. Van Rhee, *European Traditions in Civil Procedure*, Intersentia Publishers, 2005.

29. Neil Andrews, *The Three Paths of Justice: Court Proceedings*, *Arbitration*, *and Mediation in England*, Springer, 2012.

30. Stephen Allinson, *Enforcement of a Judgment*, 12th edition, Sweet & Maxwell, 2016.

31. R. V. Caenegem & M. Cappelletti, *History of European Civil Procedure*, Oceana, 1973.

八、外文论文类

1. Philip Evans, *Bailiff Fees: Scotland's Blueprint for Reform*, 18 (Oct.) Civil Justice Quarterly (1999).

2. Mads Andenas, *Civil Enforcement in England and Wales*, 17 European Business Law Review (2006).

3. John Baldwin & Ralph Cunnington, *The Abandonment of Civil Enforcement Reform*, 29(2) Civil Justice Quarterly (2010).

4. John Baldwin, *The Enforcement of Judgments in Undefended Claims in the Civil Courts in England and Wales*, 23 Civil Justice Quarterly (2004).

5. John Kruse, *Replevin-repeal or Retain?*, 23 Liverpool Law Review (2001).

6. Déirdre M. Dwyer, *Review of European Traditions in Civil Procedure*, The Modern Law Review (2007).

九、外文报告类

1. *Access to Justice, Interim Report to the Lord Chancellor on the Civil Justice System in England and Wales*, June 1995.

2. *Access to Justice, Final Report to the Lord Chancellor on the Civil Justice System in England and Wales*, July 1996.

3. Lord Chancellor's Department, *How Can the Enforcement of Civil Court Judgments be Made More Effective?*, March 1998.

4. Lord Chancellor's Department, *Report of the First Phase of the Enforcement Review*, July 2000.

5. The Lord Chancellor's Department, *Towards Effective Enforcement: A Single Piece of Bailiff Law and a Regulatory Structure for Enforcement—Response to Consultation*, May 2002.

6. The university of Birmingham, *Institute of Judicial Administration*, 32nd Annual Report, 2002.

7. The Lord Chancellor's Department, *Effective Enforcement*: *Improved Methods of Recovery for Civil Court Debt and Commercial Rent and a Single Regulatory Regime for Warrant Enforcement Agents*, 26 March 2003.

8. Lord Chancellor's Department, *Enforcement Review Consultation Paper* 1: *How Can the Enforcement of Civil Court Judgments be Made More Effective*?, April 1999.

9. Lord Chancellor's Department, *Enforcement Review Consultation Paper* 2: *Key Principles for a New System of Enforcement in the Civil Courts*, May 1999.

10. Lord Chancellor's Department, *Enforcement Review Consultation Paper* 3: *Attachment of Earnings Orders*, *Charging Orders and Garnishee Oders*, October 1999.

11. Lord Chancellor's Department, *Enforcement Review Consultation Paper* 4: *Warrants and Writs*, *Oral Examinations and Judgment Summons*, January 2000.

12. Lord Chancellor's Departmen, *Enforcement Review Consultation Paper* 5: *Distress for Rent*, May 2000.

13. J. Beatson QC, *Independent Review of Bailiff Law Report*, June 2000, produced for the Lord Chancellor.

14. Lord Chancellor's Department, *Towards Effective Enforcement*: *A Single Piece of Bailiff Law and a Regulatory Structure for Enforcement* (*Green Paper*), May 2002.

15. Lord Chancellor's Department, *Green Paper Response*, May 2002.

16. Lord Chancellor and Secretary of State for Justice, *Solving Disputes in the County Courts*: *Creating a Simpler*, *Quicker and More Proportionate System*: *A Consultation on Reforming Civil Justice in England and Wales*,

March 2011.

17. Ministry of Justice, *Enforcement Fee Structure Review: Proposal for a New Enforcement Fee Structure and Analysis of the Issues And Options*, November 2009.

18. Lord Chancellor's Department, *Emerging Findings: An Early Evaluation of the Civil Justice Reforms*, March 2001.

19. Lord Chancellor's Department, *Further Findings: A Continuing Evaluation of the Civil Justice Reforms*, August 2002.

20. Nicola Dominy & Elaine Kempson, *Can't Pay or Won't Pay? A Review of Creditor and Debtor Approaches to the Non-payment of Bills, Commissioned by the Lord Chancellor's Department.*

21. Ministry of Justice, *Transforming Bailiff Action: How we will Provide More Protection against Aggressive Bailiffs and Encourage More Flexibility in Bailiff Collections*, February 2012.

22. Ministry of Justice, *The Government Response, Transforming Bailiff Action: How We will Provide More Protection against Aggressive Bailiffs and Encourage More Flexibility in Bailiff Collections*, January 2013.

23. Ministry of Justice, *One Year Review of Enforcement Agent Reforms Introduced by the Tribunals, Courts and Enforcement Act* 2007, April 2018.

24. Ministry of Justice, *Civil Justice Statistics Quarterly, England and Wales, October to December* 2019 (*provisional*), March 2020.

25. Ministry of Justice, *Civil Justice Statistics Quarterly: January to March* 2020, June 2020.

十、外文网站类

1. 英国司法部:http://www. justice. gov. uk/.

2. 英国最高法院:http://www. supremecourt. gov. uk/.

3. 英国立法网:http://www. legislation. gov. uk/.

4. 原英国宪法事务部:http://www. dca. gov. uk/.

5. 英国国家资料网:http://www. nationalarchives. gov. uk/.

6. 英国高等法院执行员协会:http://www. hceoa. org. uk/.

7. 英国民事执行协会:http://www. civea. co. uk/.

8. 执行人员信息网:http://bailiffadviceonline. co. uk/.

9. 高等法院执行集团:http://www. hcegroup. co. uk/.

10. 持证执行人员(执达吏)注册处平台:at http://certificatedbailiffs. justice. gov. uk/CertificatedBailiffs/.

11. Ministry of Justiceand Jonathan Djanogly MP, Bailiff Rules Tightened in First Step of Reform, Published 13 January, 2012, at https://www. gov. uk/government/news/bailiff-rules-tightened-in-first-step-of-reform, September 24, 2021.

12. Ministry of Justice, Tough New Laws on Aggressive Bailiffs, Published 30 July, 2013, at https://www. gov. uk/government/news/tough-new-laws-on-aggressive-bailiffs, September 25, 2021.

13. Ministry of Justice, Bailiffs Getting Ready for Tough New Regime, Published 29 January, 2014, at https://www. gov. uk/government/news/bailiffs-getting-ready-for-tough-new-regime, September 26, 2021.

14. Ministry of Justice and Jonathan Djanogly MP, Minister Proposes Legal Regulation of Bailiffs, Published 17 February, 2012, at https://www. gov. uk/government/news/minister-proposes-legal-regulation-of-bailiffs, September 24, 2021.

15. Bailiffs Exacerbate Debts with Fees for Phantom Visits, at http://www. citizensadvice. org. uk/index/pressoffice/press _ index/press _ offic 20131223. htm, September 20, 2021.

16. John Baldwin, Evaluating the Effectiveness of Enforcement Procedures in Undefended Claims in the Civil Courts, at http://www. dca. gov. uk/research/2003/res03fr. htm, August 18, 2021.

索　引

本索引以条目汉语拼音为序，同一音序下的条目按正文中所出现的顺序排列，凡是外国人名、地名及重要法律名词均配了英文翻译，以供参考。

菲发令状/扣押债务人财产令状(writ of fieri facias)
《法律年鉴》(Year Books)
非家庭财产税(non-domestic rates)
法人(juridical person)
法院储存金(funds in court)
法院执行传票(judgment summons)
法院委任接管人的权力(court's power to appoint a receiver)
法院服务署(Court Service)
副郡长(Under Sheriff)
非持证私人执达吏(Non-certificated Private Bailiffs)
法定规范(statutory instruments)
福克斯勋爵(Lord Faulks)

G

高等法院(High Court)
高等法院令状(writs)
高卢(Gaul)
格兰威尔(Glanvill)
国王诉讼(crown pleas and actions)
过于频繁的扣押(over-frequent distresses)
购物税(purchase tax)
公共执行部门(public sector)
个体经营、自营(self-employed)
固定扣除制(fixed deduction)
公开拍卖(public auction)
高等法院执行员(high court enforcement officers,HCEOs)
公务员(civil servants)
高级聆案官(senior master)

H

J

郡长(sheriff)
《卷筒卷宗》(Pipe Rolls)
建房互助协会(building society)
杰里米·边沁(Jeremy Bentham)
郡法院判决登记处(Registry of County Court Judgments)
交付令状(warrant/writ of delivery)
郡行政司法官员(sheriff's officer)
郡法院商务中心(County Court Business Centre,CCBC)
郡法院执达吏(county court bailiffs)
郡长(sheriff,high sheriff)
郡行政司法官员协会(The Sheriffs Officers' Association)
拘押令状(warrant of committal)
拘捕令状(warrant of arrest)
郡法院处理中心(County Court Bulk Centre)
监管影响评估机构(Regulatory Impact Assessment)
交叉询问(cross examination)

K

扣押财物(distress)
克努特大帝(Cnut the Great)
《克努特法典》(Cnut's Secular Law)
肯特(Kent)
扣押(wraece)
扣押财物(distrain)
扣押物取回之诉(replevin)
扣押入息令(attachment of earnings orders,AEOs)
控制动产(taking control of goods)
克莱尔·桑德布鲁克(Claire Sandbrook)

L

M

民事执行协会会议(Civil Enforcement Association Conference)

N

尼尔·安德鲁斯(Neil Andrews)

诺森布里亚(Northumbria)

《诺森伯兰牧师法》(Northumbrian Priests' Laws)

诺丁汉市(Nottingham)

尼古拉·多米尼(Nicola Dominy)

O

欧文勋爵(Lord Irvine)

欧洲偿还令(European Order for Payment)

欧洲小额诉讼程序(European Small Claims Procedure)

欧洲人权法院(European Court of Human Right)

欧洲自由贸易联盟(European Free Trade Association,EFTA)

欧洲执行令(European Enforcement Order,EEO)

欧洲执行令认证书(European Enforcement Order Certificate)

P

判决债权人(judgment creditor)

判决债务人(judgment debtor)

帕克(Parke)

破门入户罪(housebreaking)

普通地方税(general rate)

普通扣减率(normal deduction rate)

披露数据(data disclosure)

Q

R

S

萨塞克斯(南撒克逊)(Sussex)
《萨利克法典》(The Salic Laws)
什一税(tithe)
诉诸王室强力(vis et voluntas)
市政税(council tax)
私人执达吏(private bailiff)
私营执行部门(private sector)
司法常务官(registrar)
社区税(community charge)
收入保护率(protected earnings rate)
实益权益(beneficial interest)
受托人(trustee)
私下变卖方式(private sale)
收费制度(fee structure)
数据披露令(Data Disclosure Order)
《诉讼指引》(Practice Direction)
索回商业欠租制度(commercial rent arrears recovery system,CRAR)
社区事务和慈善事业(community causes and charities)
市场化运作体制(market-based strategy)
圣布里奇特·普伦蒂斯(Bridget Prentice)
司法大臣办公室(Lord Chancellor's Office)
诉前议定书(pre-action protocols)
事实陈述(statement of truth)
市民咨询局(Citizens Advice Bureau)
私人合同(private contract)

T

停止令(stop order)

停止通知书(stop notice)
提供信息命令及请求(information orders and requests)

W

沃尔夫勋爵(Lord Woolf)
W. A. 肯尼特(W. A. Kennett)
王座法庭(Queen's Division)
威塞克斯王国(Kingdom of Wessex)
为使被告人出庭应诉而扣押财物(distress to court)
为索取牲畜损害赔偿而扣押财物(distress damage feasant)
乌尔夫斯坦(Wulfstan)
温迪·肯尼特博士(Dr Wendy Kennett)
违法扣押(illegal distress)
违规扣押(irregular distress)
无争议的判决(uncontested claims)

X

先例(precedents)
巡视占有(walking possession)
巡视占有协议(walking possession agreement)
新近强占令(assize of novel disseisin)
巡视占有制度(walking possession)
行政法规(secondary legislation)
向债务人索取信息令(orders to obtain information from judgment debtors)
刑事罚金(criminal fines)
信息令(information order)
宣誓书(affidavit)

相关处所(relevant premises)

西蒙·布朗(Simon Brown)

Y

约翰·克鲁斯(John Kruse)

伊恩·特拉威尔(Iain Travers)

约翰·鲍德温(John Baldwin)

《伊尼法典》(Laws of Ine)

《御前会议卷宗》(Curia Regis Rolls)

夜盗罪(Husbryce)

押记令(charging order)

遗产管理令,管理令(administration order)

延期执行传票(adjourned judgment summons)

议会立法(Primary Legislation)

约翰·比特森(John Beatson)

英国安防行业管理局(Security Industry Authority,SIA)

有关被控制和执行财物的诉讼(Claims on Controlled Goods and Executed Goods)

一等邮寄(First-class post)

伊莱恩·肯普森(Elaine Kempson)

幽灵访问(phantom visits)

亚历山大(Alexander Dehayen)

Z

占地执行令状(writ of elegit)

执行令状(writs or warrants)

执行(execution)

庄园法庭(Court Baron)

执达吏(bailiff)
中间程序令状(writ of mesne process)
占有令状(writ of possession)
追收应纳税款的扣押(distress to public dues)
自治市中追收债务的扣押(distress for debt in boroughs)
制定法上的扣押制度(statutory distraint)
指定接管人制度(receiver)
执行公司(bailiff company)
注册执达吏(certificated bailiffs)
债权扣押令(garnishee orders)
债权扣押临时令(garnishee order nisi)
债权扣押终局令(garnishee order absolute)
暂停扣押入息令(Suspended AEOs)
债务人住所地法院(debtor's home court)
指定人(designated person)
治安法院(Magistrates' Courts)
执行人员(enforcement agents)
执行服务委员会(Enforcement Services Commission,ESC)
暂缓拘押令(suspended committal order)
证人陈述书(witness statement)
征收(levy)
执达员(huissier)
中间禁止令(interlocutory order)
朱特(jutes)
自救(self-help rescue)

附 录 一

本列表所列举为文中出现的有关英国民事执行权运行与控制的制定法与法律文件,以颁布时间为序排列,以供参考。

7 世纪至 16 世纪

688 年至 694 年《伊尼法典》(Laws of Ine)

9 世纪 80 年代《阿尔弗雷德法典》(Alfred's Code)

10 世纪《埃德加法典》(Law of Edgar Ⅱ)

10 世纪《埃塞雷德法典》(Law of Ethelred Ⅸ)

1018 年《克努特法典》(Cnut's Secular Law)

1020 年至 1030 年《诺森伯兰牧师法》(Northumbrian Priests' Laws)

1080 年至 1120 年《威廉一世十条》(Ten Articles of William Ⅰ)

1171 年《财政署对话集》(Dialogus de Scaccario)

1215 年《自由大宪章》(Magna Carta)

1267 年的《马尔伯勒法》(Statute of Marlborough)

1285 年《威斯敏斯特条例第 2 条例》(Statutes of Westminster Ⅱ)

14 世纪末《强行进入法》(Forcible Entry Acts)

17 世纪

1601 年《济贫法》(Poor Relief Act 1601)

1689 年《欠租扣押财物法》(Distress for rent 1689)

18 世纪

1737 年《欠租扣押法》(Distress for Rent Act 1737)

1743 年《缺陷救济法》(Act for Remedying the Defects 1743)

19 世纪

1832 年《统一程序法》(Uniform Code of Procedure 1832)

1833 年《不动产时效法》(Real Property Limimtion Act 1833)

1838 年《判决法》(Judgments Act 1838)

1846 年《郡法院法》(County Court Act 1846)

1848 年《司法管理法(第 2 号)》[Administration of Justice Act (No. 2)1848]

1852 年和 1854 年《普通法诉讼条例》(Common Law Procedure Act)

1873 年至 1875 年《司法组织法》(Judicature Act)

1883 年《最高法院规则》(The Rules of the Supreme Court 1883)

1887 年《郡长法》(Sheriff Act 1887)

1888 年《欠租扣押财物法(修正案)》[Law of Distress (Amendment) Act 1888]

1888 年《地方政府法》(Local Government Act 1888)

1890 年《合伙法》(Partnership Act 1890)

1895 年《欠租扣押财物法(修正案)》(Law of Distress Amendment Act 1895)

20 世纪

1920 年《司法行政令》(Administration of Justice Act 1920,AJA)

1933 年《外国判决互惠执行法令》(Foreign Judgments Act 1933,FJA)

1940 年《财政法(第 2 号)》[Finance Act(No. 2)]

1950 年签署《欧洲保护人权与基本自由公约》(European Convention on Human Rights)

1950 年《仲裁法》(Arbitration Acts 1950) 1996 年《仲裁法》(Arbitration Acts 1996)

1960 年《欠税扣押财物法》(Distress for Rates Act 1960)

1965 年《最高法院规则》(Rules of Supreme Court 1965,RSC)

1967 年《普通地方税法》(General Rate Act 1967)

1968 年《关于民商事件管辖权与判决执行公约》(Convention on Jurisdiction and Enforcement of Judgments in Civil and Commercial Matters),即 1968 年《布鲁塞尔公约》(Brussels Conventions)

1968 年《关于民商事件管辖权与判决执行公约》(Convention on Jurisdiction and Enforcement of Judgments in Civil and Commercial Matters),即 1988 年《卢加诺公约》(Lugano Convention)

1971 年《扣押入息法》(Attachment of Earnings Act 1971)

1971 年《法院法》(Court Act 1971)

1971 年《治安法院扣押入息规则》[The Magistrates' Court (Attachment of Earnings) Rules 1971]

1974 年《消费者信贷法》(Consumer Credit Act 1974)

1975 年《扣押入息令(雇主扣减)条例》[Attachment of Earnings (Employer's Deduction) Order 1975]

1977 年《侵权(侵犯动产)法》[Torts (Interference with Goods) Act 1977]

1979 年《押记令法》(Charging Order Act 1979)

1980 年《治安法院法》(Magistrates' Courts Act 1980)

1981 年《郡法院规则》(County Court Rules 1981,CCR)

1982 年和 1991 年《民事管辖权和判决法》(Civil Jurisdiction and Judgments Act)

1984 年《郡法院法》(County Courts Act 1984)

1984 年《数据保护法》(Data Protection Act 1984)

1988 年《数据保护法》(Data Protection Act 1988)

1988 年《欠租扣押财物规则》(The Distress for Rent Rules 1988)

1990 年《法院和法律服务法令》(Courts and Legal Services Act 1990)

1991 年《道路交通法》(Road Traffic Act 1991)

1991 年《儿童抚养法》(Child Support Act 1991)

1991 年《高等法院和郡法院管辖令》(High Court and County Court Jurisdiction Order 1991)

1992 年《地方政府财政法》(Local Government Finance Act 1992)

1993 年《道路交通债务(持证执达吏)条例》[The Enforcement of Road Traffic Debts (Certificated Bailiffs) Regulations 1993]

1997 年《民事诉讼法案》(Civil Procedure Act 1997)

1998 年《民事诉讼规则》(Civil Procedure Rules 1998,CPR)

1998 年《数据保护法》(Data Protection Act 1998)

1998 年《人权法案》(Human Rights Act 1998)

21 世纪

2000 年《信息自由法》(Freedom of Information Act 2000)

2001 年《私营安全企业法》(Private Security Industry Act 2001)

2002 年《执行人员的国家统一标准》(National Standards for Enforcement Agents)

2003 年《法院法》(Courts Act 2003)

2003 年《欠租扣押财物法(修正案)》[Distress for Rent (Amendment) Rules 2003]

2004 年《高等法院执行员规则》(High Court Enforcement Officers Regulations 2004)

2005 年《宪制改革法》(Constitutional Reform Act 2005)

2007 年《裁判所、法院与强制执行法》(Tribunals Courts and Enforcement Act 2007,TCEA)

2007 年《英格兰和威尔士高等法院执行员名录(第 9 版)》(The Directory of High Court Enforcement Officers for England and Wales)

2009年《民事诉讼费用法令（修正案）》[Civil Proceedings Fees (Amendment) Order 2009]

2011年《英格兰和威尔士高等法院执行员名录（第21版）》(The Directory of High Court Enforcement Officers for England and Wales)

2012年《法律援助、判决和刑事处罚法》(Legal Aid, Sentencing and Punishment of Offenders Act 2012)

2012年《执行人员的国家统一标准》(National Standards for Enforcement Agents)

2013年《动产控制法》(Taking Control of Goods Act 2013)

2013年《动产控制条例》(Taking Control of Goods Regulations 2013)

2014年《动产控制（收费）条例》[Taking Control of Goods (Fees) Regulations 2014]

2014年《动产控制：国家标准》(Taking Control of Goods: National Standards)

附 录 二

本附录列举为文中所制作的有关英国民事执行权运行与控制的图表,数字为其在论文中的页码,以供查询。

后　　记

转眼间，刹那芳华。七年前，我结束了在菁菁华政园的六年学习和生活，恍惚间觉得自己仿佛刚刚走进校园，不免再次感觉到时光的流逝。在古朴的华政园中，我一次次走过一座座充满历史底蕴的建筑；一次次听到催人奋进的韬奋钟声响起；一次次聆听老师在课堂上和讲座中的教诲；一次次在图书馆翻开法学书籍体会作者智慧的碰撞……点点滴滴汇聚成我与华政的这份华丽缘，同时也见证了我的收获与成长。

虽然时间在变，我依旧有幸感受着母校的古香古韵，这一切表露在楼宇亭榭间，更深藏于书香墨海内、良师益友心中。感激恩师李秀清教授，您的治学严谨，您的和蔼贴心，您的勤勉尽责为我树立了榜样，在学业上的释疑解惑以及对我的宽容、理解和帮助让我感恩于怀。2014 年的中秋节前夕，我身在香港大学的访学期间，您从沙田赶来港岛我租住的房屋，与您一同沿薄扶林道登山至港大校园，这一切历历在目、犹记心间，您的关怀让身在他乡的我倍感温暖，也激励我继续努力完成博士学位论文的写作，为多年的求学之路画上完满的句号。

感谢何勤华教授，您的博学多识，您的谦逊平和，让我崇敬并深深影响着我对待学术研究的态度；感谢王立民教授，您的谦谦风范，您的笔耕不辍，让我钦佩并深受鼓舞；感谢徐永康教授，您对现实的殷切，让我学会如何看待问题以及思考问题；感谢丁凌华教授，您的教学实录让我受益匪浅;感谢龚汝富教授,您您对学术研究的严谨态度,令人称赞;以上诸位老师不吝赐教,在开题报告会以及预答辩的过程中均给予了我诚恳的写作意见,均使我受到了无尽的启迪。

感谢我的硕士生导师邵军副教授,您的教导和蔼可亲、教书育人,无论是在专业学习上还是生活上,都给予我无微不至的关怀,更教会了我许多为人处世的道理,多年来无私的帮助和鼓励让我铭记于心。

感谢参加工作以来给予我大量帮助和关怀的马长山老师、卢勤忠老师、余红老师、王沛老师、崔慧仙老师。感谢我的同学赵杨,无论在学业上还是生活上都给予了我如姐姐般的温暖照顾;感谢师兄陈越峰、汪强、李洋,师姐孙晓鸣、李明倩、肖崇俊、朱颖,在读博期间对我的关心和爱护。还要感谢与我同窗三载的2012级法律史专业全体博士同学,戴秀河、陈婴虹、杨晓波、赵博阳、方宇、江小夏、张宪丽、裴乾坤、林仪明、周颖、冀明武、王文涛、孔志强,以及诸多未能一一列举的师友,您们的点滴帮助,我都记在心里。

感谢本书的责任编辑解锟师姐,为本书的出版付出了大量辛劳,她辛勤和高效的工作使本书得以尽快问世。

感谢我的父母,十二年前我读博的简单想法得到了父母的全力支持。七年前,我的求学经历画上句号、人生刚刚进入新的阶段时,父亲便嘱咐我要勤奋工作,如今这份叮咛犹在耳畔. 我也还记得,那一年在返沪的列车上我湿红了眼眶。还要感谢我的先生,无论在物质上还是精神上都给予了我全力而坚定的支持,让我全身心地投入博士阶段的学习和学术研究当中。我的儿子慕宸,马上要成长为一名小学生了,你的求学生涯即将开启,无论等待着我们的是何种冒险,我都会陪你一起经历。

在本书即将出版之际,我的心情无法平静。今年,母校华东政法大学喜迎七十华诞、法律史学科研究生教育也迎来第四十个年头,在此,我想以自己的方式去回忆、去憧憬、去纪念。

二零二二年十一月二十日

于华政园思孟堂